CONSEJOS
sobre agricultura

De los escritos de Ellen G. White

Recopilación de John Dysinger

Todas las citas bíblicas han sido tomadas de la Biblia Valera 1602 Purificada.

Todos los derechos reservados. No está permitido copiar o reproducir este libro ni ninguna porción de este, de ninguna forma ni de ninguna manera, sin el consentimiento previo por escrito del editor, excepto en los casos previstos por la ley, y salvo si se menciona como cita breve en una reseña.

El autor asume toda la responsabilidad por la precisión de todos los datos y todas las citas mencionados en este libro. Las opiniones expresadas en el presente libro son las opiniones e interpretaciones personales de la autora y no reflejan necesariamente las opiniones e interpretaciones del editor.

Este libro se ofrece con la comprensión de que el editor no proporciona ningún servicio de consultoría espiritual, legal, médica o de cualquier otra labor profesional. Si se necesitan los servicios de un consultor autorizado, el lector debe buscar el consejo de un profesional competente.

Copyright © 2020 TEACH Services, Inc.

ISBN-13: 978-1-4796-1294-9 (De bolsillo)

ISBN-13: 978-1-4796-1295-6 (Publicación electrónica)

Library of Congress Control Number: 2020916689

Publicado por

Nota al lector

«En el plan de Dios para Israel, cada familia tenía un hogar en la tierra, con terreno suficiente para cultivar. Así, se proveyeron tanto el medio como el incentivo para una vida útil, laboriosa y autosuficiente. Y *ninguna idea concebida por el hombre ha mejorado jamás ese plan.* Que el mundo se aleje de conseguirlo se debe, en gran medida, a la pobreza y a la miseria que existen hoy» (MH 183, énfasis añadido)[1].

Esta es *la* cita que hizo que mi familia y yo dejáramos la «vida norteamericana estándar» y nos embarcáramos en la gran aventura de la agricultura. Si el plan ideal de Dios era una vida agraria, ¡eso era justo lo que nosotros queríamos! Han sido muchos los golpes, las caídas, los giros y los virajes en los diecisiete años que han pasado, pero podemos decir honestamente que no nos arrepentimos de haber tomado esa decisión.

Cuando empezamos, nuestra hija mayor no tenía ni siete años. ¡Ahora tiene 23 y está casada! Nuestros cuatro hijos son ahora unos muchachos. No me puedo imaginar un sitio mejor que una granja para criar a los hijos. Aunque, cuando empezamos, no teníamos ni idea de en dónde nos estábamos metiendo y, aunque cometimos muchísimos errores en el camino, ¡Dios nos ha bendecido de una forma increíble!

Incluso a nosotros nos llevó algunos años empezar a comprender lo grandes que son las bendiciones de la agricultura. Como suelo recordarle a mi familia: «No se trata solo de cultivar buena comida». Se trata de salud: espiritual, mental, física, emocional, social, moral, etc. ¡Hay muy buenas razones de por qué Dios puso al hombre en un huerto!

Cuando comenzamos a experimentar los beneficios de la agricultura, tuvimos el profundo deseo de compartir estas bendiciones con los demás. Una forma en que quería hacerlo era creando una recopilación de las citas de Ellen G. White sobre el tema. Sentí que, si las personas veían todo lo que esta escritora inspirada tenía para decir sobre la agricultura, tendrían que reconocer su importancia y tomar medidas apropiadas. Eso fue hace muchos años... Pero, bueno, digamos que la vida en la granja es bastante ajetreada.

En el otoño de 2011, mi hermano (y compañero de granja) y su familia se ofrecieron generosamente a ocuparse de la granja mientras nuestra familia se tomaba un descanso. ¡Esta era la oportunidad que yo necesitaba! Tras pasar una semana en la Universidad Andrews (Berrien Springs,

---

1. Consulte la bibliografía en la página 181 para ver una guía de estas abreviaturas de referencia.

Míchigan) buscando citas inéditas de Ellen White sobre agricultura, nos fuimos a Honduras a pasar un sorprendente período sabático de tres meses bajo la guía de Dios. Fue allí donde se terminó de componer la mayor parte de esta recopilación. ¡Pero eso fue en 2011! Bueno, ¿dije ya que la vida en la granja es ajetreada?

Hace un par de años, regresé a la Universidad Andrews para pasar otra semana de investigación con la esperanza de dar los toques finales al proyecto. Sin embargo, me sentía como si intentara desvelar todo un iceberg; no dejaban de aparecer citas nuevas, y aquello parecía no tener fin.

Entonces, hace tan solo unas semanas, mi querida esposa me dijo que me iba a enviar lejos para que acabara este proyecto. Le dije que no creía poder hacerlo; después de todo, estábamos en plena temporada de cosecha. Pero ella es una mujer muy resuelta que, junto con mi maravillosa familia y algunos aprendices estupendos, ha manejado la granja bastante bien sin mí.

Al volver a sumergirme en este proyecto, volví a impresionarme con lo importante que es este tema. Este no es mi proyecto; ¡es el proyecto de Dios! Este es su consejo inspirado para los tiempos en los que vivimos. ¡Todo el mundo necesita leer esto! La agricultura no es simplemente una afición o una elección; es algo *esencial* (sus palabras, no las mías). Oro porque lo que lea lo convenza y lo empuje a actuar.

Solo algunas palabras explicativas acerca de la elaboración de esta recopilación:

1. Mi intención original era que esta fuera una recopilación exhaustiva de todo lo que la Sra. White tenía que decir sobre la agricultura. Bueno, esa búsqueda exhaustiva resultó ser agotadora. Muchas palabras clave tenían muchos miles de coincidencias de búsqueda, y luego también había muchas versiones ligeramente distintas de una misma cita. No estoy diciendo ahora que mi recopilación sea exhaustiva, pero creo que está bastante cerca de serlo. Estoy seguro de que todavía hay algunas joyas ocultas esperando a ser descubiertas. Si usted las encuentra, ¡me encantaría que me lo dijera!

2. Mi objetivo fue volver a las fuentes originales de todas las citas recopiladas, para que los lectores pudieran investigar acerca del contexto de una forma más fácil. Creo que esto se ha conseguido en gran parte,

exceptuando algunos casos en los que las variaciones posteriores parecían ser más apropiadas.

3. Puesto que la presente recopilación trata acerca de la agricultura, decidí usar *solo* citas que incluyeran terminología agrícola. Esto dejó fuera *muchas* citas que trataban sobre el trabajo manual, la laboriosidad, el estar al aire libre, el estudio de la naturaleza, etc. en las que las referencias a la agricultura eran implícitas, mas no explícitas. De nuevo, hay un montón de excepciones.

4. La división de los capítulos es arbitraria, pero parecía surgir lógicamente de las citas recopiladas. Si bien muchas de las citas habrían encajado fácilmente en más de un capítulo, elegí la que yo sentí que era más apropiada. *He intentado diligentemente evitar caer en duplicaciones de una misma cita.*

5. Me esforcé por poner fecha a cada cita y elegí ordenarlas en orden cronológico dentro de la temática. Se hacen excepciones cuando la Sra. White rememora los días pasados o cuando el tema encaja mejor en un orden distinto.

6. Para facilitar la investigación, se ha hecho todo lo posible para incluir la referencia tal como aparece en la base de datos en línea de Ellen White.

7. Esta recopilación es temática. Conozco a otra persona que ha trabajado en una recopilación cronológica de los escritos de Ellen White sobre agricultura. Espero que ambos den su fruto porque creo que cada uno tiene su sitio.

8. Me abstuve de introducir comentarios personales en esta recopilación y dejé que la autora hablara por sí misma sin mis sesgos personales. La única excepción es que elegí algunas «citas destacadas» favoritas en las que se hace hincapié a lo largo del libro.

9. Un defecto inherente de las recopilaciones es que pueden sacar las cosas de su contexto original y dar una visión desequilibrada del tema en cuestión. Me esforcé por evitar estas deficiencias. Pero, en este caso, y puesto que el tema de la agricultura se ha despreciado tanto,

no pido perdón por exagerarlo, con la esperanza de volver a aportarle el equilibrio que merece.

Aunque su elaboración solo ha durado cuatro años, parece que este proyecto se ha extendido a lo largo de toda una revolución tecnológica. Mis investigaciones originales en la Universidad Andrews se hicieron usando un catálogo de fichas mecanografiadas y manuscritos fotocopiados. Luego, en Honduras, usé el CD-ROM de Ellen White y, ahora, estoy terminando el proyecto usando la herramienta de búsqueda en línea www.egwwritings.org, ¡que ahora (a partir de julio de 2015) ofrece todos sus manuscritos y cartas inéditos hasta la fecha pulsando un botón! ¡Nunca ha sido más fácil estudiar lo que tenía que decir esta escritora inspirada!

Si bien algunos pueden cuestionar la relevancia de este volumen en el siglo XXI, yo creo que es la verdad actual para esta generación y, posiblemente, ¡incluso más relevante que nunca! Que este volumen sea el trampolín hacia un estudio más profundo y exhaustivo de los temas presentados. Y, aún más importante, ¡que inspire a toda una nueva generación de agricultores y horticultores!

John Dysinger,
septiembre de 2015,
Williamsport, Tennessee

P.D. Tras haber pasado recientemente un tiempo considerable investigando los escritos inéditos hasta la fecha en la base de datos en línea, me doy cuenta de que puede haber más joyas ocultas de las que me imaginé en un principio. He añadido las que he encontrado, pero ahora siento que es más urgente sacarlas a la luz y revelárselas a las personas que seguir con una elaboración más exhaustiva.

Índice

El plan de Dios para el hombre 9

Promesas para el agriculturista 20

Un llamado para los agricultores cristianos 24

La agricultura en el hogar 39

La agricultura y nuestras escuelas 51

La agricultura y nuestras instituciones de atención médica 96

La agricultura para ministros y otros obreros del evangelio 109

Los beneficios físicos de la agricultura 114

Lecciones espirituales de la agricultura 120

La agricultura en los últimos días 176

Ellen White predicó con el ejemplo 180

Bibliografía 203

El plan de Dios para el hombre

El huerto original
«Vi que los ángeles santos solían visitar el huerto, y que daban instrucciones a Adán y Eva en lo referente a su uso» (1SG 20, 1858).

«Dios dio a nuestros primeros padres la comida que él diseñó para que la raza comiera. Era contrario a su plan llevar la vida de cualquier otra criatura. En el Edén, no había muerte. El fruto de los árboles en el huerto era la comida requerida por los deseos del hombre. Dios no dio permiso al hombre para comer comida animal hasta después del diluvio» (4aSG 120, 1864).

«Aunque todo lo que Dios había hecho era perfectamente bello y parecía que no faltaba nada sobre la Tierra que Dios había creado para hacer felices a Adán y Eva, él les manifestó su gran amor plantando un huerto hecho especialmente para ellos. Adán y Eva debían dedicar una parte de su tiempo a usar y labrar alegremente el huerto, y otra parte a recibir la visita de los ángeles y a escuchar sus instrucciones en feliz meditación. Su labor no era tediosa, sino agradable y vivificante. Este bello huerto debía ser su hogar, su residencia especial.

»Dios plantó en este huerto árboles de todas las variedades para su provecho y belleza. Había árboles cargados de frutos exuberantes, de ricas fragancias, hermosos a la vista y agradables al gusto, diseñados por Dios para que fueran el alimento de la santa pareja. Había bonitas vides que crecían erguidas cargadas de racimos de frutos como el hombre no había visto nunca desde la caída. Los frutos eran muy grandes y de distintos colores; algunos eran casi negros, otros, morados, rojos, rosas y verde claro. Estos hermosos y exuberantes frutos que cubrían los sarmientos se llamaban uvas. Estas no caían directamente sobre la tierra, aunque tampoco estaban apoyadas en espalderas, pero el peso de la fruta hacía que el racimo se inclinara hacia abajo. La feliz labor de Adán y Eva consistía en formar hermosos emparrados a partir de los sarmientos de las vides y guiarlos para formar moradas de árboles y follaje naturales, hermosos, llenos de vida y cargados de frutos de un aroma fragrante» (1SP 25, 1870).

«Incluso el gran Dios es un amante de la belleza. Él nos ha dado una prueba inconfundible de esto en la obra de sus manos. Él plantó para nuestros primeros padres un hermoso huerto en Edén. Hizo crecer de la tierra árboles señoriales de todo tipo para su provecho y uso ornamental. Se formaron las hermosas flores, de una viveza excepcional, de todo tipo de tonos y tonalidades, que perfumaban el aire. Los alegres cantores, de diversos plumajes, entonaban sus gozosos cantos alabando a su Creador. El diseño de Dios era que el hombre hallara felicidad al usar y cuidar de las cosas que él había creado, y que sus deseos fueran satisfechos con los frutos de los árboles que había en el huerto» (HR, 1 de julio de 1871).

«En el paraíso, el Señor rodeó a Adán y Eva de todo lo que era útil y hermoso. Dios plantó para ellos un hermoso huerto en donde no faltaba ninguna hierba, ninguna flor ni ningún árbol para su provecho y uso ornamental. El Creador del hombre sabía que esta creación de sus manos no podría ser feliz sin una ocupación. El paraíso deleitaba sus almas, pero eso no bastaba; debían trabajar para ejercitar los órganos de su cuerpo. El Señor los había creado para que trabajaran. Si la felicidad consistía en no hacer nada, se hubiera dejado que el hombre, en su estado de santa inocencia, no tuviera que trabajar. Sin embargo, el que formó al hombre sabía lo que era mejor para su felicidad y, tan pronto como lo hizo, le asignó su labor. El hombre debía trabajar para ser feliz» (HR, 1 de julio de1872).

«Dios preparó para Adán y Eva un hermoso huerto y satisfizo todos sus deseos. Plantó para ellos árboles de todo tipo, cargados de frutos. Con mano generosa, los rodeó de sus bondades; los árboles, para su provecho y su belleza, y las hermosas flores, que brotaban espontáneamente y florecían a su alrededor en abundante profusión, no habrían de conocer la decadencia. Adán y Eva eran verdaderamente ricos. Poseían el hermoso Edén. Adán era el soberano en este hermoso territorio. Nadie puede cuestionar el hecho de que Adán era rico. Sin embargo, Dios sabía que Adán no podía ser feliz a menos que tuviera trabajo. Por lo tanto, él le dio algo que hacer: Adán debía cultivar el huerto.

»El Creador del hombre no lo diseñó jamás para que fuera ocioso. El Señor formó al hombre del polvo de la tierra y alentó en su nariz soplo de vida, y el hombre se tornó en alma viviente. Era ley de la naturaleza y, por lo tanto, ley de Dios, que el cerebro, los nervios y los músculos se pusieran en movimiento. Los jóvenes muchachos y las señoritas que se niegan a trabajar porque no están obligados a ello y porque no es algo refinado no son guiados ni controlados por una razón iluminada. Quienes rehúyen del trabajo manual no pueden gozar de vigor físico. Para que la juventud goce de una salud y de una felicidad perfectas, todos los órganos y todas sus funciones deben operar de forma perfecta tal como Dios los diseñó. Si todos los órganos desempeñan sus acciones naturales, el resultado será vida, salud y felicidad. Demasiado poco ejercicio y quedarse encerrado en casa demasiado tiempo acarreará debilidad y enfermedad a uno o a más órganos. Es pecado alterar o debilitar alguno de los poderes que Dios nos ha dado. El gran Creador diseñó que tuviéramos cuerpos perfectos, que los preserváramos con salud y que le entregáramos la ofrenda de un sacrificio vivo, santo y agradable a Dios.

»El ejercicio plenamente laborioso llevará a cabo el plan original de Dios, cuando él mandó a Adán y Eva que cultivaran el huerto. La vida es preciosa, y debemos preservarla de forma inteligente acatando las leyes de nuestro ser» (HR, 1 de mayo de 1873).

«Muchos consideran el trabajo como una maldición que tiene su origen en el enemigo de las almas. Esta es una idea equivocaba. Dios dio el trabajo al hombre como una bendición, para ocupar su mente, para fortalecer su

«Dios dio el trabajo al hombre como una bendición, para ocupar su mente, para fortalecer su cuerpo y para desarrollar sus facultades».

cuerpo y para desarrollar sus facultades. Adán se afanaba en el huerto de Edén y sentía que hacerlo era uno de los placeres de su santa existencia. Más tarde, cuando fue expulsado de su hermoso hogar como resultado de su desobediencia y se vio forzado a luchar con una tierra obstinada para ganarse el pan de cada día, esa misma labor, aunque muy diferente de su agradable ocupación en el huerto, era un alivio para su apenada alma, una protección contra la tentación» (HR, 1 de septiembre de 1876).

[Versión alternativa] «Son muchos los que consideran el trabajo fructífero como una maldición que tiene su origen en el enemigo de las almas, pero esta idea es errada. El trabajo juicioso es indispensable tanto para la felicidad como para la prosperidad de la raza. Dios se lo ordenó al hombre como una bendición, para ocupar su mente, para fortalecer su cuerpo y para desarrollar sus facultades. La laboriosidad hace fuerte al débil, bravo al tímido, rico al pobre y feliz al desdichado. Adán trabajó en el huerto de Edén y halló en la actividad mental y física los mayores placeres de su santa existencia. Cuando, como resultado de su desobediencia, fue expulsado de ese hermoso hogar y fue obligado a luchar con una tierra obstinada para ganarse el pan de cada día, esa misma labor era un alivio para sus penas y sus remordimientos, una salvaguardia contra la tentación» (ST, 12 de noviembre de 1885).

«Adán y Eva surgieron de las manos de su Creador siendo perfectos en cada una de sus dotaciones físicas, mentales y espirituales. Dios plantó para ellos un huerto y los rodeó de todo lo que era hermoso y atractivo a sus ojos, y lo que sus necesidades físicas requerían. Esta santa pareja contempló un mundo de una hermosura y una gloria sin igual. Un Creador benevolente les había dado pruebas de su bondad y su amor al proveerles frutas, verduras y granos, y al hacer que brotaran de la tierra todo tipo de árboles para su provecho y para admirar su belleza.

»La santa pareja contempló la naturaleza como una imagen de una hermosura sin igual. La tierra marrón estaba recubierta de una alfombra verde que rezumaba vida sobre la que crecía toda una variedad de diversas flores que se perpetuaban sin fin. Los matorrales, las flores y las vides colgantes deleitaban los sentidos con su belleza y su fragancia. Las muchas variedades de sublimes árboles estaban cargados de todo tipo de frutos deliciosos adaptados para agradar al gusto y satisfacer los deseos de un Adán y una Eva llenos de felicidad. Dios creó este hogar en Edén para nuestros primeros padres, a quienes dio pruebas inequívocas del gran amor y cuidado que sentía por ellos.

»Adán fue coronado rey en Edén. Se le dio dominio sobre todos los seres que Dios había creado. El Señor bendijo a Adán y Eva con una inteligencia tal como la que no había dado nunca a ninguna otra criatura. Él convirtió a Adán en el soberano legítimo sobre todas las obras que Dios había hecho con sus manos. El hombre, hecho a imagen divina, podía contemplar y apreciar las gloriosas obras de Dios en la naturaleza.

»Adán y Eva podían rastrear la destreza y la gloria de Dios en cada brote de hierba, en cada matorral y en cada flor. La hermosura natural que los rodeaba reflejaba como un espejo la sabiduría, la excelencia y el amor de su Padre celestial. Y sus cantos de afecto y de alabanza se elevaban dulce y reverencialmente a los cielos, donde armonizaban con los cantos de los ángeles exaltados y con los alegres pájaros que entonaban sus trinos sin preocupación. No había enfermedad, decadencia ni muerte. Había vida en todo lugar donde uno posaba su mirada. La atmósfera estaba llena de vida. Había vida en cada hoja, en cada flor y en cada árbol.

»El Señor sabía que Adán no podía ser feliz sin trabajar; por lo tanto, él le dio la agradable ocupación de cultivar el huerto. Y, al cuidar de las cosas bellas y de provecho que había alrededor de él, podía contemplar la bondad y la gloria de Dios en sus obras creadas. Adán contaba con temas para contemplar en las obras de Dios en Edén, que era el cielo en miniatura. Dios no formó al hombre para que solo contemplara sus obras gloriosas; por lo tanto, él le dio las manos para el trabajo, así como una mente y un corazón para la contemplación. Si la felicidad del hombre consistiera en no hacer nada, el Creador no habría dado a Adán la labor que le asignó. El hombre debía hallar felicidad en el trabajo y en la meditación. Adán podía entender la magnífica idea de que había sido creado a imagen de Dios para ser como él en justicia y en santidad. Su mente podía perseguir continuamente el cultivo, la expansión, el refinamiento y la elevación noble, ya que Dios era su maestro y los ángeles, sus compañeros» (2Red 6, 7, 1877).

«El hogar de nuestros primeros padres debía ser un patrón para otros hogares, ya que sus hijos debían ir y ocupar la tierra. Ese hogar, embellecido por las manos de Dios mismo, no era un palacio espléndido. Los hombres, llenos de orgullo, se deleitan con edificios magníficos y costosos y se vanaglorian de las obras de sus propias manos; pero Dios puso a Adán en un huerto. Esta era su morada. Los azules cielos eran su cúpula; la tierra, con sus delicadas flores y su alfombra de verde vivo, era su suelo; y las frondosas ramas de los excelentes árboles eran su cubierta. Sus paredes colgaban llenas de adornos maravillosos, obras del gran Maestro Artista. En los alrededores de la santa pareja, había siempre una lección que aprender: que la verdadera felicidad no se halla en dar rienda suelta al orgullo y al lujo, sino en la comunión con Dios por medio de sus obras creadas. Si los hombres prestaran menos atención a lo artificial y cultivaran más la sencillez, estarían más cerca de responder al propósito que tuvo Dios al crearlos. El orgullo y la ambición no se satisfacen jamás, pero aquellos que son realmente sabios hallarán un placer significativo y elevado en las fuentes de gozo que Dios ha puesto al alcance de todos.

La verdadera felicidad no se halla en dar rienda suelta al orgullo y al lujo, sino en la comunión con Dios por medio de sus obras creadas.

»A los moradores del Edén se les encomendó el cuidado del huerto, "para que lo labrara[n] y lo guardase[n]". Su ocupación no era tediosa, sino agradable y vigorizante. Dios dio el trabajo al hombre como una bendición, para ocupar su mente, para fortalecer su cuerpo y para desarrollar sus facultades. Adán halló en la actividad mental y física los mayores placeres de su santa existencia. Cuando, como resultado de su desobediencia, fue expulsado de ese hermoso hogar y fue obligado a luchar con una tierra obstinada para ganarse el pan de cada día, esa misma labor, aunque diferente de su agradable ocupación en el huerto, era una salvaguardia contra la tentación y una fuente de felicidad. Quienes consideran el trabajo como una maldición de la que deben ocuparse con fatiga y dolor caen en un error. Los ricos suelen mirar con desprecio a las clases trabajadoras, pero esto está en total desacuerdo con el propósito que tuvo Dios al crear al hombre. ¿Cuáles son las posesiones de incluso el hombre más acaudalado en comparación con la herencia dada al noble Adán? Sin embargo, Adán no debía ser ocioso. Nuestro Creador, quien entiende lo que se necesita para la felicidad del hombre, dio a Adán su trabajo. Solo los hombres y las mujeres que trabajan hallan el verdadero gozo de la vida. Los ángeles son obreros diligentes; son los ministros de Dios para los hijos del hombre. La práctica de la indolencia que estanca al hombre no tenía cabida en el plan que Dios preparó» (PP 49, 50, 1890).

«Dios dio trabajo a Adán y Eva. El Edén fue la escuela de nuestros primeros padres, y Dios fue su instructor. Aprendieron a labrar la tierra y a cuidar de las cosas que el Señor había plantado. No consideraban que el trabajo fuera degradante, sino una gran bendición. La laboriosidad era un placer para Adán y Eva. La caída de Adán cambió el orden de las cosas: la Tierra fue maldecida, pero el decreto de que el hombre debería ganarse el pan con el sudor de su frente no se dio como una maldición. Por medio de la fe y la esperanza, el trabajo debía ser una bendición para los descendientes de Adán y Eva» (Ms8a-1894).

«El Señor ha dado a cada hombre su trabajo. Cuando el Señor creó a Adán y Eva, su felicidad no radicaba en ser ociosos. La actividad es esencial para la felicidad, y el Señor dijo a Adán y Eva que labraran y cultivaran el huerto. En esta obra agrícola, se ponen en acción todas nuestras facultades» (Ms185-1898).

«Dios puso a nuestros primeros padres en el paraíso y los rodeó de todo lo que era provechoso y hermoso. En su hogar del Edén, no faltaba nada que pudiera servir para su comodidad y su felicidad. Y a Adán se le dio la tarea de cuidar el huerto. El Creador sabía que Adán no podía ser feliz sin trabajo. La belleza del huerto lo deleitaba, pero esto no bastaba. Debía tener un trabajo para ejercitar los maravillosos órganos de su cuerpo. Si la felicidad hubiera consistido en no hacer nada, el hombre, en su estado de santa inocencia, se hubiera quedado sin trabajar. Sin embargo, el que creó al hombre sabía que el trabajo le daría felicidad, y, en cuanto lo creó, Dios designó al hombre su trabajo. La promesa de la gloria futura y el decreto de que el hombre debía trabajar para ganarse el pan llegaron del mismo trono» (YI, 27 de febrero de 1902).

«Una vida de trabajo provechoso es indispensable para el bienestar físico, mental y moral del hombre» (CTBH 96, 1890). (Un final alternativo de la cita anterior).

«El propósito de Dios no era que el hombre se hacinara en ciudades, amontonados unos con otros en casas adosadas y conventillos. En el principio, él puso a nuestros primeros padres en un huerto en medio de magníficas vistas y atractivos sonidos de la naturaleza, y son estas vistas y estos sonidos en los que él quiere que los hombres se regocijen actualmente. Cuanto más en armonía estemos con el plan original de Dios, más favorable será nuestra posición para recobrar y preservar nuestra salud» (7T 87, 1902).

> «*Cuanto más en armonía estemos con el plan original de Dios, más favorable será nuestra posición para recobrar y preservar nuestra salud*».

«El sistema educativo instaurado en el principio del mundo debía ser un modelo para el hombre para todos los tiempos futuros. Como ilustración de sus principios, se estableció una escuela en el Edén, el hogar de nuestros primeros padres. El huerto de Edén era el aula, la naturaleza era el libro de texto, el Creador mismo era el instructor, y los padres del género humano eran los estudiantes...

»A Adán y Eva se les encomendó cuidar del huerto, para que lo labraran y lo guardaran (Génesis 2:15). Si bien eran ricos en todo lo que el Dueño del universo podía proveerles, no debían ser ociosos. La ocupación provechosa se les dio como una bendición, para fortalecer el cuerpo, para expandir la mente y para desarrollar el carácter.

»El libro de la naturaleza, que desplegaba sus lecciones llenas de vida delante de ellos, les procuraba una fuente inagotable de instrucciones y de deleites. En cada hoja del bosque y en cada piedra de las montañas, en cada estrella que relucía, en toda la Tierra, en todo el mar y en todo el cielo estaba escrito el nombre de Dios. Con las creaciones tanto animadas como inanimadas (con las hojas, las flores y los árboles, y con cada una de las criaturas vivas, desde el leviatán de los mares hasta la mota de polvo en los rayos de sol), los moradores del Edén se entretenían y descubrían los secretos de la vida de cada uno de ellos. La gloria de Dios en los cielos, los innumerables cuerpos celestes en sus órbitas ordenadas, "las diferencias de las nubes" (Job 37:16), los misterios de la luz y del sonido, del día y de la noche, todo era objeto de estudio para los alumnos de la primera escuela de la Tierra...

»Como provenía de la mano del Creador, no solo el huerto de Edén era extremadamente bello, sino también la Tierra entera. No había ninguna mancha de pecado ni sombra de muerte que enturbiara la hermosa creación. La gloria de Dios "cubrió los cielos, y la tierra se llenó de su alabanza" (Habacuc 3:3). "Las estrellas todas del alba alababan, y se regocijaban todos los hijos de Dios" (Job 38:7). De este modo, la Tierra era un emblema digno de él, quien es "grande en benignidad y verdad" (Éxodo 34:6), y un estudio adecuado para los que fueron hechos a su imagen. El huerto de Edén era una representación de aquello en lo que Dios deseaba que se convirtiera toda la Tierra; y su propósito era que, al crecer en número, las familias de humanos, establecieran sus hogares y sus escuelas como el que Dios había dado. Así, con el transcurso del tiempo, toda la Tierra podría ser ocupada con hogares y escuelas en los que se estudiarían las palabras y las obras de Dios, y donde los estudiantes serían cada vez más adecuados para reflejar, a través de innumerables eras, la luz del conocimiento de su gloria» (Ed 20-22, 1903).

«En el huerto que Dios había preparado como hogar de sus hijos, los agraciados matorrales y las delicadas flores saludaban a los ojos allá donde se mirara. Había árboles de todo tipo, muchos de ellos cargados de frutos fragrantes y deliciosos. En sus ramas, los pájaros entonaban con trinos sus canciones de alabanza. Bajo su sombra, las criaturas terrestres se lucían juntas sin ningún temor.

»En su pureza inmaculada, Adán y Eva se deleitaban con las vistas y los sonidos del Edén. Dios les dio su trabajo en el huerto: "que lo labrara[n] y lo guardase[n]" (Génesis 2:15). Cada día de trabajo les aportaba salud y alegría, y la feliz pareja recibía gozosa las visitas de su Creador cuando se paseaba y hablaba con ellos al aire del día. Dios les enseñaba sus lecciones todos los días» (MH 261, 1905).

«Dios dio a nuestros primeros padres el medio de la educación verdadera cuando les instruyó que labraran la tierra y cuidaran del huerto que era su hogar. Tras la introducción del pecado, debido a la desobediencia de los requisitos del Señor, la obra que debía hacerse con el cultivo de la tierra se vio enormemente multiplicada, ya que, debido a la maldición, la tierra produjo espinos y cardos. Sin embargo, el trabajo en sí no fue dado como causa del pecado. El gran Maestro mismo bendijo la labor de cultivar el suelo» (Ms 85-1908).

> *«Dios dio a nuestros primeros padres el medio de la educación verdadera cuando les instruyó que labraran la tierra y cuidaran del huerto que era su hogar».*

El plan de Dios para su pueblo escogido

«La educación centrada en la familia era la reinante en los días de los patriarcas. En el caso de las escuelas establecidas de esa manera, Dios dispuso las condiciones más favorables para el desarrollo del carácter. Las personas que estaban bajo su dirección siguieron persiguiendo el plan de vida que él había dado en el principio. Quienes se apartaron de Dios construyeron ciudades para sí mismos y, tras congregarse en ellas, se vanagloriaron del esplendor, el lujo y el vicio que hacen de las ciudades de hoy el orgullo del mundo y su maldición. Sin embargo, los hombres que se aferraron a los principios de vida de Dios moraron en los campos y en las colinas. Eran labradores de la tierra y pastores de rebaños y piaras y, en su vida libre e independiente, con sus oportunidades de trabajo, estudio y meditación, aprendieron acerca de Dios y enseñaron a sus hijos sus obras y sus caminos» (Ed 33, 1903).

«Mediante la distribución de la tierra entre el pueblo, Dios les dio, igual que a los moradores del Edén, la ocupación más favorable para su desarrollo: el cuidado de las plantas y los animales. Otra provisión más para la educación era la suspensión de la labor agraria cada siete años en los que la tierra se dejaba en barbecho y sus productos espontáneos se dejaban a los pobres. Así, se dio la oportunidad de un estudio más amplio, de interacciones sociales, de alabanza y del ejercicio de la benevolencia, a menudo excluidos por los quehaceres y las labores de la vida» (Ed 43, 1903).

«En el plan de Dios para Israel, cada familia tenía un hogar en la tierra, con terreno suficiente para cultivar. Así, se proveyeron tanto el medio como el incentivo para una vida útil, laboriosa y autosuficiente. Y ninguna idea concebida por el hombre ha mejorado jamás ese plan. Que el mundo se aleje de conseguirlo se debe, en gran medida, a la pobreza y a la miseria que existen hoy» (MH 183, 1905).

«Los estudiantes de estas escuelas [de los Profetas] se mantenían a sí mismos con su trabajo de cultivar la tierra o haciendo alguna labor mecánica. En Israel, no se pensaba que esto fuera extraño o degradante; de hecho, se consideraba un delito permitir que los hijos crecieran ignorando el trabajo útil. Según el mandamiento de Dios, se enseñaba a todos los hijos algún oficio, aunque fuera a recibir educación para dedicarse al santo oficio. Muchos de los maestros religiosos se mantenían a sí mismos haciendo labores manuales. Incluso ya en tiempos de los apóstoles, Pablo y Aquila no eran menos honrados porque se ganaban la vida con su oficio de hacer tiendas» (PP 593, 1890).

[Versión alternativa] «Los estudiantes de estas escuelas se mantenían a sí mismos con su propio trabajo de cultivar la tierra o haciendo alguna labor mecánica. En Israel, no se pensaba que esto fuera extraño o degradante; de hecho, se consideraba un pecado permitir que los hijos crecieran ignorando el trabajo útil. A todos los jóvenes, sin importar si sus padres eran ricos o pobres, se les enseñaba algún oficio. Incluso si debían ser educados para dedicarse al santo oficio, se consideraba que, para el mayor provecho, era esencial tener conocimientos de la vida práctica. Además, muchos de los maestros también se mantenían a sí mismos con labores manuales» (Ed 47, 1903).

«Los valdenses sacrificaron su prosperidad mundana por causa de la verdad y, con una paciencia perseverante, trabajaron para ganarse el pan. Se mejoró todo palmo de tierra cultivable en medio de las montañas; los valles y las laderas menos fértiles se trabajaron para aumentar su rendimiento. La economía y la autonegación severa formaban parte de la educación que los hijos recibían como único legado. Se les enseñaba que Dios había diseñado la vida como una disciplina, y que sus deseos solo podían satisfacerse a través del trabajo personal, la reflexión, el cuidado y la fe. El proceso era laborioso y agotador, pero era sano, justo lo que el hombre necesita en su estado caído, la escuela que Dios proveyó para su formación y desarrollo.

»Aunque se habituaba a los jóvenes al trabajo y a las dificultades, no se negaba el cultivo del intelecto. Se les enseñaba que todas sus facultades eran de Dios, y que debían mejorarlas y desarrollarlas para su servicio» (4SP 73, 1884).

El plan de Dios para la Nueva Tierra
«En la Tierra hecha nueva, los redimidos se afanarán en las ocupaciones y los placeres que trajeron felicidad a Adán y Eva en el principio. Se vivirá la vida del Edén, la vida del huerto y del campo. "Y edificarán casas, y morarán en ellas; plantarán viñas, y comerán el fruto de ellas. No edificarán, y otro morará; no plantarán, y otro comerá: porque según los días de los árboles serán los días de mi pueblo, y mis escogidos perpetuarán las obras de sus manos" (Isaías 65:21, 22)» (PK 730, 1917).

Promesas para el agriculturista

«El Señor espera que trabajemos para obtener comida. No propone que recojamos la cosecha a menos que tiremos del arado, labremos la tierra y cultivemos los productos. Entonces, Dios envía la lluvia, la luz del sol y las nubes para hacer que la vegetación florezca. Dios obra y el hombre coopera con Dios. Entonces, hay un tiempo de siembra y un tiempo de cosecha» (Lt 35-1890).

«El Señor da los aguaceros y la bendita luz del sol. Él da a los hombres todo el poder que ellos tienen; él permite que los hombres dediquen su corazón, su mente y sus fuerzas a hacer su voluntad obedeciendo sus mandamientos […]. Que los hombres […] se dediquen a Dios, que trabajen con sus dotaciones de fuerza física, y sus esfuerzos no serán en vano. Ese Dios, que hizo el mundo para beneficio del hombre, proveerá los medios de la tierra para sostener al obrero diligente. La semilla plantada en suelo minuciosamente preparado dará su cosecha. Dios puede aparejar una mesa para su pueblo en el desierto…

»La Tierra tiene sus tesoros ocultos, y el Señor tendría a miles y a decenas de miles trabajando la tierra y que, en cambio, están amontonados en las ciudades buscando una oportunidad para ganar una insignificancia…

»Debe hacerse que la tierra extienda sus fuerzas, pero, sin la bendición de Dios, no puede hacer nada. En el principio, Dios miró todo lo que había hecho y dijo que era muy bueno. La maldición recayó sobre la tierra como consecuencia del pecado, pero ¿se multiplicará esta maldición aumentando el pecado? La ignorancia está haciendo su nefasta obra. Los siervos perezosos aumentan el mal con sus vagos hábitos. Son muchos los que no están dispuestos a ganarse el pan con el sudor de su frente, y se niegan a cultivar la tierra. Pero, en sus profundidades, la tierra tiene bendiciones ocultas para quienes tienen el coraje, la voluntad y la perseverancia de recolectar sus tesoros…

»Se ha dado falso testimonio al condenar la tierra, la cual, si se trabaja correctamente, dará abundantes beneficios. Los planes limitados, la poca fuerza presentada y el poco estudio sobre los mejores métodos exigen a gritos una reforma. La gente tiene que aprender que el trabajo paciente hará maravillas» (Ms 8a-1894).

«Dios no obra milagros allí donde ha provisto los medios con los que realizar la obra. Use su tiempo y sus talentos para su servicio, y él no fallará al obrar con sus esfuerzos. Si el agricultor no tiene éxito con el arado y la siembra, Dios no obra ni un milagro para deshacer los resultados de su negligencia. Cuando llega el tiempo de cosecha, sus campos están estériles; no hay gavillas que recoger ni granos que cosechar. Dios proveyó la semilla y el terreno, el sol y la lluvia; y, si el agriculturista hubiera empleado los medios que tenía a mano, habría cosechado según su siembra y según su trabajo» (CE 116, 1894).

> *«Si, con la Palabra de Dios en su corazón, se pone en marcha para […] cultivar la tierra, encontrará que su corazón es ablandado y sometido por el Espíritu Santo».*

«¡Cuánto puede aprender de Dios el estudiante de la naturaleza si, al mismo tiempo, se convierte en estudiante de la Palabra! Si, con la Palabra de Dios en su corazón, se pone en marcha para separar y cultivar la tierra, encontrará que su corazón es ablandado y sometido por el Espíritu Santo de Dios. La mente se abrirá a las enseñanzas de Dios en el mundo natural» (YI, 30 de junio de 1898).

«Por medio de la desobediencia a Dios, Adán y Eva perdieron el Edén y, debido al pecado, se maldijo toda la Tierra. Sin embargo, si el pueblo de Dios seguía sus instrucciones, su tierra sería restaurada y volvería a ser fértil y bella. Dios mismo les dio instrucciones con respecto al cultivo de la tierra, y ellos debían cooperar con él en su restauración. De esta manera, toda la tierra, bajo el control de Dios, se convertiría en una lección objetiva de verdad espiritual. Así como en obediencia a sus leyes naturales, la Tierra produciría sus tesoros, en obediencia a la ley moral de Dios, los corazones de las personas reflejarían los atributos de su carácter. Incluso los paganos reconocerían la superioridad de quienes sirvieron y adoraron al Dios viviente» (COL 289, 1900).

«Si la tierra se cultiva, esta abastecerá, con la bendición de Dios, todas nuestras necesidades. No debemos desalentarnos por cosas temporales debido a fracasos aparentes, ni tampoco debemos desalentarnos por la demora. Debemos trabajar la tierra con alegría, con esperanza y con gratitud, creyendo que la tierra alberga en su seno abundantes reservas para que el labrador fiel las coseche, reservas más valiosas que el oro o que la plata. La tacañería imputada al coste es falso testimonio. Con el cultivo adecuado e inteligente, la tierra brindará sus tesoros para beneficio del hombre. Las montañas y las colinas son cambiantes; la Tierra envejece como una prenda de vestir; pero la bendición de Dios, que apareja una mesa para su pueblo en el desierto, nunca cesará» (6T 178, 1901).

«El que enseñó a Adán y Eva en el Edén cómo cuidar del huerto desea instruir hoy al hombre. Hay sabiduría para el que empuja del arado y planta la semilla. Dios abrirá vías de progreso delante de los que confían en él y lo obedecen. Que avancen con valentía confiando en que el Señor satisfará sus necesidades conforme a las abundancias de su bondad» (MH 200, 1905).

«El Señor ha dado la luz del sol y la lluvia, y ha hecho que el fruto crezca, y que la tierra produzca aquello que puede prepararse como alimento de la humanidad. Él requiere que su familia cultive diligentemente la tierra, para que esta pueda producir esas cosas que pueden usarse como alimento. Su familia debe plantar la semilla y cuidar de ella mientras crece. Esta es la provisión que él ha hecho para la comida del hombre. Él ha dado al hombre ingenio y delicadeza para que prepare con el fruto de la tierra una gran variedad de alimentos. Deben plantarse y cultivarse granos, verduras y frutas. El terreno debe cultivarse y trabajarse, y la tierra producirá sus tesoros» (Lt 354-1906).

«Cada uno de nosotros tenemos un trabajo que hacer para Dios; cualquiera sea nuestra ocupación. Quienes están en sus granjas no deben pensar que sería una pérdida de tiempo para ellos planear salir de casa y visitar a sus vecinos, y sostener ante ellos la luz de la verdad para esta época; pues, aunque parezca difícil dejar el trabajo agrícola, no perderemos económicamente por pasar tiempo ayudando a los demás. Hay un Dios en el cielo que bendecirá nuestras labores» (Ms 15-1909).

«No trabaja solo. Cuando sienta la tentación de desalentarse, recuerde esto: los ángeles de Dios están justo a su alrededor. Ellos ministrarán hasta el último palmo de tierra y harán que esta produzca sus tesoros» (Ms 13-1909).

Un llamado para los agricultores cristianos

«A muchos de los que viven en las ciudades y no tienen ningún sitio de hierba verde sobre el que poner sus pies, quienes, año tras año, han puesto su mirada sobre patios inmundos y estrechos callejones, muros de ladrillos y pavimentos, y cielos ensombrecidos con polvo y humo; si uno los pudiera llevar a algún distrito agrícola rodeado de campos verdes, de bosques, de colinas y riachuelos, de cielos claros y del fresco y puro aire del campo, creerían que están en el cielo.

»Desconectados en gran medida del contacto con los hombres y de la dependencia de ellos, y separados de las máximas, las costumbres y las excitaciones corruptoras del mundo, se acercarían más al corazón de la naturaleza. La presencia de Dios sería más real para ellos. Muchos aprenderían la lección de la dependencia de él. Por medio de la naturaleza, oirían que su voz habla a sus corazones de su paz y de su amor, y su mente, alma y cuerpo responderían al poder sanador y dador de vida.

»Si alguna vez llegaran a ser laboriosos y autosuficientes, son muchos los que deben tener asistencia, aliento y guía. Existen multitud de familias pobres por las que no se podría hacer mejor obra misionera que ayudarlas a establecerse en la tierra y a aprender a que esta les dé un sustento de vida.

»La necesidad de esta ayuda y esta guía no se ciñe a las ciudades. Incluso en el campo, con todas sus posibilidades para una vida mejor, multitudes de pobres están enormemente necesitados. Comunidades enteras están desprovistas de educación en líneas industriales y sanitarias. Las familias viven en chozas, con pocos muebles y poca ropa, sin herramientas, sin libros, desposeídos de las comodidades, las amenidades y los medios de la cultura. Las almas embrutecidas y los cuerpos débiles y mal formados revelan los resultados de la malvada herencia y de los malos hábitos. Estas personas deben educarse desde la misma base. Han llevado vidas vagas, ociosas y corruptas, y deben recibir formación para corregir hábitos.

»¿Cómo se los puede despertar a la necesidad de mejorar? ¿Cómo se los puede guiar hacia un ideal de vida más elevado? ¿Cómo se los puede ayudar a que se eleven? ¿Qué puede hacerse allá donde la pobreza prevalece y debe enfrentarse a cada paso? La tarea es ciertamente difícil. No se dará nunca la reforma necesaria a menos que los hombres y las mujeres sean asistidos por un poder que venga de fuera de ellos. El propósito de Dios es que el rico y el pobre se unan estrechamente entre sí por los vínculos de la solidaridad y las ganas de ayudar. Quienes tienen medios, talentos y capacidades deben usar estos dones para bendición de sus semejantes.

»Los agricultores cristianos pueden hacer una verdadera obra misionera al ayudar a los pobres a encontrar un hogar en la tierra y al enseñarles a cultivar la tierra y a hacerla productiva. Enséñenles a usar los aperos de labranza, a sembrar diferentes cultivos, a plantar y a cuidar del huerto.

»Muchos de los que cultivan la tierra no logran asegurarse rendimientos adecuados debido a su descuido. No cuidan sus huertos como es debido, no siembran los cultivos en el momento correcto y hacen un trabajo meramente superficial al cultivar la tierra. Achacan su poco éxito a la improductividad de la tierra. A menudo, se da falso testimonio al condenar la tierra, la cual, si se trabaja correctamente, dará abundantes beneficios. Los planes limitados, la poca fuerza presentada y el poco estudio sobre los mejores métodos exigen a gritos una reforma.

»Que se enseñen métodos adecuados a todo aquel que esté dispuesto a aprender. Si alguien no quiere que le hablen de ideas avanzadas, que la lección se dé en silencio. Mantenga el cultivo de su tierra. Diga algo a sus vecinos cuando pueda y deje que la cosecha sea elocuente a favor de los métodos correctos. Demuestre lo que puede hacerse con la tierra cuando se trabaja debidamente» (MH 191-193, 1905).

«Vimos grandes extensiones de tierra que eran usadas solo para apacentar al ganado vacuno y ovino. Nos sorprendimos al ver que estas tierras no fueron mejoradas con el cultivo. Pensamos en algunos de nuestros hermanos estadounidenses que eran laboriosos y rentables (que entienden la agricultura). Si estas tierras [hubiesen estado] en posesión suya, con su conocimiento de la agricultura, ¡qué cambio se haría en este lugar, en Gisborne! [Nueva Zelanda]. Habría un trabajo fervoroso por arrancar los escaramujos que tan abundantemente crecían en estas hermosas tierras y, en su lugar, habría tierras cultivadas, huertos y abundancia de verduras y frutas pequeñas.

»De vez en cuando, veíamos un huerto. Los árboles frutales son muy buenos: árboles de durazno, limoneros y manzanos, membrillos, ciruelos y cerezos; pero los huertos son muy escasos y pequeños. Cuando consideraba lo que podría hacerse en este lugar si la laboriosidad, el cuidado y la planificación sabia de algunos en Estados Unidos pudieran llevar la gestión de esta tierra, quería hablarles del amplio Pacífico y decirles a algunos de los que pudieran venir a este hermoso lugar: "Vengan y muestren lo que su conocimiento agrario y su práctica revelarían en este lugar" [...].

»La estancia de cinco semanas en este lugar está cerca de acabar, y tengo la explicación de por qué la tierra se ha dejado en gran parte sin mejorar, excepto para pastoreo del ganado. Son las muchas festividades que [se] suceden rápidamente una tras otra lo que deja las tierras sin cultivar» (Ms 101-1893).

El campo australiano

«Creo que no se podría hacer mejor obra misionera que establecer a las familias pobres en la tierra. Cada familia firmará un contrato según el cual trabajará la tierra conforme a los planes especificados. Debe nombrarse a alguien que dirija las tareas de labranza y, bajo su supervisión, se deben sembrar naranjos y árboles frutales de todo tipo que sea adecuado. Los huertos de duraznos darán rápidas ganancias. Los huertos de verduras darán lugar a buenos cultivos. Esto debe hacerse de inmediato. Aún contamos con unas seis semanas para hacer que todo esté en perfecto estado y, con la bendición de Dios sobre la tierra, veremos lo que esta producirá.

»Se le preguntó a Moisés: "¿Podrá Dios aparejar mesa en el desierto?". Esta pregunta puede formularse así: "¿Producirá esta tierra en Dora Creek tan abundantemente como la hermana White cree que lo hará?". El tiempo lo dirá. Debemos examinar el asunto antes de hablar tan seguros, pero estamos dispuestos a arriesgar mucho, siempre y cuando podamos dejar la supervisión de esta empresa a un agricultor estadounidense entendido. Queremos demostrar qué se hace con la tierra cuando se trabaja como es debido. Cuando hayamos hecho esto, podremos ayudar a los pobres que viven en Australia de una forma mucho mejor que dándoles dinero como teníamos que hacer en el pasado» (Lt 29-1894).

«Las personas tienen que recibir formación sobre cómo cultivar frutas y granos. Si contáramos con algunos agricultores experimentados que vinieran a este país, trabajaran la tierra y demostraran lo que la tierra puede dar, ellos estarían haciendo una obra misionera grandiosa para la gente... Ellos [los agricultores locales] piensan que hay que hacer lo que siempre se ha hecho. Sus ideas son estereotipadas. Nosotros pretendemos cultivar la tierra y mostrarles cómo puede hacerse...

»Si algunos de nuestros inteligentes agricultores estadounidenses formaran a las personas para que pudieran trabajar sus tierras y comercializar la producción para consumo doméstico y para regiones más alejadas, de modo que el dinero se pueda traer de vuelta al país, harían una buena obra misionera. Darían trabajo a miles de personas que se hacinan en nuestras grandes ciudades buscando un trabajo de oficina o tratando de encontrar algunos trabajillos que difícilmente les permitirían subsistir» (Lt 89a-1894).

«Hay ciencia en el más humilde de los trabajos y, si todos pensaran así, verían nobleza en la labranza. El corazón y el alma se deben dedicar a algún tipo de trabajo; entonces hay alegría y eficacia. En las ocupaciones agrícolas y mecánicas, los hombres podrían testificar a Dios que valoran su don en los poderes físicos, y también en las facultades mentales. Empléese la destreza instruida en concebir mejores métodos de trabajo. Esto es solo lo que quiere el Señor. Hay honor en cualquier clase de trabajo cuya realización es esencial...

«Se necesitan hombres en diferentes comunidades que muestren a la gente las riquezas que pueden obtenerse del suelo».

»Se necesitan hombres en diferentes comunidades que muestren a la gente las riquezas que pueden obtenerse del suelo. El cultivo de la tierra dará sus frutos... "Los hombres nos llevan a sus huertos de naranjas y limones y otras frutas, y nos dicen que la producción no compensa el trabajo realizado en ellos. Es casi imposible llegar a fin de mes, y los padres deciden que [los] hijos no sean agricultores; no tienen el coraje ni la esperanza para instruirlos a labrar la tierra.

»Lo que se necesitan son escuelas para formar e instruir a los jóvenes para que estos sepan cómo superar este estado de cosas. Debe haber formación en ciencias y formación en planes y métodos para trabajar la tierra. Hay esperanza en la tierra, pero la mente, el corazón y las fuerzas se deben emplear en la labor de trabajarla. El dinero dedicado a las carreras de caballos, al teatro, al juego y a los sorteos, el dinero que se gasta en cantinas para beber cerveza y bebidas fuertes, ¡que se gaste en hacer la tierra productiva, y veremos un estado de cosas distinto!

»Este país necesita agricultores formados. El Señor da los aguaceros y la bendita luz del sol. Él da a los hombres todo el poder que ellos tienen; que los hombres dediquen su corazón, su mente y sus fuerzas a hacer su voluntad obedeciendo sus mandamientos. Que se aparten de cualquier hábito pernicioso y que nunca gasten ni un centavo en cerveza o en licor de cualquier tipo, tampoco en tabaco, que no tengan nada que ver con las carreras de caballos o deportes similares; que, entonces, se dediquen a Dios, que trabajen con sus dotaciones de fuerza física, y sus esfuerzos no serán en vano. Ese Dios, que hizo el mundo para beneficio del hombre, proveerá los medios de la tierra para sostener al obrero diligente. La semilla plantada en suelo minuciosamente preparado dará su cosecha. Dios puede aparejar una mesa para su pueblo en el desierto...

»Hay [una] gran necesidad de hombres inteligentes que trabajen la tierra y sean rigurosos. Este conocimiento no será un impedimento para la formación esencial para los negocios o para todo tipo de provecho en cualquier línea. Desarrollar la capacidad del terreno requiere reflexión e inteligencia. Esto no solo desarrollará musculatura, sino capacidad de estudio, ya que se igualará la contribución de la mente y de la musculatura. Debemos formar así a los jóvenes para que amen trabajar en la tierra y se deleiten en mejorarla. La esperanza de hacer avanzar la causa de Dios en este país radica en crear un nuevo gusto moral por el amor al trabajo, que transformará la mente y el carácter.

»Se ha dado falso testimonio al condenar la tierra, la cual, si se trabaja correctamente, dará abundantes beneficios. Los planes limitados, la poca fuerza presentada y el poco estudio sobre los mejores métodos exigen a gritos una reforma. La gente tiene que aprender que el trabajo paciente hará maravillas. Hay muchos lamentos a causa de las tierras improductivas, pero, si el hombre leyera las escrituras del Antiguo Testamento, vería que el Señor sabía mucho más que él en lo referente al tratamiento adecuado de la tierra. Tras haberse cultivado por algunos años y haber dado su tesoro en posesión del hombre, se debe dejar que descansen partes de la tierra y, luego, se debe cambiar el tipo de cultivo...

»No aparte su mirada de la gloria de Dios, y, si se pierde el cultivo, no se desaliente; vuelva a intentarlo, pero recuerde que no tendrá cosecha a menos que la tierra esté preparada debidamente para la semilla; la pérdida del cultivo puede deberse enteramente a una dejadez sobre este punto.

»Dios sería glorificado si los hombres de otros países que han adquirido un conocimiento inteligente de la agricultura vinieran a estas tierras y, tanto por precepto como por ejemplo, enseñaran a las personas cómo cultivarlas para que den ricos tesoros. Se buscan hombres que formen a otros en el arado y en el uso de los aperos de labranza. ¿Quiénes serán misioneros para hacer este trabajo, para enseñar métodos adecuados a los jóvenes y a todos quienes estén dispuestos a aprender y sean lo suficientemente humildes para ello? Si alguien no quiere que les de ideas mejoradas, deje que las lecciones se den al mostrarles en silencio lo que puede hacerse al sembrar huertos y al plantar cultivos; deje que la cosecha sea elocuente a favor de los métodos correctos de labranza. Diga algo a sus vecinos cuando pueda, mantenga el cultivo de su propia tierra y eso instruirá...

»Los agricultores necesitan mucha más inteligencia en su trabajo. En la mayoría de los casos, es su culpa si no ven la tierra producir cosechas. Ellos deben aprender de forma constante cómo asegurarse toda una variedad de tesoros de la tierra. Las personas deben aprender tanto como sea posible a depender de los productos que pueden obtener de la tierra. En cada una de las fases de esta labor, pueden instruir la mente para trabajar por la salvación de las almas por las que Cristo murió. "Vosotros labranza de Dios sois, edificio de Dios sois".

»El que enseñó a Adán y Eva en Edén cómo cuidar del huerto, instruirá a los hombres hoy. Hay sabiduría en quien tira del arado y planta y siembra la semilla. La Tierra tiene sus tesoros ocultos, y el Señor tendría a miles y a docenas de miles trabajando la tierra y que, en cambio, están amontonados en las ciudades buscando una oportunidad para ganar una insignificancia...

»Debe hacerse que la tierra extienda sus fuerzas, pero, sin la bendición de Dios, no puede hacer nada. En el principio, Dios miró todo lo que había hecho y dijo que era muy bueno. La maldición recayó sobre la tierra como consecuencia del pecado, pero ¿se multiplicará esta maldición aumentando el pecado? La ignorancia está haciendo su nefasta obra. Los siervos perezosos aumentan el mal con sus vagos hábitos. Son muchos los que no están dispuestos a ganarse el pan con el sudor de su frente, y se niegan a cultivar la tierra. Pero, en sus profundidades, la tierra tiene bendiciones ocultas para quienes tienen el coraje, la voluntad y la perseverancia de recolectar sus tesoros...

»Son muchos los agricultores que no logran asegurarse unos rendimientos adecuados de sus tierras porque han realizado el trabajo como si se tratara de un empleo degradante; no ven que en eso hay una bendición para ellos y sus familias. Lo único que pueden discernir es el estigma de la servidumbre. Sus huertos están descuidados, no siembran los cultivos en la estación correcta y hacen un trabajo meramente superficial al cultivar la tierra. Son muchos los que descuidan sus cultivos para guardar las festividades y para asistir a carreras de caballos y clubes de apuesta; se les va el dinero en espectáculos, sorteos y banalidades, y entonces, alegan que no sacan ingresos para cultivar la tierra y mejorar sus cultivos; pero, si tuvieran más dinero, el resultado seguiría siendo el mismo» (Ms 8a-1894).

«Debemos juzgar que la dificultad general con los cultivos aquí es la falta de interés. Hay abundancia de ociosidad, numerosas festividades que aumentan al seguir muchos tipos de diversiones objetables [...]. No obstante, si la tierra se cultivara, esta produciría unos frutos excelentes. Debido a la forma floja y descuidada en que los terratenientes trabajan sus cultivos, nada florece como debe hacerlo, y la impresión que tienen quienes ven la tierra es que es demasiado pobre para dar buenas cosechas.

»He sentido ansias por que la tierra se ocupe y se trabaje a conciencia. Incluso los naranjos se dejan crecer en medio de la hierba como crecen los árboles silvestres. Sin embargo, allí donde estos árboles inmensos florecen como aquí, muchos de ellos perfectamente rectos hacia el cielo, estoy convencida de que, con la bendición de Dios, con diligencia y con fidelidad en el cultivo de la tierra, los agricultores podrían producir resultados gratificantes y, a cambio del trabajo realizado, podrían recoger una buena cosecha. He pensado en las muchas familias que se hacinan en nuestras grandes ciudades y he pensado en lo contenta que me sentiría si algunas de ellas vinieran a este lugar y dedicaran sus energías a limpiar los terrenos y a someter y cultivar la tierra...

»Examinamos la forma como trabajan la tierra y descubrimos que el arado solo se había metido a una profundidad de unos 15 centímetros. Un agricultor inteligente de Estados Unidos no consideraría que esta es una forma fiel de trabajar la tierra. Quienes trabajan de esta forma poco costosa y superficial no pueden esperar recibir nada en desarmonía con sus métodos, sino de acuerdo con estos [...]. Cuanto más veo la propiedad de la escuela, más me asombro del barato precio al que se compró. Cuando la junta quiera dar marcha atrás a esta adquisición, me juro a mí misma que me aseguraré la tierra. La ocuparé con familias pobres; haré que vengan de América familias misioneras para que hagan la mejor obra misionera formando a las personas respecto a cómo cultivar la tierra y hacerla productiva. He planeado lo que puede plantarse en diferentes lugares. He dicho: "Aquí puede haber alfalfa; allí, fresas; aquí puede haber maíz dulce y maíz común, y este terreno será para cultivar patatas, mientras aquel otro será para cultivar todo tipo de frutos". Así que, en mi imaginación, tengo todos los sitios diferentes en condiciones prósperas» (Ms 35-1894).

«Habrá [una] nueva proyección de hombres como ganadores del pan y poseedores de una habilidad formada e instruida para trabajar la tierra de manera provechosa. Sus mentes no estarán sumamente sobrecargadas ni agotadas con el estudio de las ciencias. Estos hombres demolerán los sentimientos necios que han prevalecido con respecto al trabajo manual. Surgirá una influencia, no en oratorias pronunciadas a viva voz, sino en una verdadera inculcación de ideas. Veremos a agricultores que no serán burdos, brutos, vagos, ni descuidados con su vestimenta ni con la apariencia de sus hogares, ¡ellos aportarán gusto a las casas de labranza! [...] El cultivo de la tierra se verá como algo elevador y ennoblecedor. La religión práctica y pura se manifestará al tratar la tierra como el tesoro de Dios. Cuanto más inteligente se vuelva un hombre, mayor es la influencia religiosa que ha de irradiar. Y el Señor hará que tratemos la tierra como un precioso tesoro que se nos ha brindado con confianza» (Lt 47a-1895).

«Los padres deben educar a sus hijos para que los acompañen en sus oficios y empleos. Los agricultores no deben pensar que la agricultura es un negocio que no es lo suficientemente elevado para sus hijos. La agricultura debe desarrollarse a través del conocimiento científico. Se ha dicho que la agricultura no es rentable. La gente dice que la tierra no compensa el trabajo realizado en ella, y se lamentan del duro destino de quienes cultivan la tierra. En este país [Australia], son muchos los que han renunciado a la idea de que la tierra compensará el trabajo realizado en ella, y son miles las hectáreas que están sin mejorar. Pero, si se encargaran de esta línea de empleo personas con las habilidades adecuadas que hicieran un estudio del terreno y aprendieran a plantar, a cultivar y a recoger la cosecha, se verían resultados más alentadores. Muchos dicen: "Hemos probado la agricultura y sabemos cuáles son sus resultados", y, sin embargo, son estos mismos los que necesitan saber cómo cultivar la tierra e integrar la ciencia en su trabajo. Las espadas de sus azadones deberían cortar más profundo, abrir surcos más amplios, y necesitan aprender que, en la labranza de la tierra, su naturaleza no ha de volverse común ni burda. Que aprendan a traer la religión a su trabajo. Que aprendan a sembrar la semilla en su estación, a prestar atención a la vegetación y a seguir el plan que Dios ha concebido.

»El agricultor y sus hijos tienen el libro de la naturaleza abierto delante de sus ojos y deben aprender que la agricultura es una ocupación noble, cuando el trabajo se hace de manera apropiada. La opinión imperante de que la agricultura degrada al hombre es errónea. La Tierra es la propia creación de Dios, y él dice que es muy buena. Puede que las manos se endurezcan y se vuelvan ásperas, pero esta aspereza no tiene por qué extenderse al alma. El corazón no tiene por qué volverse descuidado, ni tampoco el alma, contaminada. Puede que la afeminada palidez del rostro se vuelva curtida, pero el testimonio de salud se ve en los colores rojizos y morenos de la tez. La semejanza a Cristo puede preservarse en la vida del agricultor. El hombre puede aprender, al cultivar la tierra, lecciones preciosas sobre el cultivo del Espíritu» (ST, 13 de agosto de 1896).

> «La agricultura es una ocupación noble, cuando el trabajo se hace de manera apropiada».

«El Señor hará que todos los que estén a su servicio sean aprendices. Los labradores del campo, los mecánicos, los hombres que aprendieron sus oficios, todavía deben aprender mejores métodos, al expandir y ampliar sus ideas. Quienes creen que no pueden aprender nada no son los que pueden ser una bendición en la empresa en la que nos hemos embarcado. Se busca a quienes quieren aprender. Dios está guiando y dirigiendo continuamente» (BEcho, 24 de agosto de 1896).

«Dios dijo a Adán y a todos los descendientes de Adán: '"En el sudor de tu rostro comerás el pan'; pues de aquí en adelante, se deberá trabajar la tierra debido al inconveniente de la transgresión. 'Espinos y cardos te producirá'".

»En la parábola del trigo y la cizaña, se representa al siervo diciendo al padre de la familia: "Señor, ¿no sembraste buena simiente en tu campo? ¿Pues de dónde tiene cizaña?". ¿Sembró el padre de la familia la cizaña? No. Él les dijo: "Un hombre enemigo ha hecho esto". El enemigo siempre siembra la cizaña. Ni Dios ni sus ángeles arrojaron nunca una semilla que produjera cizaña. El enemigo de Dios y del hombre hace esta obra malvada con el fin de afligir a la familia humana. Al hacer que el trabajo sea diez veces más duro, para que se requiera más esfuerzo para cultivar la tierra, Satanás lleva al hombre a murmurar contra el Dios del cielo como la causa de su miseria. Sin embargo, la verdadera causa de eso es Satanás; él hace que el trabajo sea fatigoso y, al ser indulgentes con los hábitos de "no hacer nada", los hombres cooperan con él. Con su propio descuido, causan tal estado de cosas que los espinos y cardos se multiplican y ahogan la simiente buena.

»Muchos desean adquirir medios y tener prosperidad sin ejercer de forma perseverante la mente, la osamenta y la musculatura. Este camino destruye a menudo la motivación requerida para la eficacia. No consiguen su fin, y se quejan y murmuran contra Dios porque la tierra no les ha dado la abundancia que esperaban. Pero, en nueve de diez casos, la pérdida de la cosecha es el resultado de los vagos esfuerzos de los trabajadores. No trabajaron con perseverante energía en el momento adecuado. No se prepararon para la cosecha preparando y enriqueciendo la tierra. Trabajaron por impulso. "La tierra necesita una atención cuidadosa. Se debe arar a menudo y en profundidad con la idea de sacar las malas hierbas que toman todos los nutrientes de las buenas semillas plantadas. Por lo tanto, quienes aran y siembran se preparan para la cosecha. Nadie tiene que pararse en el campo en medio de la triste miseria de sus esperanzas" (Ms 84-1897).

»El señor H. C. Thompson, nuestro agricultor, presentó entonces algunos de los productos de la tierra. Se mostraron con orgullo las naranjas y los limones del huerto de nuestra escuela, boniatos y otros productos del huerto, pues su tamaño y calidad eran extraordinarios. Él habló brevemente de lo que puede lograrse como resultado de un cultivo fiel de la tierra y señaló que algunas de las dificultades que deben enfrentar los agriculturistas en este clima son enormemente compensadas por el hecho de que podemos participar satisfactoriamente en el cultivo hortofrutícola todo el año.

»La reunión concluyó con un sincero llamamiento del presidente de la junta a las personas de Cooranbong y de las proximidades, para que se unan en el desarrollo del distrito mediante la plantación de huertos y el cultivo de productos hortofrutícolas, para que todas vivan de los productos de la tierra y no tengan que subsistir a base de los cuerpos de animales muertos.

»La buena influencia de esta reunión se sintió a lo largo de la semana de oración; y el espíritu de amistad cordial sigue creciendo» (RH, 11 de octubre de 1898).

«Me han interrumpido para que tenga una conversación con el hermano Martin, a quien proporciono documentos y tratados para hacer la obra misionera. Él no es ministro, sino un agricultor de una inteligencia considerable. Vende fruta y, así, se familiariza con la gente. Muchas almas se han convertido a través de su ferviente influencia» (Lt 43-1899).

El campo sureño de EE. UU.

«¿Por qué los adventistas del séptimo día no habrían de convertirse en verdaderos obreros junto con Dios buscando salvar las almas de la raza de color? ¿Por qué no habrían de ir muchos, no unos pocos, a trabajar este campo olvidado desde hace mucho tiempo? ¿Dónde están las familias que se harán misioneras y que trabajarán estas tierras? ¿Dónde están los hombres que cuentan con medios y experiencia para poder acercarse a estas personas y trabajar para ellas allí mismo donde están?

»Hay hombres que pueden formarlos en términos agrícolas, que pueden enseñar a los de color a sembrar semillas y plantar huertos. Hay otros que pueden enseñarles a leer y que pueden darles una lección objetiva de su propia vida y experiencia. Muéstrele lo que usted puede hacer para ganarse su propio sustento, y eso los educará. ¿Acaso no se nos ha llamado a hacer esta obra misma? ¿Acaso no hay muchos que necesitan aprender a amar a Dios de manera suprema y a amar a sus prójimos como a sí mismos? En el campo sureño, hay miles de personas que tienen almas que salvar o perder. ¿Acaso no hay muchos entre los que afirman creer en la verdad que se marcharán a estos campos para hacer la obra por la que Cristo dio su paz, sus riquezas y su vida?» (Ms 21a-1895).

«En su providencia, Dios dice, como lleva diciendo durante años: "Aquí hay un campo para que lo trabajen". Quienes son sabios en términos agrícolas, en cultivar la tierra, quienes pueden construir edificios simples y sencillos, pueden ayudar.

»Pueden hacer una buena obra y, al mismo tiempo, mostrar en su carácter la alta moral cuya consecución será el privilegio de esta gente. Enséñeles la verdad en lecciones objetivas simples. Haga de todo lo que toquen sus manos una lección en la edificación del carácter» (Ms 164-1897).

[Versión alternativa] «Quienes son sabios en términos agrícolas, en cultivar la tierra, quienes pueden construir edificios simples y sencillos, pueden ayudar. Pueden hacer una buena obra y, al mismo tiempo, mostrar en su carácter la alta moral cuya consecución será el privilegio de esta gente. Que los agricultores, financieros, constructores y quienes están cualificados en otros oficios vayan hasta estos campos olvidados para mejorar la tierra, para establecer industrias, para construir hogares humildes para ellos y para dar a sus prójimos un conocimiento de la verdad para estos tiempos» (9T 36, 1909).

«Hay trabajo que hacer en el sur, y requiere hombres y mujeres que no necesitarán ser más pastores que maestros; hombres humildes a los que no les dé miedo trabajar como agricultores para enseñar a los sureños a trabajar la tierra, pues blancos y negros necesitan ser educados en este sentido» (Lt 102a, 1899).

Advertencias a los agricultores

«Que el esmero y la perplejidad de las plantaciones de aquí no absorban su mente, sino que pueda arroparse de forma segura en la contemplación del cultivo de Abraham. Somos herederos de esa heredad inmortal. Abandone sus apegos terrenales y habite en cosas celestiales» (1T 118, 1868).

> «*Que el esmero y la perplejidad de los cultivos de aquí no absorban su mente, sino que pueda arroparse de forma segura en la contemplación del cultivo de Abraham*».

«Querido hermano E., ha cometido un gran error al dar a este mundo su ambición. Es usted muy exigente y, algunas veces, impaciente y, a veces, exige demasiado a su hijo, quien se ha desanimado. En su casa, todo ha sido trabajar, trabajar y trabajar desde la mañana temprano hasta la noche. Su gran cultivo ha acarreado tareas y cargas extras a su casa. Habló usted de negocios; pues los negocios eran lo primero en su mente, y "porque de la abundancia del corazón habla la boca". En su familia, ¿ha exaltado su ejemplo a Cristo y su salvación por encima de sus intereses agrarios y su deseo de ganancia? Si sus hijos no alcanzan la vida eterna, la sangre de sus almas se encontrará seguro en las vestimentas de su padre» (4T 48, 1881).

«Los hombres actúan como si estuvieran desprovistos de razón. Están enterrados en los afanes de esta vida. No tienen tiempo que dedicar a Dios, no tienen tiempo de servirlo. La orden del día es trabajar, trabajar y trabajar. A todos se les pide que sigan el plan de alta presión, que cuiden los grandes cultivos. Derribar y construir más grande es su ambición, para poder tener un lugar en donde aportar sus mercancías. Sin embargo, estos mismos hombres que están agobiados con sus riquezas pasan por seguidores de Cristo. Tienen fama de creer que Cristo vendrá pronto, que el fin de todas las cosas está por llegar; y aun así, no tienen espíritu de sacrificio. Cada vez se hunden más profundo en el mundo. Solo se permiten a sí mismos un poco de tiempo para estudiar la Palabra de vida, para meditar y para orar. Tampoco dan a sus familiares o siervos este privilegio. Y, sin embargo, estos hombres profesan creer que este mundo no es su hogar, que son meros peregrinos y extraños en la Tierra, que se preparan para mudarse a un país mejor. El ejemplo y la influencia de todos estos es una maldición para la causa de Dios. La vida cristiana que profesan tener está caracterizada por la hipocresía vacía. Aman a Dios y la verdad tanto como muestran sus trabajos, y eso es todo. Un hombre manifestará toda la fe que tenga. "Por sus frutos los conoceréis". El corazón está donde está nuestro tesoro. Su tesoro está en esta Tierra, y aquí están sus corazones e intereses» (RH, 23 de febrero de 1886).

«Pero los agricultores mismos deben ser formados para que acaten las leyes de la vida y la salud regulando su trabajo, incluso si se pierden algunos de sus granos o la cosecha de los cultivos. Los agricultores trabajan demasiado duro y con demasiada constancia, y violan las leyes de Dios en su naturaleza física. Este es el peor tipo de economía. Puede que el hombre logre mucho por un día, pero, a fin de cuentas, es un perdedor por la deficiente gestión de sí mismo» (Lt 85-1888).

«En vez de dar a Dios los medios que él ha puesto en sus manos, muchos los invierten en más tierras. Este mal está creciendo entre nuestros hermanos. Antes, contaban con todo lo que podían cuidar bien, pero el amor por el dinero o el deseo por ser considerados pudientes entre sus prójimos lleva a los hombres a enterrar sus medios en el mundo y a negar a Dios sus honorarios. ¿Acaso nos sorprende que no prosperen, que Dios no bendiga sus cultivos y se sientan desilusionados? Si nuestros hermanos pudieran recordar que Dios puede bendecir veinte hectáreas de tierra y hacerlas tan productivas como cien, ellos no seguirían enterrándose a sí mismos en sus tierras, sino que dejarían que sus medios fluyesen hasta el tesoro de Dios. "Y mirad por vosotros", dijo Jesús, "que vuestros corazones no sean cargados de glotonería y embriaguez, y de los afanes de esta vida". Satanás se alegra de que aumenten sus cultivos e inviertan sus medios en empresas mundanas, pues, al hacerlo, no solo dificultan el avance de la causa, sino que, por ansiedad y demasiado trabajo, reducen su posibilidad de alcanzar la vida eterna» (5T 151, 1889).

«El agricultor puede hablarte de su cultivo, puede describir la calidad de la tierra y el carácter de sus productos. Puede hablar de lo que sabe con gran libertad e interés. El abogado, el comerciante, el mecánico, todos se preparan para sus ocupaciones, y la experiencia hace que su conocimiento sea perfecto; todos pueden hablar de forma fácil y seria de las mejoras realizadas en su vocación; pero reúna a todos esos trabajadores que profesan la religión en una reunión como esta, y serán muchos los que hablarán de su fe con vacilación, con lenguaje balbuceante, y con un tono de voz tan bajo que será difícil entender lo que dicen. ¿Por qué los hombres y las mujeres que pueden hablar de manera inteligente sobre asuntos de interés temporal no pueden hablar decididamente sobre cosas de interés eterno? ¿Cómo ven los ángeles nuestra falta de apreciación por las cosas de Dios? ¿Por qué hay tal deficiencia en el servicio que profesamos rendir a Dios?» (ST, 13 de mayo de 1889).

«Algunos de los agricultores adinerados actúan como, si en el día de Dios, el Señor solo les exigiera que le presentaran cultivos enriquecidos y mejorados, con edificios que se suman a más edificios, y dicen: "Aquí, Señor, están tus talentos; he aquí, he ganado toda esta posesión". Si las hectáreas de sus cultivos fueran almas preciosas salvadas para Jesucristo, si sus edificios fueran almas para ser presentadas al Maestro, entonces, él podría decir a estos hombres: "Bien hecho, buen siervo y fiel". Sin embargo, no puede llevarse estos cultivos mejorados, o estos edificios, al cielo. Los fuegos de los últimos días los consumirán. Si invierte y entierra sus talentos de medios en estos tesoros terrenales, su corazón está en ellos, su ansiedad es por ellos, su perseverante trabajo es por ellos, su cuidado y sus destrezas se cultivan para servir posesiones terrenales y mundanas, y no se destinan o emplean en cosas celestiales» (ST, 8 de febrero de 1892).

«Que el Señor lo bendiga abundantemente, hermano mío, en su hogar. El encargo que tengo para usted es: no se sobrecargue con muchas cargas, de manera que no consiga hacer su deber para con sus hijos. Mis palabras no son de reproche, sino de recordatorio. Si hay que descuidar algo, que sea el cuidado de cosas inanimadas. Mantenga su alma fresca, pura y elevada. Si da a sus hijos la atención que necesitan, puede que tenga que descuidar algunas cosas. Entonces, déjelos tranquilos. Sus hijos están construyendo su carácter para el momento y para la eternidad, y usted no debe cometer errores al tratar con ellos. Puede estar seguro de que no lo reprobaré por nada que haya dejado sin hacer en los cultivos.

»Que la paz de Dios esté en su hogar. Que su bendición recaiga sobre su pequeño rebaño. Ellos son corderos de su redil, y deben alimentarse y cuidarse. No trabaje en demasía. No fuerce sus nervios y músculos intentando hacer todo lo que hay que hacer en el cultivo, sino pida ayuda.

»Que el Señor lo bendiga abundantemente a usted, a su esposa y a sus hijos» (Lt 159-1904).

«Vigile su familia. No diga palabras cruzadas. No aumente la ira de sus hijos cuando no debe porque esto no los reformará. Llévelos aparte, converse, ore con ellos y léales las Escrituras. ¡Qué gran obra es esta! Esto es lo que quiere hacer. Tómese su tiempo para ello. Puede que diga: "¡Mis cultivos!". Sí, pero ¿acaso no puede Dios bendecir mejor sus cultivos si tiene a una familia unida que hable de las mismas cosas y que trabaje bajo la misma orden? ¿Y acaso no dejará el Señor que su rica gracia recaiga sobre usted con sabiduría y justicia?» (Ms 111-1909).

La agricultura en el hogar

«A los padres de estos hijos [que practican "vicios secretos"] les diría: "¡Han traído a este mundo hijos que no son más que una maldición para la sociedad! Sus hijos son indisciplinados, pasionales, pendencieros y viciosos". Su influencia sobre otros es corruptora. Estos hijos llevan el sello de las pasiones más bajas del padre; el sello de su carácter se estampa sobre sus hijos. Su temperamento violento y desagradable se refleja en sus hijos. Estos padres deberían haberse alejado al campo hace mucho tiempo, y haberse separado tanto ellos como sus hijos de la sociedad de quienes no podrían beneficiar, sino solo dañar.

»La laboriosidad constante en un cultivo habría demostrado ser una bendición para estos hijos, y el trabajo continuo, en la medida que aguanten sus fuerzas, les habría dado menos oportunidades de corromper sus cuerpos abusando de sí mismos [masturbación], y habría evitado instruir a un gran número en esta práctica infernal. El trabajo es una gran bendición para todos los hijos, especialmente, para los de esa clase, cuyas mentes están naturalmente inclinadas hacia el vicio y la depravación» (PH085, 1869).

«Cada familia debería tener una parcela de tierra para el cultivo y la hermosura. Padres, un jardín de flores será una bendición para sus hijos.

Sus hijas gozarían de mejor salud al trabajar una porción de cada día en los matorrales y las flores que realizando el delicado trabajo de bordar y hacer ganchillo, que las confinan tras las puertas. Sus hijos necesitan un ejercicio activo para ser sanos y felices.

»Padres, recompensará gastar todos los años una pequeña suma en comprar semillas y arbustos de flores. Nosotros hemos comprado los de James Vick, Rochester, Nueva York, y desde entonces, nos hemos sentido más que satisfechos con los medios que invertimos así. Deben ayudar a sus hijos a arreglar sus huertos con gusto, y luego, ayudarlos a plantar sus semillas y arbustos. Los padres deben interesarse por estas cosas para beneficio de sus hijos si sus hijos no tienen un amor natural por esas cosas.

»Mi esposo encuentra en mi huerto de flores tanto placer como yo y mis hijos. Frecuentemente, cuando ha tenido que contratar ayuda, él ha dejado su trabajo y se ha puesto manos a la obra para preparar mi parcela de tierra para mis plantas y semillas. Esta bondad y este interés manifiestos han hecho que surja un amor por las flores y las semillas en las mentes de nuestros hijos, y son muchas las horas que han dedicado al ejercicio placentero del cultivo de estas flores, y que podrían haber perdido en excitantes divertimentos y en la cuestionable sociedad.

»Todos podemos hallar placer en la contemplación de las muchas y bellas variedades de capullos que brotan y flores que crecen, de todo tipo y tonalidad, que nuestro Padre celestial ha creado para la dicha y el beneficio de sus hijos.

»El diseño de Dios es que amemos la belleza de la naturaleza. Él hizo un huerto para nuestros primeros padres y, con sus manos divinas, plantó en él los árboles para provecho y ornamento, las hermosas vides cargadas de frutos y las encantadoras flores de toda variedad y color. Esto era para el placer y la felicidad del hombre. Si los padres siguieran más de cerca el ejemplo de su Creador en este sentido, creo que tendrían menos problemas al criar a sus hijos para el provecho y la felicidad. Si los padres animaran a sus hijos a amar las bellezas de la naturaleza, proyectarían sobre ellos una salvaguardia para protegerlos de la iniquidad que reina entre los jóvenes...

»Al hacer atractivos el hogar y sus alrededores, los padres reducirán el deseo de placeres y divertimentos excitantes que son injuriosos para la salud física, mental y moral de los hijos. Puede embellecer su hogar con árboles frutales, arbustos y flores, y alentar en la mente de sus hijos el amor por estas cosas. Podría enseñarles en lo referente a la vida mejor conectando las bellezas de la naturaleza, tan dañadas, imperfectas y efímeras, con las bellezas inalterables e inmortales del Edén restaurado. Puede unir con las de la naturaleza sus lecciones sobre el amor y la misericordia de nuestro Creador benefactor, quienes les ha dado todas estas cosas para su felicidad. Debe buscar extraer sus corazones de la naturaleza y llevarlos al Dios de la naturaleza, y conectar la misericordia de Dios con la luz de la mañana y las glorias del sol del ocaso. Su misericordia puede verse en la música y el murmullo de los riachuelos, e incluso en las tormentas más anubarradas. Dirija sus mentes hacia la misericordia de Dios en el calor estival y en el frío invernal. Podemos encontrar delante de ellos la misericordia y la sabiduría de Dios en la caída de la bendita lluvia para refrescar y avivar la tierra y la vegetación resecas, y dirigirlos hacia un amor y una sabiduría que son infinitos. Los corazones jóvenes responderán a estas lecciones y los padres serán bendecidos al ver el fruto de su trabajo para la mejora física, mental y moral de sus seres amados» (HR, 1 de marzo de 1871).

«El padre promedio desperdicia muchas oportunidades de oro para atraer y vincular a sus hijos con él mismo. Al regresar a casa de sus negocios, debería ser un cambio placentero para el padre el pasar algún tiempo con sus hijos. Puede llevarlos al huerto y mostrarles los brotes en flor y los diversos colores de las flores en floración. A través de estos medios, puede que él les dé las lecciones más importantes con respecto al Creador, abriendo ante sus hijos el maravilloso libro de la naturaleza, donde el amor de Dios está expresado en cada árbol, en cada flor y en cada brizna de hierba. El padre puede imprimir en sus mentes el hecho de que, si Dios se preocupa tanto por los árboles y las flores, cuánto más no se preocupará por las criaturas formadas a su imagen. Puede guiarlos precozmente para que entiendan que Dios quiere que sus hijos sean hermosos, no con adornos artificiales, sino con belleza de carácter, los encantos de la bondad y el afecto, que harán que sus corazones queden atados a la alegría y la felicidad» (HR, 1 de septiembre de 1877).

«Vivir en el campo sería muy beneficioso para ellos [los hijos de madres solteras que estuvieron preocupadas con los afanes del mundo]; una vida activa y al aire libre desarrollaría la salud tanto de la mente como del cuerpo. Deben tener un huerto que cultivar en donde puedan encontrar tanto un divertimento como un trabajo provechoso. La formación de las plantas y las

> «*La formación de las plantas y las flores tiende a mejorar el gusto y el juicio*».

flores tiende a mejorar el gusto y el juicio, mientras que una familiarización con las provechosas y hermosas creaciones de Dios tiene una influencia refinadora y ennoblecedora sobre la mente, en referencia al Hacedor y Maestro de todo» (4T 136, 1881).

«Muchos padres dejan sus hogares en el campo para ir a la ciudad, la cual consideran un lugar más deseable o provechoso. Sin embargo, al hacer este cambio, exponen a sus hijos a muchas y más grandes tentaciones. Los chicos no tienen empleo, obtienen la educación en la calle y pasan de peldaño en peldaño por toda la escalera de la depravación hasta que pierden el interés en todo lo que es bueno, puro y santo. ¡Cuánto mejor hubiera sido que estos padres se hubieran quedado con sus familias en el campo, donde las influencias son más favorables para la fuerza física y mental! Que se enseñe a los jóvenes a trabajar en el cultivo de la tierra, y que duerman en el dulce sueño del cansancio y la inocencia» (RH, 13 de septiembre de 1881).

«Que la madre se lleve a sus hijos con ella al campo o al huerto y que de las cosas de la naturaleza extraiga lecciones que los dirigirán hacia el Dios de la naturaleza y que los ayudarán a luchar contra el mal. Que la madre los dirija hacia los sublimes árboles, los arbustos y la verde alfombra que cubre la tierra. Que ella les enseñe cómo el lirio, hundiendo sus raíces más allá del fango hasta llegar a la tierra de abajo, consigue los nutrientes que le permiten impulsar hacia arriba una flor pura y hermosa. Luego, que les muestre cómo, al rechazar lo que es impuro, pueden crecer hasta convertirse en hombres y mujeres nobles y puros» (Ms 29-1886).

«Madres, deben empezar a disciplinar a su hijo cuando aún es un bebé al que acunan entre sus brazos. De la infancia a la juventud, y de la juventud a la hombría, deben formar a sus hijos para la familia del cielo. Dios no desea que ocupen su tiempo adornando sus vestimentas y decorando sus hogares, en detrimento de la educación de sus hijos. Deben llevar a sus hijos hasta los huertos y mostrarles las bellas flores que Dios ha hecho. Dios es el maravilloso artista maestro. Los cuadros que pintan los artistas humanos y que el mundo admira solo son débiles imitaciones de las obras de Dios. Todos los días, Dios obra milagros ante nosotros en el despliegue de las flores; pues no hay mano humana que pueda pintar tan delicados matices, ni forma de pintar tan graciosas plantas. Todo esto habla de la obra del Artista divino, y cada flor es una expresión del amor de Dios por nosotros. Él ha diseñado la Tierra con su hermoso verdor; pues sabía que este color agradaría a nuestros sentidos. Todas las cosas hermosas en la naturaleza son una prueba del amor y del cuidado de Dios. Así que saquen a sus hijos al aire libre bajo la cubierta celestial, bajo los nobles **árboles**, y llévenlos a los huertos y, a través de la naturaleza, diríjanlos hacia el Dios de la naturaleza. Lleven sus mentes a la contemplación de las obras de Dios en la naturaleza para que aprendan a amarlo en su infancia y en su juventud. No los agoten con largas oraciones y tediosas exhortaciones, sino enséñenles a ser obedientes a la ley de Dios. Enséñenles a ser amables y corteses, díganles que, si su carácter es grosero y feo, no podrán entrar en el reino de los cielos, donde todo es paz y amor. Estamos aquí para ser formados para la familia del cielo» (RH, 23 de febrero de 1892).

«Quienes llevarán a sus familias al campo, que las coloquen donde tengan menos tentaciones. Los niños que están con padres que aman y temen a Dios están, en todo sentido, mucho mejor situados para aprender acerca del Gran Maestro, quien es la fuente y el manantial de sabiduría. Tienen una oportunidad mucho más favorable para ganarse la aptitud para entrar en el reino de los cielos. Envían a los hijos a escuelas situadas en la ciudad, donde cada fase de la tentación espera seducirlos y desmoralizarlos, y la obra de la formación del carácter es diez veces más dura tanto para los padres como para los hijos [...]. "Los padres y las madres que poseen un pedacito de tierra y un hogar cómodo son reyes y reinas"» (Ms 8a-1894).

«No envíe a sus pequeños a la escuela demasiado temprano. Las madres deben tener cuidado con las manos a las que confían el moldeado de la mente de sus pequeños. Los padres deberían ser los mejores maestros de sus hijos hasta haber cumplido ocho o diez años. El aula de ellos debe ser el aire libre, entre las flores y los pájaros, y, su libro de texto, los tesoros de la naturaleza. Los padres deben abrir ante ellos el maravilloso libro de la naturaleza de Dios tan pronto como sus mentes comprendan. Estas lecciones, impartidas en medio de tales entornos, tardarán en olvidarse. Se deben hacer grandes esfuerzos para preparar las almas del corazón para que el sembrador disperse la buena simiente. Si

> *«Los padres y las madres que poseen un pedacito de tierra y un hogar cómodo son reyes y reinas».*

la mitad del tiempo y del trabajo que son ahora más que desperdiciados se dedicaran a cultivar la mente de los niños, a la formación de hábitos correctos, en las familias se haría aparente un cambio notable» (CE 170, 1894).

«¿Cuántos son los que salen al huerto con sus hijos y, apuntando a las hermosas flores, dicen: "Esto es una expresión del amor de Dios por ti"? Esto dirigiría sus mentes a través de la naturaleza hasta llegar al Dios de la naturaleza. ¿Acaso no sería esto mucho más provechoso para sus hijos que llevarlos a todos los espectáculos y divertimentos de una naturaleza desmoralizante que absorbería su atención para que olviden a Dios?» (BEcho, 19 de noviembre de 1894).

«Padres y madres, dejen que sus hijos aprendan de las flores. Llévenlos con ustedes al huerto y al campo y, bajo los frondosos árboles, enséñenles a leer en la naturaleza el mensaje del amor de Dios. Dejen que los pensamientos de Dios se conecten con el pájaro, con la flor y con el árbol. Lleven a sus hijos a ver en todo lo placentero y hermoso una expresión del amor de Dios por ellos. Recomiéndenles su religión por medio de su afabilidad. Que la ley de la bondad esté en sus labios.

»Díganles a los hijos que, debido al maravilloso amor de Dios, sus naturalezas pueden ser transformadas y armonizadas con la de él. Enséñenles que Dios haría sus vidas hermosas con las gracias de las flores. Enséñenles, mientras recogen las hermosas flores, que el que hizo las flores es más hermoso que ellas. Así, los zarcillos de sus corazones se entrelazarán alrededor de Dios. Él, que es "todo [...] codiciable", será para ellos una compañía diaria y un amigo familiar, y sus vidas se transformarán hasta ser una imagen de su pureza» (MB 97, 98, 1896).

«La formación significa más que meramente estudiar libros. Es necesario que se ejerzan tanto los poderes físicos como mentales con el fin de tener una formación adecuada. En consulta con el Padre antes de que existiera el mundo, se diseñó que el Señor Dios plantara un huerto para Adán y Eva en Edén, y que les encargara la tarea de cuidar los árboles frutales, cultivar y guiar la vegetación. El trabajo provechoso debía ser su salvaguardia y debía perpetuarse a través de todas las generaciones hasta el final de la historia del mundo. Para tener una formación plena, es necesario combinar la ciencia con el trabajo práctico. Ya desde la infancia, se debe formar a los niños para que hagan aquellas cosas apropiadas para su edad y capacidad. Los padres deben ahora animar a sus hijos a ser más independientes. No tardarán en verse serios problemas sobre la faz de la Tierra, y los hijos deben formarse de tal manera que sean capaces de hacer frente a ellos. Muchos padres dedican muchísimo tiempo y muchísima atención a divertir a sus hijos, y los animan a que lleven a ellos todos sus problemas; sin embargo, se debe formar a los hijos para que se diviertan por sí solos, para que ejerciten su mente concibiendo planes para su propia satisfacción, para que hagan cosas simples que son naturales que hagan» (ST, 13 de agosto de 1896).

«No se debe privar a los hijos de los pudientes de la maravillosa bendición de tener algo que hacer para aumentar la fuerza de su mente y sus músculos. El trabajo no es una maldición, sino una bendición. Dios dio a un Adán y a una Eva sin pecado un hermoso huerto que cuidar. Este trabajo era placentero, y no es sino trabajo placentero lo que habría entrado en nuestro mundo si la primera pareja no hubiera violado los mandamientos de Dios. La ociosidad delicada y la gratificación egoísta crean inútiles; pueden hacer que la vida esté vacía y estéril de todas las formas. Dios no dio a los seres humanos razón y coronó sus vidas con su bondad para que pudieran ser maldecidos con los resultados seguros de la ociosidad. No se debe privar a los pudientes del privilegio y la bendición de tener un lugar entre los trabajadores del mundo. Ellos deben percatarse de que son responsables del uso que hacen de las posesiones que se les han confiado; que sus fuerzas, su tiempo y su dinero deben usarse de forma sabia, y no para propósitos egoístas» (SpTEd 40, 1897).

«El día del sábado no debe ser un día de tristeza, un día de desasosiego e inquietud. Los padres pueden llevar a sus hijos al aire libre, a las huertas, al jardín de las flores, y enseñarles que el Señor les dio estas cosas hermosas como una expresión de su amor. Cristo dijo: "Considerad los lirios del campo, como crecen; no trabajan, ni hilan; Mas os digo, que ni aún Salomón con toda su gloria fue vestido así como uno de ellos. Y si la hierba del campo que hoy es, y mañana es echada en el horno, Dios la viste así, ¿no hará mucho más a vosotros, Oh vosotros de poca fe? No os acongojéis, pues, diciendo: ¿Qué comeremos? o ¿Qué beberemos? o ¿Qué nos vestiremos? Porque los Gentiles buscan todas estas cosas: porque vuestro Padre celestial sabe que de todas estas cosas tenéis necesidad. Mas buscad primeramente el reino de Dios y su justicia, y todas estas cosas os serán añadidas. Así que, no os acongojéis por el día de mañana; porque el día de mañana traerá su congoja. Basta al día su propio mal"» (RH, 8 de junio de 1897).

«Las madres agotan sus nervios haciendo cosas inútiles para ir al ritmo de la moda. Una tercera parte del tiempo que dedican ahora a este trabajo podrían pasarlo con sus hijos al aire libre, escardando el huerto, recogiendo bayas y enseñando a los hijos a ayudar.

»Se derrocha bastante en vestidos de moda y en la preparación de artículos de alimentación que irritan los órganos digestivos para comprar un terreno que los hijos puedan tener como suyo, y del que los padres y las madres puedan extraer lecciones preciosas que dar a sus hijos. Enseñen a sus hijos que el pequeño huerto en el que colocan la pequeña semilla representa el huerto del corazón, y que Dios ha instado a ustedes, sus padres, que cultiven la tierra de sus corazones, así como ellos cultivan el huerto» (Ms 138-1898).

«Enseñen a los hijos a ver a Cristo en la naturaleza. Llévenlos al aire libre, bajo los nobles árboles, hasta el huerto; y, en todas las maravillosas obras de la creación, enséñenles a ver una expresión del amor de Cristo. Enséñenles que él hizo las leyes que gobiernan todas las cosas vivas, que él hizo leyes para nosotros, y que estas leyes son para nuestra felicidad y nuestro gozo. No los fatiguen con largos rezos y tediosas exhortaciones, sino que, a través de las lecciones objetivas de la naturaleza, enséñenles obediencia a la ley de Dios» (DA 516, 1898).

«William C. White vio la necesidad del hermano Coulston [un nuevo converso en Australia] y pidió prestado ocho libras a nuestro herrero para prestárselas a él para que pudiera comenzar de nuevo. Y todos están contentos y más que impresionados al ver el comienzo que ha hecho. Se han limpiado unas doce hectáreas que se han sembrado de maíz dulce y maíz de campo. Comerán el maíz dulce y venderán el maíz de campo. Las verduras que se han cultivado ayudan mucho a mantener a la familia. Los muchachos jóvenes trabajan con su padre como pequeños agricultores. Son tan serios y están tan llenos de entusiasmo que es divertido mirarlos y ver lo feliz que son en su trabajo. Aparte de sus lazos familiares, no conocen a mucha gente, pero están en la mejor escuela en la que podrían estar.

La agricultura en el hogar

»Nos sentimos agradecidos a Dios por lo que vemos, y animaremos a quienes entran en la verdad a que ocupen la tierra que puedan cultivar y, así, mantenerse a sí mismos» (Lt 48-1899).

«Siempre que sea posible, los padres deben tener un trozo de tierra conectado con el hogar para que los niños puedan aprender a cultivar la tierra. ¡Cuántas hermosas y valiosas lecciones se pueden sacar de la preparación del terreno, de la siembra de semillas y del cuidado del cultivo de las plantas! Al aprender estas lecciones, los padres y los hijos son beneficiados y bendecidos» (Ms 41-1902).

«Sin embargo, no es voluntad de Dios que su pueblo se establezca en las ciudades, donde los disturbios y la confusión son constantes. Esto debe ahorrársele a los hijos; pues todo el sistema está desmoralizado por la prisa, el apuro y el ruido. El Señor desea que su pueblo se mude al campo, donde pueden establecerse en la tierra y criar sus propias frutas y verduras, y donde sus hijos pueden entrar en contacto directo con las obras de Dios en la naturaleza. Mi mensaje es: "Alejen a sus familias de las ciudades"» (Lt 82-1902).

> *«Siempre que sea posible, los padres deben tener un trozo de tierra conectado con el hogar para que los niños puedan aprender a cultivar la tierra».*

«Mientras Dios me dé poder para hablar a nuestra gente, seguiré pidiendo a los padres que dejen las ciudades y busquen hogares en el campo, donde pueden cultivar la tierra y aprender del libro de la naturaleza las lecciones de la pureza y la simplicidad. Las cosas de la naturaleza son los ministros silenciosos del Señor, dados a nosotros para que nos enseñen verdades espirituales. Nos hablan del amor de Dios y declaran la sabiduría del gran artista-Maestro» (Lt 47-1903).

«Si nos ponemos bajo influencias objetables, ¿acaso podemos esperar que Dios obre un milagro para deshacer los resultados de nuestro errado proceder? No, desde luego que no. Salgan de las ciudades lo antes posible y adquieran un pequeño trozo de tierra donde puedan tener un huerto, donde sus hijos puedan ver las flores crecer y aprender de las lecciones de la simplicidad y la pureza. "Considerad los lirios del campo, como crecen;

no trabajan, ni hilan; Mas os digo, que ni aún Salomón con toda su gloria fue vestido así como uno de ellos" (Mateo 6:28-29). Padres, dirijan a sus hijos hacia las cosas bellas de la creación de Dios y, a partir de estas cosas, enséñenles el amor de Dios por ellos. Diríjanlos hacia los hermosos ríos (hacia las rosas, los lirios y los claveles) y, entonces, diríjanlos hacia el Dios viviente» (Ms 10-1903).

«No se debe encerrar a los hijos tras las puertas, ni tampoco se deben obligar a que se apliquen estrictamente al estudio hasta haber asentado un buen cimiento para su desarrollo físico. Durante los primeros ocho o diez años de vida, la mejor aula para un niño es el campo o el huerto; la madre, la mejor maestra y la naturaleza, el mejor libro. Incluso cuando el niño es lo suficientemente mayor para asistir a la escuela, debe considerarse que su salud es más importante que sus conocimientos sobre libros. Debe rodearse de las condiciones más favorables para tanto su crecimiento físico como mental» (Ed 208, 1903).

«Puesto que tanto los hombres como las mujeres participan de las tareas domésticas, tanto los niños como las niñas deben adquirir un conocimiento de los deberes del hogar. Hacer una cama, ordenar una habitación, lavar los platos, preparar una comida y reparar su ropa es una formación que no tiene por qué hacer que un chico sea menos varonil; lo hará más feliz y más útil. Y si, a su vez, las chicas pudieran aprender a ensillar y montar un caballo, y a usar la sierra y el martillo, así como el rastrillo y la azada, estarían mejor equipadas para responder a las emergencias de la vida» (Ed 216, 1903).

«Padres y madres, enseñen a sus hijos el poder obrador de maravillas de Dios. Su poder se manifiesta en cada planta, en cada árbol que da fruto. Lleven a sus hijos al huerto y explíquenles cómo hace Dios que la semilla crezca. El agricultor ara su tierra y siembra la semilla, pero no puede hacer que la semilla crezca. Debe depender de Dios para que haga eso que ningún poder humano puede hacer. El Señor pone su propio Espíritu dentro de la semilla haciendo que esta cobre vida. Bajo su cuidado, el germen rompe la cápsula que lo envuelve y brota hasta desarrollarse y dar fruto.

»Cuando los niños estudien el gran libro de lecciones de la naturaleza, Dios impresionará sus mentes. Al conocer la obra que él hace por la semilla, aprenderán el secreto del crecimiento en la gracia. Bien entendidas, estas lecciones conducen hacia el Creador y enseñan esas verdades simples y santas que hacen que el corazón entre en estrecho contacto con Dios» (8T 326, 1904).

«Al construir, muchos hacen una atenta provisión para sus plantas y flores. Los invernaderos o las ventanas invernadero consagrados a su uso son cálidos y soleados; pues sin calor, sin aire y sin la luz del sol, las plantas no vivirían ni florecerían. Si estas condiciones son necesarias para la vida de las plantas, ¡cuánto más son necesarias para nuestra propia salud y la de nuestros familiares e invitados!» (MH 275, 1905).

«Siempre que sea posible, los chicos y las chicas deben tener un trozo de tierra donde puedan cultivar algo para el mercado y, así, obtener recursos que pueden dedicar a propósitos misioneros» (Ms 65-1908).

«Que los padres entiendan que la formación de sus hijos es un trabajo importante para la salvación de sus almas. En lugares campestres, el ejercicio abundante y provechoso se hallará en hacer esas cosas que necesitan hacerse, y que proporcionarán salud física al desarrollar tanto nervios como músculos. "Fuera de las ciudades" es mi mensaje para la formación de nuestros hijos» (Ms 85-1908).

«En relación con su hogar, tengan un huerto, si es posible, donde sus hijos puedan trabajar y donde ustedes puedan trabajar con ellos. Instrúyanlos y dispongan el trabajo de sus hijos de tal manera que no gasten su tiempo libre en ociosidades. Denles algo concreto que hacer y dejen que sientan que están haciendo algo para ayudar a los padres a mantener a la familia. Que los más mayores sientan que tienen la responsabilidad de dar un ejemplo correcto a los hijos más pequeños. Que todos hagan una parte conforme a los años que tengan. Así, cuando los hijos formados asistan a la escuela, tendrán mentes claras. Podrán razonar por sí mismos y no aceptarán lo que dice uno o lo que dice otro sin alguna prueba» (Ms 33-1909).

«Las familias y las instituciones deben aprender a hacer más en cuanto al cultivo y a la mejora de la tierra. Si la gente supiera el valor que tienen los productos del campo, que la tierra produce en su estación, se harían esfuerzos más diligentes para cultivar el suelo. Todos deben estar familiarizados con el valor especial de las frutas y las verduras frescas del campo y del huerto» (Ms 13-1911).

«Si es posible, el hogar debe estar fuera de la ciudad donde los hijos puedan tener tierra para cultivar. Que cada uno de ellos tenga un trozo de tierra para sí mismo, y, al enseñarles cómo crear un huerto, cómo preparar la tierra para las semillas y la importancia de arrancar todas las malas hierbas, enséñenles también lo importante que es mantener lejos de la vida las prácticas desagradables e injuriosas. Enséñenles a mantener a raya los malos hábitos a medida que mantienen a raya las malas hierbas en sus huertos. Enseñar estas lecciones llevará tiempo, pero compensará enormemente.

»Hablen a sus hijos del poder obrador de maravillas de Dios. Al estudiar el maravilloso libro de lecciones de la naturaleza, Dios impresionará sus mentes. El agricultor ara su tierra y siembra la semilla, pero no puede hacer que la semilla crezca. Debe depender de Dios para que haga eso que ningún poder humano puede hacer. El Señor pone su poder vital dentro de la semilla haciendo que esta cobre vida. Bajo su cuidado, el germen de vida rompe la dura cápsula que lo envuelve y brota para dar fruto. Primero aparece la brizna de hierba, luego la espiga, y luego toda la mazorca en la espiga. Al contar a los hijos la obra que Dios hace por la semilla, ellos aprenden el secreto del crecimiento en la gracia.

»La laboriosidad tiene un valor incalculable. Que los hijos aprendan a hacer algo de provecho. Se necesita más que sabiduría humana para que los padres puedan entender la mejor forma de formar a sus hijos para una vida feliz y de provecho aquí, y para un mayor servicio y gozo de ahora en adelante» (CT 124, 125, 1913).

La agricultura y nuestras escuelas

La ubicación de nuestras escuelas
«Los verdaderos obreros misioneros no colonizarán. El pueblo de Dios habrá de ser peregrino y extraño en la Tierra. La inversión de grandes sumas de dinero para la edificación de la obra en un lugar no está en el plan de Dios. Se debe plantar en muchos lugares. Las escuelas y los sanatorios se deben establecer en lugares en los que ahora no hay nada para representar la verdad. Estos intereses no deben establecerse con el propósito de hacer dinero, sino con el propósito de difundir la verdad. La tierra debe asegurarse a distancia de las ciudades, en donde pueden construirse escuelas y donde puede instruirse a los jóvenes sobre líneas de trabajo agrícolas y mecánicas» (Ms 12-1889).

«Los niños y los jóvenes, toda clase de estudiantes, necesitan que las lecciones se impartan desde esta fuente. En sí misma, la belleza de la naturaleza aleja el alma del pecado y de las atracciones mundanas, y la conduce hacia la pureza, hacia la paz y hacia Dios. Por esta razón, el cultivo del suelo es una buena obra para los niños y los jóvenes. Los hace entrar en contacto directo con la naturaleza y con el Dios de la naturaleza. Y, para que puedan tener esta ventaja, además de nuestras escuelas, debe haber, en la medida de lo posible, grandes jardines de flores y extensas tierras para el cultivo.

»Una educación en medio de semejantes entornos es conforme a las direcciones que Dios ha dado para la formación de los jóvenes; pero contrasta directamente con los métodos empleados en la mayoría de las escuelas. Los padres y los maestros han menospreciado el consejo del Señor. En vez de seguir la luz que él ha dado, han caminado por las chispas de su propia leña. Las mentes de los jóvenes han sido ocupadas con libros de ciencia y filosofía, donde los espinos del escepticismo solo se han ocultado parcialmente con cuentos de hadas vagos e imaginarios; o con las obras de autores que, si bien pueden escribir sobre temas bíblicos, divagan en sus propias interpretaciones imaginarias. La enseñanza de estos libros es como la semilla que se siembra en el corazón. Crece y da fruto, y se recoge una abundante cosecha de infidelidad, y el resultado se ve en la depravación de la familia humana.

> *«El trabajo en el huerto y en el campo será un agradable cambio de la tediosa rutina de lecciones abstractas a la que sus jóvenes mentes no deben confinarse jamás».*

»Los niños y los jóvenes agradecerán un regreso a métodos más simples. El trabajo en el huerto y en el campo será un agradable cambio de la tediosa rutina de lecciones abstractas a la que sus jóvenes mentes no deben confinarse jamás. Esto será especialmente valioso para el niño nervioso al que las lecciones de los libros le resultan agotadoras y difíciles de recordar. Hay salud y felicidad para él en el estudio de la naturaleza, y las impresiones que tenga no desaparecerán de su mente, ya que estarán asociadas con objetos que están continuamente delante de sus ojos.

»En el mundo natural, Dios ha depositado en las manos de los hijos de los hombres la clave para desbloquear el tesoro de su mundo. Lo visible ilustra lo invisible. Las cosas que Dios ha hecho ilustran la sabiduría divina, la verdad eterna y la gracia infinita. Entonces, dejen que los niños y los jóvenes se familiaricen con la naturaleza y con las leyes de la naturaleza. Dejen que la mente se desarrolle a su máxima capacidad, y que los poderes físicos sean entrenados para los deberes prácticos de la vida. Sin embargo, enséñenles también que Dios ha hecho este mundo justo porque él se deleita en nuestra felicidad, y que se [está] preparando para nosotros un hogar más hermoso en ese mundo en el que no habrá más pecado.

La Palabra de Dios declara: "Ojo no vio, ni oído oyó, ni han entrado en el corazón del hombre las cosas que Dios ha preparado para los que le aman"» (Ms 74-1896).

«Las razones que nos han llevado en algunos lugares a apartarnos de las ciudades y a ubicar nuestras escuelas en el campo se mantienen vigentes para las escuelas que hay en otros sitios. Gastar dinero en más edificios cuando una escuela ya está profundamente endeudada no es acorde al plan de Dios. Si el dinero que nuestras escuelas más grandes han usado en costosos edificios se hubiera invertido en adquirir tierras donde los estudiantes pudieran recibir una educación adecuada, un número tan grande de estudiantes no estaría ahora pasando dificultad bajo el peso de una deuda en aumento, y la obra de estas instituciones estaría en una condición más próspera. De haberse seguido este rumbo, habría habido algunas quejas de estudiantes, y habrían sido muchas las objeciones de los padres; pero los estudiantes se habrían asegurado una educación integral que los habría preparado no solo para trabajar de forma práctica en varias artes, sino para ocupar un lugar en la granja del Señor en la Tierra hecha nueva» (6T 177, 1901).

[Versión alternativa] «Dejen que los estudiantes estén afuera en la ubicación más hermosa que pueda asegurarse, para que hagan el mismo trabajo que debió haberse hecho hace años. Entonces, no habría tantos desalientos. Si se hubiera hecho esto, habrían recibido algunas quejas de estudiantes, y los padres habrían puesto muchas objeciones, pero esta educación integral habría formado a los niños y a los jóvenes no solo para trabajar de forma práctica en varias artes, sino que los habría preparado para la granja del Señor en la Tierra hecha nueva…

«La naturaleza es nuestro libro de texto […]. En sus vastas fronteras, hay espacio para que las escuelas se ubiquen allí donde pueden limpiarse los terrenos, donde puede cultivarse la tierra y donde puede impartirse una educación adecuada. Este trabajo es esencial para una educación integral y favorable para el progreso espiritual. La voz de la naturaleza es la voz de Jesucristo enseñándonos innumerables lecciones de perseverancia. Las montañas y las colinas son cambiantes; la Tierra envejece como una prenda de vestir, pero la bendición de Dios, la cual apareja una mesa para su pueblo en el desierto, nunca perecerá» (Lt 75-1898, para E. A. Sutherland).

«Los alrededores del hogar y de la escuela tienen mucho que ver con la cuestión de la recreación. Estas cosas deben considerarse al elegir un hogar o la ubicación de una escuela. Aquellos para los que el bienestar mental y físico es más importante que el dinero o las reivindicaciones y costumbres de la sociedad deben buscar para sus hijos el beneficio de la enseñanza de la naturaleza y la recreación en medio de sus entornos. Sería de gran ayuda para la labor educativa si todas las escuelas pudieran estar situadas de tal manera que se otorgara a los alumnos tierra para el cultivo y acceso a los campos y a los bosques...

»Ninguna recreación que solo sea útil para ellos mismos demostrará ser una bendición tan grande para los niños y los jóvenes como aquella recreación que los hace útiles para los demás. Naturalmente entusiastas e impresionables, los jóvenes no tardan en responder a la sugerencia. Al planear el cultivo de plantas, dejen que el maestro busque despertar un interés en embellecer las instalaciones escolares y el aula. El beneficio será doble: los estudiantes no querrán tener dañado ni pintarrajeado aquello que pretenden embellecer. Se fomentará el gusto refinado, el amor por el orden y el hábito del cuidado. El desarrollo del espíritu de comunidad y cooperación será para los alumnos una bendición para toda su vida.

»De esta manera, se dará un nuevo interés al trabajo en el huerto o a las excursiones al campo o al bosque, ya que se alentará a los alumnos a que recuerden a los confinados que están apartados de estos agradables lugares y a que compartan con ellos las cosas hermosas de la naturaleza» (Ed 211-213, 1903).

«Para romper la maldición de la moda, a menudo, el maestro no puede hallar ningún medio más efectivo que el contacto con la naturaleza. Dejen que los alumnos saboreen las delicias que se encuentran en un río, en un lago o en el mar; dejen que asciendan las colinas, que contemplen la gloria del atardecer y que exploren los tesoros del bosque y del campo; dejen que conozcan los placeres de cultivar plantas y flores; y la importancia de más lazos o volantes caerá en la insignificancia» (Ed 247, 1903).

«Tengan por seguro que el llamado es para que nuestro pueblo se sitúe a kilómetros de distancia de las grandes ciudades. Un vistazo a San Francisco tal como es actualmente les hablaría a sus inteligentes mentes y les mostraría la necesidad de salir de las ciudades. No establezcan instituciones en las ciudades, sino busquen una ubicación rural. El llamado es: "Salid de en medio de ellos, y apartaos". La atmósfera misma de la ciudad está contaminada. Dejen que sus escuelas se establezcan lejos de las ciudades, donde puedan desarrollarse la agricultura y otras labores» (Lt 158-1906).

«Dios quiere que preparemos un lugar para los que recibirán su educación no solo en libros de conocimientos, sino también en líneas agrícolas, para trabajar la tierra; y, al trabajarla, recibirán sus lecciones todo el tiempo sobre cómo debe trabajarse la tierra del Señor, cómo deben arrancar las malas hierbas, cómo deben remover el baldío terreno del corazón para que las semillas de verdad puedan tener acceso a la tierra» (Ms 139-1906).

«Dios me ha revelado que estamos ante el claro peligro de introducir en nuestro mercado educativo las costumbres y las modas que prevalecen en las escuelas del mundo. Si los maestros no son vigilados en su labor, pondrán sobre el cuello de sus estudiantes los yugos mundanos en vez del yugo de Cristo. El plan de las escuelas que estableceremos en estos últimos años de la obra debe ser de un orden completamente diferente al de las escuelas que hemos instaurado en el pasado.

»Por esta razón, Dios nos pide que establezcamos escuelas lejos de las ciudades, donde, sin estorbos ni obstáculos, podemos realizar la obra de la educación respetando los planes que están en armonía con el solemne mensaje que se nos ha dado para el mundo. Una educación como esta puede funcionar de la mejor manera allí donde hay tierra que cultivar y donde el ejercicio físico realizado por los estudiantes puede ser de tal naturaleza que obre una valiosa parte en la formación de su carácter y que los adapte para el provecho en los campos a los que irán» (Ms 59-1907).

«He recibido luz en cuanto a que, junto a nuestras escuelas, debe haber tierra. Esto está en armonía con la instrucción dada en lo referente a la Avondale School en Australia. A través de la laboriosidad del hombre, la tierra debe educarse, así como los hijos. Muchas de las gentes sureñas tienen que aprender lecciones en cuanto al tratamiento correcto de la tierra. Como nuestros maestros y estudiantes cuidan de la tierra de manera inteligente, ellos tienen oportunidades de enseñar lecciones sobre el cultivo de la tierra, y la gracia de Cristo estará con ellos en todos sus esfuerzos.

»Como los asuntos se han presentado ante mí, sé que las lecciones más valiosas pueden aprenderse a través de un estrecho contacto con las cosas reales de la vida en conexión con el estudio de los libros. La adquisición de propiedades, tales como la mencionada en su carta [en Virginia], da a nuestra gente la oportunidad de entrenar la naturaleza física de los niños, así como de desarrollar las naturalezas mentales y morales. La posesión de la tierra en conexión con nuestras escuelas brinda ventajas sumamente valiosas a maestros y estudiantes, ventajas que deberían tener todas nuestras escuelas con el fin de prepararse para dar una instrucción correcta» (Lt 10-1909).

> «La posesión de la tierra en conexión con nuestras escuelas brinda ventajas sumamente valiosas a maestros y estudiantes, ventajas que deberían tener todas nuestras escuelas».

Consideraciones económicas: ¿es rentable?

«La objeción que más suele aparecer en contra de la formación industrial en las escuelas es la gran inversión implicada. Sin embargo, el objeto que se desea ganar es digno de su costo. Ninguna obra que se nos haya dado es tan importante como la formación de los jóvenes, y toda inversión que se requiera para su correcta consecución constituye un medio bien gastado.

»Incluso desde el punto de vista de los resultados financieros, la inversión requerida para la formación manual justificaría la economía más verdadera. De este modo, multitudes de niños nuestros se alejarían de las esquinas de las calles y del alcohol; el gasto para huertos, talleres y baños estaría más que sufragado por el ahorro en hospitales y reformatorios. Y los mismos jóvenes estarían formados en hábitos laboriosos y entrenados en líneas de trabajo útil y productivo. ¿Quién puede estimar su valor para la sociedad y para la nación?» (Ed 18, 1903).

«Insto a que nuestras otras escuelas sean alentadas en sus esfuerzos para elaborar planes para la formación de los jóvenes en líneas agrícolas y en otras líneas de trabajo industrial. Cuando, en los negocios ordinarios, se hace un trabajo pionero, y se hacen preparaciones para el desarrollo futuro, se incurre, con frecuencia, en una pérdida económica. Y, como nuestras escuelas presentan la formación manual, estas también pueden incurrir en pérdidas en un primer momento. Sin embargo, recordemos la bendición que el ejercicio físico trae a los estudiantes. Muchos de ellos han muerto mientras se esforzaban por adquirir una educación, porque se confinaron estrechamente al esfuerzo mental. "No debemos ser estrechos en nuestros planes. En la formación industrial, hay ventajas invisibles, las cuales no pueden medirse ni estimarse. Que nadie envidie el esfuerzo necesario para hacer avanzar satisfactoriamente el plan que, durante años, se nos ha instado como de vital importancia"» (PH 164 37, 1904).

«En muchas mentes, surgirá la pregunta: ¿Puede hacerse rentable el trabajo industrial en nuestras escuelas? Y, si no se puede, ¿se debe llevar adelante?

»Sería sorprendente si las industrias pudieran hacerse rentables inmediatamente al comenzar. Algunas veces, Dios permite que haya pérdidas para enseñarnos lecciones que evitarán que cometamos errores que implicarían pérdidas mucho más grandes. Que los que han tenido pérdidas económicas en su trabajo industrial busquen detenidamente para hallar la causa y se esfuercen para gestionar de tal manera que en el futuro ya no haya ninguna pérdida» (CT 315, 1913).

«En sus esfuerzos por economizar, nuestros hermanos deben ser cuidadosos para no restringir la inversión de medios donde se necesita inversión sabia. Al establecer escuelas y sanatorios, se debe comprar tierra suficiente que pueda prepararse para llevar a cabo los planes que el Señor ha trazado para estas instituciones. Se deben hacer provisiones para cultivar frutas y verduras y, siempre que sea posible, se debe asegurar suficiente tierra para que otros no edifiquen erijan junto a la institución edificios de un carácter objetable» (GW 457, 1915).

Una educación equilibrada
«En las generaciones pasadas, se deberían haber hecho provisiones para la educación a una escala mucho mayor. En conexión con las escuelas, también deberían haberse hecho establecimientos agrícolas y manufactureros. También debería haber habido maestros de las labores domésticas. Cada día, debería haberse dedicado al trabajo una porción del tiempo, para que la fuerza física y mental se ejercitaran por igual. Si las escuelas se hubieran establecido según el plan que mencionamos, ahora no habría tantas mentes desequilibradas» (HR, 1 de abril de 1873).

«He llegado a preguntarme lo siguiente: ¿se debe sacrificar todo lo que es valioso en nuestra juventud con el fin de obtener una educación en las escuelas? La tensión constante sobre la mente, mientras que los músculos están inactivos, debilita los nervios, y los estudiantes tienen un deseo casi incontrolable de cambio y de vivir divertimentos emocionantes. Tras el confinamiento al estudio durante varias horas al día, cuando son liberados, los estudiantes son casi salvajes…

»Si hubiera habido establecimientos agrícolas y manufactureros en conexión con nuestras escuelas, y se hubiera empleado a maestros competentes para formar a los jóvenes en las diferentes ramas del estudio y del trabajo, dedicando una porción de cada día a la mejora de la mente, y otra porción del día al trabajo físico, ahora habría una clase de jóvenes más elevada en fase de actuar para influir en el moldeado de la sociedad. Muchos de los jóvenes que se graduarían en tales instituciones saldrían con estabilidad de carácter. Tendrían perseverancia, entereza y coraje para superar obstáculos, así como principios que les permitirían no desviarse con las malas influencias, por muy populares que estas sean» (HR, 1 de septiembre de 1873).

«Sería bueno si pudiera haber conectada con nuestro *College* tierra para el cultivo y también talleres a cargo de hombres competentes para instruir a los estudiantes en los diversos departamentos del trabajo físico. Se pierde mucho con el descuido de unir la imposición física con la mental. Las horas ociosas del estudiante suelen ocuparse con placeres frívolos que debilitan los poderes físicos, mentales y morales. Bajo el degradante poder de la complacencia sensual, o la inoportuna excitación del cortejo y del matrimonio, muchos estudiantes no logran alcanzar ese nivel de desarrollo mental que, de lo contrario, sí hubieran obtenido» (PH 117, 1882).

«Cada institución de aprendizaje debe hacer provisiones para el estudio y la práctica de la agricultura y de las artes mecánicas. Se debe emplear a maestros competentes para que instruyan a los jóvenes en los diversos afanes industriales, así como en las diversas ramas de estudio. Aunque una parte de cada día se dedique a la mejora mental, que una porción determinada se deje al trabajo físico y, un tiempo apropiado, a los ejercicios devocionales y al estudio de las Escrituras.

»Este entrenamiento alentaría hábitos de autosuficiencia, de firmeza y de decisión. Los graduados de tales instituciones estarían preparados para realizar satisfactoriamente los deberes prácticos de la vida. Tendrían coraje y perseverancia para superar obstáculos, y una firmeza de principios que no cedería a las influencias malvadas.

»Si los jóvenes solo pueden tener una educación unilateral, ¿cuál es de mayor importancia: el estudio de las ciencias, con todas las desventajas para la salud y la moral, o una formación exhaustiva en deberes prácticos, con una fuerte moral y un buen desarrollo físico? Sin duda, decimos lo segundo. Sin embargo, con el esfuerzo adecuado, en la mayoría de los casos, se pueden asegurar las dos» (FE 72, 73, 1923).

«Las personas jóvenes son naturalmente activas y, si no encuentran un espacio válido para sus reprimidas energías tras su confinamiento al aula, se vuelven incansables y de un control impaciente; por tanto, se los hace participar en los deportes groseros y poco varoniles que desgracian tantas escuelas y universidades, e incluso sumergir en escenas de disipación. Y muchos que salen de sus casas siendo inocentes son corrompidos en la escuela debido a sus asociaciones. Podría hacerse mucho para eliminar estas maldades si todas las instituciones de aprendizaje hicieran provisiones para el trabajo manual por parte de los estudiantes; para la práctica real en la agricultura y en las artes mecánicas. Se proporcionarían maestros competentes para instruir a los jóvenes en diversos afanes industriales, así como en sus estudios en el aula. Aunque una parte de cada día se dedique a la mejora mental y al trabajo físico, no deben ignorarse los ejercicios devocionales ni el estudio de las Escrituras.

»Los estudiantes formados de esta manera tendrían los hábitos de la autosuficiencia, la firmeza y la perseverancia, y estarían preparados para realizar satisfactoriamente los deberes prácticos de la vida. Tendrían coraje y determinación para superar obstáculos, y fortaleza moral para resistir las influencias malvadas.

»Si las personas jóvenes solo pueden tener un único conjunto de facultades para ser disciplinadas, ¿cuál es de mayor importancia: el estudio de las ciencias, con las desventajas para la salud y la moral bajo las que suele adquirirse semejante conocimiento, o una formación exhaustiva en deberes prácticos, con una fuerte moral y un buen desarrollo físico? En la mayoría de los casos, se pueden asegurar las dos si los padres hacen pequeños esfuerzos; pero, si no pueden tenerse las dos, nos decidiríamos, sin dudarlo, a favor de lo segundo» (ST, 26 de agosto de 1886).

> *«Si los jóvenes solo pueden tener una educación unilateral, ¿cuál es de mayor importancia: el estudio de las ciencias… o una formación exhaustiva en deberes prácticos…? Sin duda, decimos lo segundo».*

«Lo natural y lo espiritual deben combinarse en los estudios de nuestras escuelas. Las operaciones de la agricultura ilustran las lecciones bíblicas. Las leyes obedecidas por la Tierra revelan el hecho de que esta está sujeta al poder magistral de un Dios infinito. Los mismos principios discurren por el mundo espiritual y el mundo natural. Separen a Dios y su sabiduría de la adquisición de conocimiento, y tendrán una educación inútil y unilateral, muerta a todas las cualidades salvadoras que dan poder al hombre, que, por medio de la fe en Cristo, puede adquirir la inmortalidad.

»El autor de la naturaleza es el autor de la Biblia. La creación y la cristiandad tienen un Dios en común» (Lt 67-1894).

«Tomar un determinado plan de estudios no es educación. Deben ejercitarse tanto los poderes físicos como los mentales. Pueden aprenderse muchas lecciones en conexión con la agricultura. Trabajar la tierra es uno de los mejores empleos, el cual llama a los músculos a la acción y distrae la mente. Los hábitos sedentarios del estudiante deben variarse mediante el ejercicio físico en alguna labor provechosa que lo ayude a obtener un conocimiento integral de la vida práctica» (Ms 53-1896).

«Debe haber trabajo para todos los estudiantes, ya sea que puedan ser rentables o no; los poderes físicos y mentales deben recibir una atención proporcionada. Los estudiantes deben aprender a cultivar la tierra; pues esto hará que tengan un contacto estrecho con la naturaleza» (SpTEd 46, 1896).

«El descuido de algunas piezas de la maquinaria viviente, mientras otras piezas se esfuerzan al máximo, se agotan y se sobrecargan, hace que muchos jóvenes sean demasiado débiles para resistir las prácticas malvadas. Tienen muy poco poder de autocontrol. La sangre es llamada al cerebro con demasiada abundancia, y se sobrecarga el sistema nervioso. Se debe hacer ejercicio, no como juego ni divertimento para meramente complacerse a uno mismo, sino ejercicio en la ciencia de hacer el bien. Hay una ciencia en el uso de las manos. En el cultivo de la tierra, en la edificación de casas y en el estudio y la planificación de diversos métodos de trabajo, debe ejercitarse la mente; y los estudiantes pueden dedicarse al estudio para un propósito mucho mejor cuando una parte de su tiempo se dedica al esfuerzo físico que cansa los músculos. Entonces, la naturaleza dará reposo y un dulce descanso» (Lt 103-1897, para E. A. Sutherland).

La agricultura y nuestras escuelas

[Versión alternativa] «Se debe hacer ejercicio, no como juego ni divertimento para meramente complacerse a uno mismo, sino ejercicio que enseñe la ciencia de hacer el bien. Hay una ciencia en el uso de las manos. Los estudiantes que creen que la educación solo consiste en el estudio de libros nunca hacen un uso correcto de sus manos. Debe enseñárseles a hacer el trabajo que miles de manos no son nunca formadas para hacer. Los poderes así desarrollados y cultivados se pueden emplear con el máximo provecho. En el cultivo de la tierra, en la edificación de casas y en el estudio y la planificación de diversos métodos de trabajo, debe ejercitarse la mente; y los estudiantes pueden dedicarse al estudio para un propósito mucho mejor cuando una parte de su tiempo se dedica al esfuerzo físico que cansa los músculos. Entonces, la naturaleza ofrecerá un dulce reposo» (YI, 7 de abril de 1898).

«Si todos en los Estados Unidos hubieran alentado el trabajo en líneas agrícolas que los alcaldes y maestros han desalentado, las escuelas habrían tenido una exposición totalmente diferente. Se habrían superado las diferencias contrarias; las circunstancias habrían cambiado; habría habido más fuerza física y mental; el trabajo se habría equiparado; y el esfuerzo de toda la maquinaria humana habría justificado la suma. Sin embargo, ustedes se han aferrado de forma tan precavida a las directrices que Dios se ha complacido en darles, que no han tenido la capacidad de superar obstáculos. Revela cobardía moverse tan lentamente y de forma tan insegura como han hecho en términos laborales, ya que este es el mejor tipo de educación que puede obtenerse» (Lt 75-1898, para E. A. Sutherland).

«Si todas nuestras escuelas hubieran alentado el trabajo en líneas agrícolas, estas tendrían ahora una exposición totalmente diferente. No habría desalientos tan grandes. Se habrían superado las influencias contrarias; las condiciones económicas habrían cambiado. Con los estudiantes, el trabajo se habría equiparado; y, al esforzarse de forma proporcional toda la maquinaria humana, se habría desarrollado una mayor fuerza física y mental. Sin embargo, uno se ha aferrado tan débilmente a la directriz que el Señor se ha complacido en dar que los obstáculos no se han superado.

»Revela cobardía moverse tan lentamente y de forma tan insegura en términos laborales, esos términos que darán el mejor tipo de educación. Miren la naturaleza. Dentro de sus vastas fronteras, hay espacio para que se establezcan escuelas allí donde los terrenos se pueden limpiar y la tierra, cultivar. Este trabajo es esencial para la educación más favorable para el progreso espiritual; pues la voz de la naturaleza es la voz de Cristo enseñándonos innumerables lecciones de amor, de poder, de sumisión y de perseverancia. Algunos no aprecian el valor del trabajo agrícola. Estos no han de planear para nuestras escuelas, pues evitarán que todo progrese en líneas adecuadas. En el pasado, su influencia ha sido un obstáculo [...].

»Trabajar la tierra es uno de los mejores tipos de empleo, el cual llama a los músculos a la acción y descansa la mente. El estudio en líneas agrícolas debe ser el abecé de la educación impartida en nuestras escuelas. Este es el primer trabajo que hay que acometer. Nuestras escuelas no deben depender de productos importados, del grano, de las verduras y las frutas tan esenciales para la salud. Nuestros jóvenes necesitan recibir educación en la tala de árboles y en el cultivo de la tierra, así como en líneas literarias. Se debe nombrar a diferentes maestros que supervisen a un número de estudiantes en su trabajo y que trabajen con ellos. Así, los maestros mismos aprenderán a llevar las responsabilidades como portadores de cargas. Los estudiantes adecuados también han de ser formados de esta forma para llevar las responsabilidades y ser trabajadores junto con los maestros. Todos deben acordar conjuntamente los mejores métodos para realizar el trabajo» (6T 177-179, 1901).

> *«El estudio en líneas agrícolas debe ser el abecé de la educación impartida en nuestras escuelas».*

«El Señor pide que se den pasos con antelación. Puesto que puede que los maestros no hayan sido nunca formados en el trabajo físico o manual, no son fáciles de persuadir en cuanto a los mejores métodos para asegurar una educación integral para los jóvenes; e incluso aquellos mismos que han sido los más reticentes para alinearse en este asunto, si hubieran recibido en su juventud la educación física, mental y moral combinada, podrían haberse ahorrado muchos ataques de enfermedad, y su mente, sus huesos y sus músculos estarían en este momento en un estado más saludable porque toda la maquinaria del Señor se esforzaría de manera proporcional. Se deben asegurar los mejores instructores en líneas espirituales, en empleos agrícolas, y también en el oficio del carpintero y en el negocio de las imprentas. El Señor haría que estas industrias mecánicas fueran incorporadas y enseñadas por hombres competentes» (RH, 28 de enero de 1902).

«Debemos formar a los jóvenes para que ejerciten por igual los poderes mentales y físicos. El ejercicio saludable de todo el ser impartirá una educación que es amplia e integral. Teníamos un duro trabajo en Australia de educar a padres y jóvenes en estas líneas; pero perseveramos en nuestros esfuerzos hasta que la lección se aprendió de que, para tener una educación que fuera completa, el tiempo de estudio debía dividirse entre la adquisición de conocimientos de libros y la obtención de un conocimiento de trabajo práctico. Parte de cada día se dedicó al trabajo práctico, y los estudiantes aprendían a limpiar la tierra, a cultivar el suelo y a construir casas, usando un tiempo que, de lo contrario, se habría pasado jugando juegos y buscando divertimentos. Y el Señor bendijo a los estudiantes que dedicaron así su tiempo a adquirir hábitos de provecho» (RH, 11 de noviembre de 1909).

Una educación práctica

«En cada escuela, Satanás intentará convertirse en la guía de los maestros que instruyen a los estudiantes. Es él quien introduciría la idea de que los divertimentos egoístas son una necesidad. Es él quien haría creer a los estudiantes enviados a nuestras escuelas con el fin de recibir una educación y una formación para la obra de evangelistas, ministros y misioneros que los divertimentos son esenciales para mantener una buena salud física, cuando el Señor les ha presentado que la mejor forma es que acepten el trabajo manual en su educación y, así, dejar que el empleo provechoso reemplace los divertimentos egoístas. Si se siguen, estos divertimentos no tardan en generar un disgusto por el ejercicio saludable y provechoso del cuerpo y de la mente, uno tal que haría a los estudiantes eficaces para servirse a sí mismos y a los demás.

»La educación que se obtiene en la tala de árboles, el cultivo de la tierra y la edificación de edificios, así como los estudios del aula, es lo que nuestros jóvenes deben buscar obtener. También debe enseñarse la fabricación de tiendas; se deben erigir edificios, y debe aprenderse albañilería. Más adelante, una imprenta debe conectarse con la escuela, para que se imparta a los estudiantes una educación en esta línea de trabajo.

»Hay muchas cosas en las que pueden participar las estudiantes, tales como cocina, costura y jardinería. Se deben cultivar plantas y flores, y se deben plantar fresas. Así, las estudiantes pueden ser llamadas al aire libre para adquirir un ejercicio saludable y ser educadas en el trabajo provechoso. También se deben ocupar empleos de encuadernación de libros y de toda una variedad de oficios. Esto no solo dará ejercicio para la mente, los huesos y los músculos, sino que también aportarán conocimiento de gran valor. La mayor maldición de nuestro mundo actual es la ociosidad. Los estudiantes que vienen a nuestra escuela han tenido una abundancia de divertimentos, los cuales sirven meramente para complacer y gratificar al ego. Ahora ellos deben recibir una educación diferente, para que puedan salir de la escuela preparados para cualquier servicio» (Lt 60a-1896).

[Versión alternativa al párrafo intermedio] «Los estudiantes enviados a la escuela para que se preparen para ser evangelistas, ministros y misioneros en países extranjeros han recibido la idea de que los divertimentos son esenciales para mantener su salud física, cuando el Señor les ha presentado que la mejor forma es aceptar en su educación el trabajo manual en lugar de la diversión. […] La educación que se obtendrá al talar árboles, cultivar la tierra, así como en la literatura, es la educación que nuestros jóvenes deben buscar obtener. Más adelante, las imprentas deben conectarse con nuestras escuelas. También debe arraigarse la fabricación de tiendas. Se debe erigir edificios y se debe aprender albañilería» (HL 138, 1897).

«Muchos que han sido formados en nuestras escuelas son descuidados. Hacen un poco aquí y otro poco en otro lugar, pero muestran que no han sido formados para el trabajo práctico. Los estudiantes deben recordar que su primer interés es hacerse hombres y mujeres prácticos, integrales y de provecho que, en una emergencia, pueden hacer el trabajo que se necesita hacer. Cuando los estudiantes reciben este tipo de educación, no será necesario gastar dinero para transportar a hombres miles de kilómetros para planear escuelas, casas de reuniones ni universidades.

»Se debe alentar a los jóvenes a que combinen el trabajo mental y el trabajo físico. Los poderes físicos deben desarrollarse en proporción a las facultades mentales. Esto es esencial para una educación integral. Entonces, se sentirán en casa en cualquier lugar. Se les debe preparar para enseñar a los otros cómo construir, cómo cultivar la tierra y cómo cuidar de los huertos. Puede que un hombre tenga una mente brillante y que capte ideas rápidamente, pero esto es de poco valor para él y para los demás si no tiene ningún conocimiento del trabajo práctico, y si no sabe cómo ejecutar sus ideas. Un hombre así solo está formado a medias» (Ms 61-1897).

«Puesto que surgen dificultades, no debemos abandonar las industrias que se han arraigado como ramas de la educación. Mientras asisten a la escuela, los jóvenes deben tener la oportunidad de aprender a usar las herramientas.

«*Se debe alentar a los jóvenes a que combinen el trabajo mental y el trabajo físico. [...] Esto es esencial para una educación integral*».

Bajo la guía de trabajadores experimentados, de carpinteros aptos para enseñar, que sean pacientes y amables, los estudiantes mismos deben erigir edificios en los terrenos de la escuela y hacer las mejoras necesarias; así, mediante lecciones prácticas, aprenderán cómo construir de manera económica. También se debe formar a los estudiantes en la gestión de todos los tipos de trabajo diferentes conectados con la impresión, tales como la maquetación, la impresión y la encuadernación de libros, junto con la fabricación de tiendas y otras líneas de trabajo provechosas. Se deben plantar frutas pequeñas y deben cultivarse verduras y flores. Puede que para hacer este trabajo se les pida a las estudiantes que salgan al aire libre. Así, mientras ejercitan la mente, los huesos y los músculos, también adquirirán un conocimiento de la vida práctica» (6T 176, 1901).

«Los estudiantes están en nuestras escuelas para recibir una formación especial para familiarizarse con todas las líneas de trabajo para que, en caso de tener que salir como misioneros, puedan ser autosuficientes y capaces, gracias a su capacidad educativa de proveerse a sí mismos de las comodidades y los equipos necesarios. Ya sean hombres o mujeres, deben aprender a zurcir, a lavar y a mantener en orden su ropa. Deben ser capaces de cocinarse su propia comida. Deben estar familiarizados con la agricultura y con las actividades mecánicas. Así, pueden aliviar sus propios gastos y, con su ejemplo, inculcar principios de austeridad y de economía. Estas lecciones pueden enseñarse mejor allí donde la economía se practica conscientemente en todas las cosas» (6T 208, 1901).

«La formación manual merece mucha más atención de la que ha recibido. Se deben establecer escuelas para que, además de la más alta cultura mental y moral, esta pueda proporcionar los mejores equipos posibles para el desarrollo físico y la formación industrial. Deben darse instrucciones en la agricultura, en la manufactura (cubriendo tantos oficios provechosos como sea posible), también en la economía doméstica, la cocina saludable, la costura, la confección higiénica, el tratamiento de los enfermos y líneas afines. Deben proporcionarse huertos, talleres y salas de tratamiento, y el trabajo en todas las líneas ha de estar sujeto a la dirección de instructores especializados.

»El trabajo debe tener un objetivo definido y debe ser minucioso. Si bien todo el mundo necesita algún conocimiento de las diferentes artesanías, es indispensable que una persona se especialice al menos en una. Todos los jóvenes, al dejar la escuela, deben haber adquirido un conocimiento de algún oficio u ocupación mediante la cual, en caso necesario, pueda ganarse la vida [...].

»Como relajación del estudio, las ocupaciones emprendidas al aire libre, y que permiten ejercitar todo el cuerpo, son las más beneficiosas. Ninguna línea de formación manual es más valiosa que la agricultura. Se debe hacer un mayor esfuerzo para generar y alentar un interés en las actividades agrícolas. Que los maestros llamen la atención sobre lo que la Biblia dice sobre la agricultura: que el plan de Dios era que el hombre cultivara la tierra, que al primer hombre, el gobernante de todo el mundo, se le dio un huerto que cultivar, y que muchos de los hombres más grandes del mundo, su verdadera nobleza, han sido cultivadores de la tierra. Muestren las oportunidades en una vida como esta. El hombre sabio dice: "[...] el rey mismo está sujeto a los campos" (Eclesiastés 5:9). De quien cultiva la tierra, la Biblia declara lo siguiente: "Porque su Dios le instruye, y le enseña a juicio" (Isaías 28:26). Y, de nuevo: "El que guarda la higuera comerá su fruto [...]" (Proverbios 27:18). El que se gana la vida con la agricultura escapa de muchas tentaciones y disfruta de innumerables privilegios y bendiciones negados a aquellos cuyo trabajo radica en las grandes ciudades. Y, en estos días de gigantescos consorcios y competiciones empresariales, hay pocos que disfrutan de una independencia tan real y de una certidumbre tan grande en los justos beneficios de su trabajo como hace quien cultiva la tierra.

»En el estudio de la agricultura, que los alumnos no solo reciban teoría, sino también práctica. Aunque aprenden lo que la ciencia puede enseñar en cuanto a la naturaleza y la preparación de la tierra, el valor de los diferentes cultivos y los mejores métodos de producción, dejen que pongan en práctica sus conocimientos. Dejen que los maestros compartan el trabajo con los estudiantes y que enseñen los resultados que pueden alcanzarse a través de un esfuerzo hábil e inteligente. Así, puede despertarse un interés genuino, una ambición por hacer el trabajo de la mejor manera posible. Una ambición como esta, junto con el efecto vigorizante del ejercicio, de la luz del sol y del aire puro, generarán un amor por el trabajo agrícola que, en el caso de muchos jóvenes, determinará la ocupación que elegirán. De este modo, se pueden iniciar influencias que llegarían lejos en cambiar el rumbo de la migración que ahora se dirige tan fuertemente hacia las grandes ciudades» (Ed 218—220, 1903).

«Quienes salen de nuestras escuelas para participar en obras misioneras tendrán la necesidad de contar con una experiencia en el cultivo de la tierra y en diversas líneas del trabajo manual. Ellos deben recibir una formación que los habilite para afanarse a cualquier línea de trabajo en los campos a los que sean llamados. Ningún trabajo será más efectivo que el realizado por quienes, tras haber obtenido una educación en la vida práctica, salen preparados para instruir como los instruyeron a ellos. En sus enseñanzas, el Salvador representó el mundo como un viñedo. Nosotros haríamos bien en estudiar las parábolas en las que se usa esta figura. Si en nuestras escuelas la tierra se cultivara más fielmente, y los estudiantes cuidaran más desinteresadamente los edificios, el amor por los deportes y los divertimentos, que tanta perplejidad causan en nuestro trabajo escolar, desaparecería» (Ms 99-1907).

«Se debe dar a los estudiantes una educación práctica en agricultura. Esto será de un valor inestimable para muchos en su trabajo futuro. La formación que se obtendrá en la tala de árboles y en el cultivo de la tierra, así como en líneas literarias, es la educación que nuestros jóvenes deben buscar obtener. La agricultura abrirá recursos para la autosuficiencia. También se pueden proseguir otras líneas de trabajo adaptadas a diferentes estudiantes. Pero el cultivo de la tierra traerá una bendición especial para los trabajadores. Por tanto, debemos formar a los jóvenes para que amen participar en el cultivo de la tierra» (CT 311, 1913).

> *«Por tanto, debemos formar a los jóvenes para que amen participar en el cultivo de la tierra».*

Consejo para los maestros

«Que los maestros en nuestras escuelas se lleven a los estudiantes con ellos a los huertos y los campos, y les enseñen cómo trabajar el suelo de la mejor manera posible. […] Tanto los maestros como los estudiantes tendrían una experiencia mucho más saludable en cosas espirituales, y mentes mucho más fuertes y corazones mucho más puros para interpretar misterios eternos de lo que pueden tener mientras estudian libros tan constantemente y trabajan la mente sin esforzar los músculos. Dios ha dado a los hombres y a las mujeres poderes de razonamiento, y él haría que el hombre empleara su razón en cuanto al uso de su maquinaria física. Podemos hacernos la siguiente pregunta: ¿cómo se hará sabio el que agarra el arado y guía los bueyes? "Si como a la plata lo buscares, y lo escudriñares como a tesoros". "Porque su Dios le instruye, y le enseña a juicio". "También esto salió del SEÑOR de los ejércitos, para hacer maravilloso el consejo y engrandecer la sabiduría"» (Ms 8a-1894).

«Por medio de un estudio de cosas naturales, ellos [los maestros cristianos] pueden ejemplificar cosas espirituales. El Señor ha dado el libro abierto de la naturaleza en sustancias materiales. En el cultivo del suelo, deben designarse a personas apropiadas para que supervisen a un cierto número de estudiantes, y para que trabajen con ellos. De este modo, los maestros mismos serán ayudados para convertirse en hombres que lleven las responsabilidades como portadores de cargas. El Señor mismo da su presencia a esta línea de educación […].

»No debe decirse meramente a los estudiantes que hagan esto o aquello sin haberles impartido una lección que les enseñe los principios que subyacen a las cosas que se les requiere que hagan. […] Cuando metan semillas en la tierra, enséñenles la lección del principio germinador de las semillas, el cual se encuentra en el gran Libro de texto. Enséñenles el tiempo para sembrar, el tiempo para plantar árboles en su estación y cuándo podarlos. Saquen lecciones del día y de la noche, de la luz del sol y de las nubes, de las lluvias tempranas y tardías, de la cosecha» (Ms 55-1898).

«Que los maestros en nuestra escuela se despierten e impartan el conocimiento que tienen en líneas agrícolas, y en las industrias, el cual es esencial que los estudiantes entiendan. Busquen alcanzar los mejores resultados posibles en todas las líneas de trabajo. Dejen que la ciencia de la Palabra de Dios se aplique al trabajo, para que los estudiantes puedan entender principios correctos y puedan alcanzar el estándar más alto posible. Empleen sus habilidades dadas por Dios y pongan todas sus energías en el desarrollo de la granja del Señor. Estudien y trabajen, para que la siembra de semillas dé los mayores resultados y los más grandes beneficios, para que haya un suministro abundante de comida, tanto temporal como espiritual» (Advocate [El defensor], 1 de febrero de 1899).

Beneficios físicos para los estudiantes
«Donde el trabajo de provecho se combina con el estudio, no se necesitan ejercicios de gimnasia; se derivan muchos más beneficios del trabajo que se realiza al aire libre que de los ejercicios realizados en interiores. Tanto el agricultor como el mecánico realizan ejercicio físico; sin embargo, el agricultor es el más saludable de los dos, ya que nada que no sea el vigorizante aire y los rayos del sol satisfarán por completo los deseos del sistema. El agricultor encuentra en su trabajo todos los movimientos que siempre se han practicado en el gimnasio. Y su espacio de movimiento son los campos al aire libre; el dosel del cielo es su techo y, la tierra sólida, su piso. El agricultor que es moderado en todos sus hábitos suele gozar de buena salud. Su trabajo es agradable, y su vigoroso ejercicio genera inspiraciones y exhalaciones plenas, profundas y fuertes, que expanden los pulmones y purifican la sangre al mandar la tibia corriente de vida a través de las arterias y las venas.

»¿Cómo contrastan los hábitos del agricultor activo con los del estudiante que reniega del ejercicio físico? El estudiante está sentado día tras día en una habitación cerrada, encorvado sobre su escritorio o sobre su mesa, con el pecho contraído y con los pulmones saturados. Su mente está al máximo rendimiento, mientras que su cuerpo está inactivo. No puede hacer grandes y profundas inspiraciones, y su sangre se mueve lentamente. Sus pies están fríos, su mente, caliente. ¿Cómo puede tener salud una persona así? No hace falta estudiar mucho para ver que esto está destruyendo la salud de los estudiantes tanto como su indiferencia hacia las leyes de la naturaleza. ¡Que hagan ejercicio de forma regular que los haga respirar plena y profundamente, y no tardarán en sentir que tienen algo nuevo con lo que agarrarse a la vida!» (ST, 26 de agosto de 1886).

«Nada se impondrá a la naturaleza, que no perdonará las lesiones provocadas a la maravillosa y delicada maquinaria. El estudiante pálido y débil es un reproche continuo para reformar la salud. Sería mucho mejor que algunos salieran al aire libre y trabajasen la tierra. El ejercicio es bueno.

Dios diseñó que se deben ejercitar todas las piezas de la maquinaria humana. Debe haber horas regulares para trabajar y horas regulares para comer. No estudien el costo exacto de cada artículo alimentario ni se proporcionen el más barato, sino ¡procúrense aquellos alimentos que sean óptimos para crear vapor para hacer funcionar la maquinaria viviente! No es ninguna extravagancia proporcionarse los alimentos que el sistema mejor puede ingerir y digerir, y enviar vitalidad a todas las partes del organismo vivo, para que todo sea nutrido» (MMis, 1 de mayo de 1899).

«Allí donde los estudiantes son bendecidos con la oportunidad de combinar su formación mental y moral con el entrenamiento de su ser físico, puede efectuarse el plan de Dios tal como se instituyó en Edén. En Génesis, leemos: "Y había el SEÑOR Dios plantado un huerto en Edén al oriente, y puso allí al hombre que había formado. Y había el SEÑOR Dios hecho nacer de la tierra todo árbol agradable a la vista, y bueno para comer: también el árbol de vida en medio del huerto, y el árbol del conocimiento del bien y del mal. [...] Tomó, pues, el SEÑOR Dios al hombre, y le puso en el huerto de Edén, para que lo labrara y lo guardase".

»A partir de este pasaje, descubrimos que a los primeros seres humanos que Dios formó en esta Tierra se les dio un empleo apropiado. Él les dio la oportunidad de emplear sus poderes físicos en la labor de labrar el huerto y guardarlo.

»Tras su caída por la desobediencia, el Señor expulsó a Adán y Eva del huerto de Edén, y Adán recibió la orden de labrar la tierra de que fue tomado. Dios proveyó sabiamente que una porción de su tiempo y de sus fuerzas debía ser usada en el trabajo manual. Este es uno de sus medios designados para ayudarlos a recobrar lo que habían perdido tras su caída.

»"Y fue Abel pastor de ovejas, y Caín fue labrador de la tierra". Lean detenidamente el cuarto capítulo de Génesis. En este pasaje, se narra toda la historia. Y, en los capítulos siguientes, se nos narra la obra de Dios al destruir el mundo al incumplir sus claros mandamientos, lo que tuvo como resultado que el mundo se llenó de transgresión y pecado.

»Por lo tanto, vemos que Dios proveyó para el empleo saludable de los poderes físicos del hombre incluso en Edén y que, inmediatamente después de la caída, nuestros primeros padres recibieron una labor: labrar la tierra. Tras su maldición, la tierra produjo espinos y, por lo tanto, aumentó el trabajo de quienes labran la tierra. Pero eran nuestros primeros padres los que debían labrar el terreno y, así, se cumplió uno de los propósitos de Dios al crear la Tierra: el empleo sabio de los poderes físicos de sus ocupantes.

»El Señor haría que los miembros de la familia humana realizaran hoy una labor provechosa con el ejercicio de su mente, sus huesos y sus músculos. La mente, las manos y todo el ser físico deben realizar su parte asignada en la obra de la vida. Y, así, al planificar el establecimiento de nuevas escuelas a lo largo de líneas correctas, debemos disponer los asuntos de manera que el poder mental de los estudiantes se desarrolle y se fortalezca por medio de la formación manual. Así, los músculos y los nervios del cuerpo serán entrenados para obedecer a la acción de una mente saludable, y los hombres y las mujeres se convertirán en obreros junto con Dios, el Hacedor del mundo [...].

»Quienes hayan sido entrenados de una forma práctica podrán enseñar a otros a construir casas y a educar correctamente a la tierra para que produzca sus tesoros» (Lt 10-1909).

Consejo para escuelas específicas
Battle Creek College, Míchigan - Fundada en 1874

«Me alegré mucho cuando me enteré de que la Battle Creek College se iba a fundar en un distrito agrario. Sé que allí habrá menos tentaciones para los estudiantes de las que habría en las ciudades que se vuelven rápidamente como Sodoma y Gomorra, preparándose para ser destruidas por el fuego. El sentimiento popular es que se deben elegir ciudades para la ubicación para nuestras escuelas. Sin embargo, Dios desea que abandonemos la atmósfera contaminada de pecado de las ciudades. Su diseño es que nuestras escuelas se funden allí donde la atmósfera es más pura» (Ms 67-1901).

«La luz que se me ha dado es que Battle Creek no tiene la mejor influencia sobre los estudiantes en nuestras escuelas. En total, hay un estado de cosas demasiado saturado. Aunque eso signifique un menor número de estudiantes, la escuela debería sacarse de Battle Creek. Háganse de una extensión de tierra amplia y empiecen allí la obra que yo supliqué que debía comenzarse antes de que nuestra escuela se fundara allí (salir de las ciudades e irse a un lugar donde los estudiantes no verían nada que comentar y criticar, donde no verían el rumbo rebelde de este y del otro, sino que se pondrían a estudiar con diligencia» (GCB, 14 de abril de 1901).

«Habrían aparecido mayores resultados si una porción del tiempo y de la energía depositados en la gran escuela en Battle Creek para mantenerla en un estado saludable se hubiera usado para escuelas en otras localidades en las que hay cabida para que se lleven a cabo empresas agrícolas como parte de la educación. Si hubiera habido voluntad de seguir los caminos del Señor y sus planes, en otros lugares estarían creciendo ya muchas plantas» (6T 211, 1901).

Pacific Union College – Fundada en Healdsburg, California, en 1882 (mudada a Angwin en 1909)
«Si, en el pasado, quienes estaban a cargo de la escuela Healdsburg hubieran tenido visión espiritual, habrían asegurado la tierra cercana a la casa de la escuela que ahora está ocupada por casas. El fracaso a la hora de equipar a los estudiantes con un empleo al aire libre cultivando la tierra está haciendo que su progreso en espiritualidad sea muy lento e imperfecto. El resultado de esta negligencia debería llevar a los maestros a ser sabios para la salvación. Es un error que se amontonen tantas casas cerca de la casa de la escuela; esto está funcionando enormemente en contra de los estudiantes. El no asegurar la tierra alrededor de la casa de la escuela demostró ser una falta de sabiduría. Esto hará que el trabajo de preservar el orden y mantener la disciplina sea más difícil de lo que sería de otro modo. Pero el orden debe preservarse a toda costa, y los obreros en la escuela deben planear cómo implementar esto de la forma más satisfactoria» (Ms 11-1901).

> *«El fracaso a la hora de equipar a los estudiantes con un empleo al aire libre cultivando la tierra está haciendo que su progreso en espiritualidad sea muy lento e imperfecto».*

«Nuestra escuela debe ubicarse allá donde los estudiantes puedan recibir una educación más amplia de la que podrá darle el mero estudio de libros. Los estudiantes deben recibir una formación tal que los capacite para el servicio aceptable si son llamados a hacer obra pionera en misiones ya sea en Estados Unidos o en países extranjeros. Debe haber tierra suficiente como para ofrecer una experiencia en el cultivo de la tierra y ayudar enormemente a hacer la institución autosuficiente» (Ms 9-1909)».

«Estoy muy contenta de que no tengamos que demorarnos más en la ubicación de nuestra escuela, y estoy más agradecida de lo que puedo expresar, de que nuestra escuela y nuestro sanatorio estén lo suficientemente cerca para que sus labores educacionales puedan combinarse. La escuela puede ayudar al sanatorio suministrándole frutas y verduras, y el sanatorio puede ayudar a la escuela comprando estas cosas. Y los estudiantes pueden beneficiarse de ambas instituciones.

»Solo pude ver los edificios y sus inmediaciones directas. Quienes han visto los huertos y las grandes extensiones de bosque pueden hablar de estas cosas. Sé que la tierra que hay cerca de los edificios es buena y que produce abundantemente. La fruta que se cultiva en el huerto es excelente. Y la fruta tiene un gran valor. En nuestras escuelas, deberíamos estudiar la simplicidad en la dieta. No tiene por qué hacerse mucho trabajo complicado para hacer la comida sabrosa. Cuando tengamos hambre, podremos saborear los alimentos simples que Dios ha facilitado. Será enormemente ventajoso cultivar en nuestra propia tierra de la escuela, una gran parte, al menos, de las frutas, los granos y las verduras que serán necesarias para quienes están en la institución» (Ms 59-1909).

Oakwood Industrial School, Alabama – Fundada en 1896 (ahora Universidad de Oakwood)
«El lunes por la mañana temprano tomamos el tren hacia Huntsville y llegamos a la escuela a la una en punto de ese mismo día. Esa tarde nos llevaron a una porción de la granja de la escuela. Nos parece que hay casi ciento sesenta y una hectáreas de tierra, de las cuales una gran parte está cultivada. Hace varios años, el hermano S. M. Jacobs estaba al mando de la granja y, bajo su cuidado, esta mejoró mucho. Él estableció un huerto de árboles de duraznos y de ciruelas, y otros árboles frutales. El hermano y la hermana Jacobs se fueron de Huntsville hace unos tres años y, desde entonces, la granja no ha estado tan cuidada. Vemos en la tierra la promesa de un rendimiento mucho mayor del que da ahora, si se diera a sus gerentes la ayuda que necesitan [...].

»Recientemente, se ha hecho la sugerencia de que la escuela en Huntsville es demasiado grande y que quizás lo mejor sería vender el inmueble allí y establecer la escuela en otro sitio. Sin embargo, en la meditación nocturna, recibí instrucción de que esta granja no ha de venderse. El dinero del Señor se invirtió en la granja de la escuela de Huntsville para proporcionar un lugar para la educación de los estudiantes de color. La Asociación General dio esta tierra para la obra del sur, y el Señor me ha mostrado lo que esta escuela puede llegar a ser, y lo que pueden llegar a ser quienes van allí buscando instrucción si se siguen los planes de Dios […].

«Se deben trazar planes sabios para el cultivo de la tierra. Se debe dar a los estudiantes educación práctica en agricultura, educación que será de un valor inestimable en su trabajo futuro. Se debe hacer un trabajo minucioso en el cultivo de la tierra y, de esto, los estudiantes han de aprender lo necesario que es trabajar con esmero en el cultivo del huerto del corazón» (Lt 215-1904).

«La granja de la escuela de Huntsville es un lugar sumamente hermoso y, con las ciento veintiuna hectáreas de tierra, se debe lograr mucho en la formación industrial y en la siembra de cultivos. Los maestros en nuestras escuelas deben recordar que no solo deben dar a los estudiantes lecciones de los libros. Deben enseñarles a ganarse la vida trabajando honestamente» (Lt 337-1904).

«Me siento muy agradecida porque tengamos esta granja en la que llevar a cabo nuestro trabajo educativo. Estoy muy contenta de que sea tierra que producirá. Sin embargo, no se puede esperar que produzca fruta si se deja sin cultivar. Puede que de esto aprendamos una lección espiritual: "En esto es glorificado mi Padre —dice Jesús a sus discípulos— en que llevéis mucho fruto […]". Pero no pueden llevar mucho fruto si no sacan de sus vidas las malas hierbas del mal, y dejan que la palabra de verdad habite en ustedes abundantemente, para que sus vidas produzcan los frutos de justicia y santidad. Si hacen esto, verán en el reino de Dios el resultado de lo que aprendieron en esta granja de la escuela. Arranquen las malas hierbas y planten las semillas de verdad» (Ms 60-1904).

«La escuela de Huntsville se me ha presentado como que está en una ubicación muy conveniente. Sería difícil asegurar otra ubicación tan prometedora como la que tiene ahora asegurada la granja de la escuela. Los edificios y todo lo conectado con el trabajo de allí debe estar en armonía con la obra elevada y sacra que debe llevarse a cabo allí. Que no haya nada antiestético conectado con los edificios o por la granja, nada que indique dejadez.

»Si se cuida bien la tierra, esta producirá abundantemente. Que el maestro salga y se lleve consigo pequeños grupos de estudiantes, y que les enseñe a trabajar la tierra correctamente. Que todos los que estén vinculados con la escuela estudien para ver cómo pueden mejorar el inmueble. Enseñen a los estudiantes a mantener los huertos libres de malas hierbas. [...] Que el cuidado y el cultivo de la tierra de la escuela de Huntsville muestre a los no creyentes que los adventistas del séptimo día son de fiar y que su influencia es de valor para la comunidad. Que una granja se vea improductiva debido a la negligencia tiene la tendencia de subestimar la influencia de la escuela.

»Si se trabaja de forma inteligente, la granja es capaz de proporcionar fruta y otros productos para la escuela. Los maestros, tanto en su labor en el aula como en la granja, deben buscar siempre alcanzar un mayor estándar que les permita enseñar mejor a los estudiantes cómo cuidar de los árboles, de las bayas, de las verduras y de los granos que se cultivarán. Esto agradará a Dios y se ganará la aprobación y el respeto de aquellos en la comunidad que entienden los principios de la agricultura [...].

»Recordemos que la tierra es la propiedad de Dios que ha de trabajarse enérgicamente para su gloria. Los árboles, los granos y las verduras darán su fruto en proporción al trabajo invertido en su cuidado [...].

»Varias hectáreas de tierra deben disponerse para tomates. Los plantones deben estar listos para trasplantarse lo antes posible. Un cultivo como este sería valioso y podría usarse para un gran provecho. Que todo revele ahorro religioso» (Ms 12-1905).

«Todo lo que hacen los que están vinculados con la escuela de Huntsville, ya sean maestros o estudiantes debe hacerse con el reconocimiento de que esta es la institución del Señor, en la que debe enseñarse a los estudiantes cómo cultivar la tierra y cómo trabajar para la edificación de su propio pueblo. Deben trabajar con una sinceridad y una perseverancia tales que la granja dé testimonio para el mundo, para los ángeles y para el hombre sobre la fidelidad con la que se cuidó este regalo de la tierra. Esta es la granja del Señor, y debe dar fruto para su gloria. Los ángeles celestiales podrán leer, en el ahorro y en el meticuloso esfuerzo revelados en el cuidado de la granja, la historia de la mejora hecha por los propios estudiantes en la edificación del carácter. En esta granja, los estudiantes aprenderán cómo ganarse la vida trabajando honestamente. Un conocimiento semejante será de inestimable valor para ellos cuando vayan a enseñar a otros de su raza» (RH, 21 de septiembre de 1905).

«En la escuela de Huntsville debe hacerse un trabajo meticuloso en la formación de hombres para que cultiven el suelo y siembren frutas y verduras. Que nadie menosprecie este trabajo. La agricultura es el abecé de la educación industrial» (Lt 289-1907).

«La obra que se hace en la escuela de Huntsville debe ser una lección objetiva de lo que se puede hacer por los jóvenes y niños de color en todas las escuelas, ya sean pequeñas o grandes, al proporcionar beneficios y entornos que tiendan a edificar y ennoblecer a los que asistan a ella. La escuela de Huntsville ha de ser un lugar donde ese estándar se mantenga alto. Los maestros deben estar llenos de la determinación de enseñar a los estudiantes, además de conocimiento de los libros, lecciones prácticas de pulcritud y refinamiento. No debe permitirse que la ropa de los estudiantes muestre nada vulgar ni desaliñado. Su conducta debe estar exenta de reproches, y debe enseñarse a los estudiantes a ser prolijos en sus hábitos. En todo lo relativo a las instalaciones de la escuela, tanto dentro de los distintos edificios como en los terrenos de la escuela y en la granja debe enseñarse una lección objetiva de orden y de ahorro» (GH, 1 de octubre de 1907).

Avondale College, Australia – Fundada en 1897
«He estado preocupada por muchas cosas relacionadas con nuestra escuela. En su trabajo, los muchachos están asociados con las muchachas y hacen el trabajo que les pertenece a las mujeres. Esto es casi todo lo que se puede ver que hacen según su situación actual; sin embargo, según la luz que se me ha dado, este no es el tipo de educación que necesitan los muchachos; no les da el conocimiento que ellos necesitan llevar a sus hogares. Ante ellos debe abrirse un nuevo tipo de trabajo que les dé la oportunidad de emplear igualmente los poderes físicos y los poderes mentales. Debe haber tierra para su cultivo [...].

»Aquí se ha abierto un campo para dar rienda suelta a sus reprimidas energías que, si no se gastan en un empleo provechoso, serán una fuente continua de pruebas para sí mismos y para sus maestros. Se pueden concebir muchos tipos de trabajos adaptados a personas diferentes. Sin embargo, el trabajo de la tierra será una bendición especial para el obrero. Hay [un] gran deseo de hombres inteligentes que labren la tierra y que sean meticulosos. Este conocimiento no será ningún obstáculo para la educación esencial para los negocios ni para nada provechoso en ningún sentido. Desarrollar la capacidad de la tierra requiere reflexión e inteligencia. No solo desarrollará los músculos, sino también la capacidad de estudio, ya que se igualan la acción de la mente y de los músculos. Debemos formar a los jóvenes de manera que les encante trabajar la tierra y se deleiten en mejorarla. La esperanza de hacer avanzar la causa de Dios en este país está en la creación de un nuevo gusto moral por el amor al trabajo, el cual transformará la mente y el carácter» (Ms 8a-1894).

«Nadie tiene que sentir remordimiento en referencia a esta tierra, ya que, con el trabajo correcto, sorprenderá a la gente de esta sección del país. Todo el remordimiento que tengo es que no tenemos dinero para adquirir secciones de tierra que ampliaran los terrenos. No tengo ninguna duda en referencia al aseguramiento de esta tierra. Si el Señor prospera a quienes la ocupan y a quienes la cultivan, tal como creemos que hará, veremos un cambio que sorprenderá a todo el que la contemple. Apenas puedo soportar la idea del paso del tiempo, y que los trabajos de limpieza de la tierra se han demorado.

»He caminado por casi todas las tierras de O'Leary. Se han cultivado y deberían incluirse en los terrenos de la escuela. Algunos deberían trabajarla y cultivarla. Si se pudieran comprar a un precio razonable, no tendría nada en contra de asegurar el lugar como mi propio hogar, si fuese aconsejable hacerlo. No debe perderse tiempo para cultivar la tierra. En el sueño que me han oído narrar, se mencionó la tierra que yo miraba, y tras un profundo arado y un cuidado cultivo, esta tierra produjo una abundante cosecha. Como ya se me ha presentado esta cuestión en momentos diferentes, estoy más que convencida de que este es el lugar correcto para la escuela. Puesto que llevo aquí algunos días y tengo la oportunidad de investigar, me siento más segura que en mi primera visita de que este es el lugar correcto. Pienso que cualquier terreno que he visto producirá algún tipo de cultivo.

»No podemos pretender encontrar Edén, el jardín de Dios, en esta tierra profanada por el pecado. Siempre habrá algo que dañe el lugar más deseable; sin embargo, sí vemos en esta tierra un lugar favorable, si no irreprochable, para la ubicación de nuestra escuela. Estos terrenos proporcionarán los mejores gimnasios para nuestros muchachos, y también para nuestros maestros. Quienes educan a los jóvenes en el conocimiento de libros también necesitan ejercicio físico para fortalecer los músculos tanto como lo hacen nuestros estudiantes. Nuestros maestros necesitan educar mucho más a partir de la naturaleza de lo que lo hacen. La naturaleza es la gran escuela de Dios y, en estos terrenos, pueden hallarse recursos para adquirir más conocimientos de las maravillosas obras de Dios. Las ventajas granjeadas a través de la ubicación en este lugar no se les presentan a los maestros en otros sitios con semejante abundancia. Aquí está la gran granja de Dios» (Ms 35-1894).

«En la escuela que se ha iniciado aquí en Cooranbong, esperamos ver éxitos reales en líneas agrarias, en combinación con un estudio de las ciencias. Nuestro objetivo para este lugar es que sea un centro del que irradiará luz, conocimiento avanzado y precioso que tendrá como resultado el trabajo de tierras inmejoradas para que las colinas y los valles florezcan como la rosa. Tanto para niños como hombres, el trabajo combinado con el empleo de la mente dará el tipo correcto de educación integral. El cultivo de la mente aportará tacto y un incentivo fresco al cultivo del suelo» (Lt 47a-1895).

«Bueno, la escuela ha tenido un inicio excelente. Los estudiantes aprenden a plantar árboles, fresas, etc., a cómo no limitar ninguna extremidad ni fibra de las raíces para darles la oportunidad de crecer. ¿No es esta una lección muchísimo más preciosa que cómo tratar la mente humana y también el cuerpo, para no limitar ninguno de los órganos del cuerpo, sino para darles un amplio espacio para que realicen su trabajo? Debe recurrirse a la mente y deben explotarse sus energías. Queremos hombres y mujeres que puedan ser energizados por el Espíritu de Dios para hacer una obra completa bajo la guía del Espíritu. Pero estas mentes han de estar educadas, empleadas, no deben ser vagas ni estar eclipsadas por la inacción. Por tanto, se buscan hombres y mujeres y niños que trabajen la tierra, y usen su tacto y sus destrezas, no con la sensación de que son insignificantes, sino de que están haciendo precisamente una obra tan noble como la que Dios dio a Adán y Eva en Edén, quienes amaban ver los milagros obrados por el labrador divino. El agente humano planta la semilla, y Dios la riega y hace que su sol brille sobre ella, y hace brotar la hojita. Aquí está la lección que Dios nos da con respecto a la resurrección del cuerpo y la renovación del corazón. Debemos aprender de las cosas espirituales a partir del desarrollo de lo terrenal» (SpTA04 17, 1895).

«Aquí, estamos educando a los que no están dispuestos a emplear su mente, sus huesos y sus músculos en su trabajo, que esta debe volverse una convicción grabada en sus propias almas, que la religión meramente transmitida a nuestros padres no soportará las tentaciones de Satanás.

»Estamos intentando demostrarles que, aunque para salvarnos no hay panoplia, sino verdad, la diligencia en las empresas es esencial para guardarnos de la tentación. La indolencia y la ociosidad, los juegos, las fiestas y los picnics vacacionales abren muchos espacios para la tentación. Abandonar estas abundantes reuniones de placer y sacar provecho del tiempo precioso en el servicio de Cristo será una fuerza educadora mayor para hacer estudiantes bien equipados que abarrotarles la mente con el estudio de autores estudiados a menudo en nuestras escuelas.

»No es el trabajo duro del oficio, o del cultivo de la tierra, lo que degrada al hombre; no es el trabajo duro y agotador lo que debilita el poder mental y crea enfermedades y dolencias; es el poco uso que se hace de la maquinaria viviente lo que debilita y causa enfermedades y muerte prematura. El mal uso de los órganos que Dios ha dado al agente humano vivo es la causa de las enfermedades y de la debilidad de los todos poderes, incluido el intelecto.

»Adán fue creado inocente y, aun así, Dios le dio empleo: cuidar el huerto. Esto no lo degradaba. Aquí estaba su libro de estudio: Dios en la naturaleza. Debía estudiar a Dios y obedecerlo. Pablo tenía que trabajar arduamente con sus manos, y no se sentía deshonrado por ello. Todo el que resista las tentaciones que lo asaltan desde fuera y desde dentro debe asegurarse de que está del lado del Señor, que su verdad está en sus corazones, que su verdad vela cual centinela en sus almas, lista para hacer sonar las alarmas y convocarlos para actuar batallando contra todo mal.

»Todo el conocimiento que merece el nombre de ciencia puede encontrarse en la educación superior de la Palabra de Dios, y todos los agentes humanos deben adquirirla. La educación verdadera fortalece los poderes morales, expande la mente y debe cultivarse. Pero el libro educativo mayor, hallado en la naturaleza, el cual oye y ve a Dios, se ha despreciado enormemente. Dios, ayúdanos a enseñar correctamente lo que constituye una educación integral (Lt 121-1896).

«Hemos avanzado aquí en Cooranbong en la obra que el Señor ha manifestado que debe hacerse. Él ha mostrado que, en nuestra preparación y edificación para la escuela, debemos dar una educación a los obreros combinando el trabajo físico con el empleo de la mente. Esto dará fuerza y vigor a la mente que, de lo contrario, esta no podría tener.

»Consideramos que este es el lugar donde debe ubicarse la escuela, y comenzamos a trabajar de inmediato según el plan que Dios especificó. Los estudiantes han de ser trabajadores y aprendices. Se debe limpiar y cultivar la tierra, y plantarse árboles en los terrenos. Yo comencé la construcción de mi casa y, cuando se pusieron los cimientos, también había hecho preparativos para sembrar frutas y verduras. La luz que me dio el Señor es que la pobreza que existe en esta región no ha de existir porque, con laboriosidad, se puede cultivar el suelo. No se debe desperdiciar ni un momento en cosas ociosas. Nuestro tiempo es del Señor, y vale tanto como el oro. Cuando sea atesorado y usado con cuidado, mostrará resultados importantes. Si se trabaja correctamente, la tierra dará sus tesoros.

»Cuando llegamos por primera vez a este lugar con el objetivo de asegurar tierra donde construir edificios, pudimos percatarnos del inconveniente de tener que depender de Sydney o Newcastle para nuestras frutas y verduras. Venían desde el mercado, y teníamos que pagar la fruta y también cuatro chelines por envío al empleado encargado de comprar alimentos y enviárnoslos. Considerábamos esto un precio moderado. Entonces, frecuentemente, cuando nos llegaba la fruta y esta tenía que almacenarse por el día del sábado, la mayoría se echaba a perder con el calor. Sabíamos que, con una gran familia de estudiantes, no podríamos funcionar bien así. Se deben plantar árboles y un buen huerto de árboles frutales como árboles de duraznos, albaricoques, naranjas, limones, manzanas y otras frutas. Lo hicimos de inmediato. Los árboles en el huerto de la escuela, y en el mío, se plantaron aproximadamente a finales de septiembre de 1895. En septiembre de 1896, estos árboles estaban floridos y, en noviembre, comimos sus frutos.

»Esta acción fue considerada sabia, y ahora tenemos huertos prósperos. Por el bien de los árboles, este año les quitamos todos sus frutos y dejamos solo algunos especímenes de cada tipo. Estos especímenes fueron sumamente excelentes. Creemos que esta acción es correcta. Cuesta dinero limpiar las hectáreas de tierra para sembrar huertos, pero no más de lo que cabría esperar» (Lt 86-1897).

«La escuela se fundó a un elevado coste, tanto de tiempo como de trabajo, para permitir a los estudiantes recibir una educación integral para que puedan obtener un conocimiento de la agricultura, un conocimiento de las ramas comunes de la educación y, sobre todo, un conocimiento de la Palabra de Dios» (Lt 145-1897).

«Tras mirar bien, decidimos ponernos con el experimento de limpieza y siembra de árboles y semillas inmediatamente cuando el terreno estuviera listo.
»Empleamos a los estudiantes en la obtención de su educación. Había estudios bíblicos por la mañana a los que yo asistía a las seis en punto, y daba charlas matutinas a los estudiantes, y el Señor estaba de hecho presente en nuestra asamblea al dirigirnos a los estudiantes tras una temporada de oración sumamente sincera. Después, todos se iban a sus trabajos de limpieza del terreno seleccionado para los edificios de la escuela. Trabajaban aproximadamente hasta las dos y, después, disfrutaban de su almuerzo; a las tres, comenzaban sus estudios. Su testimonio era que podían avanzar en sus estudios tan rápidamente como cuando no hacían nada en relación con el trabajo físico. Estaban totalmente convencidos de que el empleo agrícola al aire libre combinado con los estudios sería mucho más beneficioso para ellos que solamente estudiar. Estaban recibiendo una educación esencial para la vida práctica y para la mejora física al ejercitar todas las facultades que Dios les había dado con sus mentes, sus nervios y sus músculos. Algunos de estos estudiantes que estaban disponibles comenzaron sus obras de limpieza y construcción de una carretera en el bosque para conectarla con la carretera gubernamental, mientras que otros limpiaban los terrenos para construir y para sembrar árboles frutales y para plantar nuestras semillas de verduras» (Lt 161-1897).

«La escuela ubicada en Avondale se debe dirigir de acuerdo con la mente y la voluntad de Dios. Todos los estudiantes deben trabajar con principios y bajo el lema: "Estudio por ahora y por toda la eternidad; uso mis músculos para hacer las mismas cosas que cualquiera debe hacer". Los estudiantes deben realizar ejercicio físico por la mañana temprano y en el fresco del día, y usar para el estudio las horas de calor. Las extremidades y los músculos son regalos de Dios tan ciertamente como lo son las riquezas o el intelecto. Todas las piezas de la maquinaria humana deben usarse de manera proporcional; de lo contrario, algunas piezas se obstruirán y debilitarán» (Ms 84-1897).

«Se hicieron planes para construir cabañas por el campus de la escuela. Me alegré de estar presente en el momento en que se mencionó este tema, ya que tenía algo que decir. Les dije que los terrenos no debían ocuparse con edificios.

»La tierra debe ser nuestro libro de lecciones. Debe limpiarse y, luego, cultivarse. Naranjos, limoneros, melocotoneros, árboles de albaricoques y nectarinas, ciruelos y manzanos deberán ocupar la tierra, junto con huertos de verduras y jardines tanto de flores como ornamentales. Por consiguiente, este lugar debe llevarse lo más cerca posible a la presentación que pasó ante mí varias veces como el símbolo de lo que deben ser nuestras escuelas y nuestras instalaciones. No deben construirse viviendas ni parcelas valladas cerca de los edificios de nuestra escuela. Por designación de Dios, este lugar debe ser una representación de lo que deben ser las instalaciones escolares: un deleite para la vista.

»El estudio del estudiante debe ser el libro abierto de la naturaleza. Las escuelas se deben establecer lejos de las ciudades. He invertido más en estas tierras que ninguna otra persona. Escolarizo a estudiantes pagando sus costos para que puedan tener un comienzo. Esto me da influencia sobre los maestros y los alumnos. La tierra se dispuso en parcelas, y se debían construir casas, como en un pueblo. Sin embargo, yo les digo que no se deben apiñar casas por la tierra que rodea los edificios de la escuela. Esta es la granja de Dios y es terreno sagrado. Aquí, los estudiantes deben aprender la lección: "vosotros labranza de Dios sois, edificio de Dios sois". La obra que se hace en la tierra debe hacerse de una manera sabia, esmerada y particular. Del cultivo del suelo y de la siembra de semillas se pueden aprender lecciones en líneas espirituales» (Lt 84-1898).

«Antes de visitar Cooranbong, el Señor me dio un sueño en el que me llevaban a las tierras que estaban en venta en Cooranbong. Algunos de nuestros hermanos habían solicitado visitar las tierras, y soñé que estaba caminando por ellas. Llegué a un surco de corte limpio que habían hecho a unos veinte centímetros de profundidad y a lo largo de casi dos metros de longitud. Dos de los hermanos que estaban familiarizados con el rico suelo de Iowa estaban parados delante de este surco y decían: "Esta tierra no es buena; el suelo no es favorable". Pero uno que solía hablar en consejo estaba presente y dijo: "Se ha dado falso testimonio de esta tierra". Entonces, describió las propiedades de las diferentes capas de la tierra; explicó la ciencia del suelo y dijo que esta tierra estaba adaptada al cultivo de frutas y verduras, y que, si se trabajaba bien, produciría sus tesoros para beneficio del hombre. Narré este sueño al hermano y a la hermana Starr, así como a mi familia.

»Al día siguiente, íbamos en el tren, de camino para encontrarnos con otros que estaban investigando la tierra. Cuando después estaba caminando por el terreno donde habían arrancado los árboles, para mi sorpresa, había un surco justo como lo describí, y también los hombres que habían criticado la apariencia de la tierra. Las palabras se dijeron tal como yo las había soñado.

»Después de regresar a la cabaña que había alquilado uno de los hermanos para el tiempo que debíamos pasar investigando la tierra, se celebró un consejo, y se tomó la decisión de tomar la tierra [...].

»Pero, tras esto, hubo un cambio de mentalidad en los hermanos. Se opusieron a la tierra y siguieron buscando una mejor ubicación, pero, en todos los sitios, había algo objetable y no podían llegar a una decisión. Yo estaba tan segura de que el Señor nos estaba guiando para ubicarnos en estos terrenos que le dije a mi hijo Willie y a mis hermanos que yo misma pagaría el precio por la tierra; luego, si no la querían, pondría en ella algunos de nuestros pobres hermanos que estaban hacinados en las ciudades. Yo haría hogares aquí para quienes no puedan hacerse un hogar para sí mismos. Sin embargo, esta propuesta no era aceptable y, durante un año, la obra se vio tremendamente obstaculizada por la incredulidad de quienes debían haber tenido fe» (Ms 62-1898).

«A partir de la luz que se me dio con respecto a la ubicación y a la edificación de nuestros intereses escolares, sé que el propósito de Dios es que esta institución se establezca a una distancia de la ciudad, tan llena de tentaciones e insidias, de divertimentos y festividades que no conducen a la pureza, a la piedad ni a la devoción religiosa. Él diseña que debemos conectar el trabajo manual con la mejora de los poderes mentales. Me han enseñado que el estudio en líneas agrícolas debe ser el abecé de la obra educativa de nuestras escuelas. Esta institución no debe depender de productos importados para tener los frutos tan esenciales para una buena salud, así como para tener granos y verduras. Esta es la primera obra que se debe emprender. Luego, cuando avancemos y ampliemos nuestras instalaciones, llegarán estudios avanzados y lecciones objetivas. No debemos restar a lo que ya ha sido tomado como rama de educación [...].

»En la educación de los estudiantes deben entrar todas las artes. Incluso en la escuela en Avondale, los estudiantes toman demasiados estudios. No debe dejarse que los estudiantes elijan todos los estudios que quieran, pues se inclinarán a tomar más de los que pueden realizar en realidad; es imposible que salgan de la escuela con un conocimiento pormenorizado de cada estudio. Se debe estudiar menos los libros y hacer un mayor esfuerzo para obtener ese conocimiento que es esencial para la vida práctica. Los jóvenes deben aprender a trabajar de forma interesada e inteligente para que, allá donde estén, sean respetados por tener conocimientos de esas artes que son tan esenciales para la vida práctica. En lugar de ser jornaleros bajo la supervisión de un capataz, deben aspirar a ser maestros de su oficio, llegar a puestos en los que puedan exigir salarios como los buenos carpinteros, impresores o como educadores en la obra agrícola» (Ms 105-1898).

«Se debe estudiar menos los libros y hacer un mayor esfuerzo para obtener ese conocimiento que es esencial para la vida práctica».

»Las ventajas educativas de nuestras escuelas deben ser de un orden distinto. Esta granja escolar es el libro de lecciones de Dios. Quienes labran la tierra y plantan y cultivan el huerto deben aplicar las lecciones de la naturaleza y llevar estas lecciones aprendidas a su experiencia espiritual actual. Que todos los individuos tengan en mente que "lo que el hombre sembrare, eso también segará". El hombre que, día tras día, siembra semillas objetables en sus palabras, en su conducta y en su espíritu se consuela a sí mismo en su mismo carácter, y esto determina la futura cosecha que segará» (Ms 116-1898).

«Que se retengan las tierras cercanas a la escuela y a la iglesia. Si así lo desean, quienes vienen a establecerse en Cooranbong pueden encontrar para sí mismos un hogar cerca del estado de Avondale, o una porción del mismo. Sin embargo, la luz que se me dio es que esa sección de tierra que va desde el huerto de la escuela hasta la carretera de Maitland, y que se extiende a ambos lados de la carretera desde el local de culto hasta la escuela, debe convertirse en una granja y en un parque con flores de aroma fragante y árboles ornamentales. Debe haber huertos y debe cultivarse todo tipo de producto que se adapte al suelo para que este lugar se convierta en una lección objetiva para quienes viven cerca o lejos.

La agricultura y nuestras escuelas

»Entonces, que se mantenga alejado todo lo que no sea esencial para la obra de la escuela y, así, poder prevenir toda perturbación del carácter sacro del lugar a través de la proximidad de las familias y de los edificios. Que la iglesia esté separada. Cerca de ella, no debe aparecer uno y otro reclamando que el inmueble le pertenece. Por muy consagradas que estén al servicio del Señor, será mejor que las familias privadas se ubiquen lejos de los edificios de la escuela. La escuela es propiedad del Señor, y los terrenos que la rodean son su granja donde el gran Sembrador puede convertir su huerto en un libro de lecciones. Los resultados de los trabajos se verán, "primero hierba, luego espiga, después grano lleno en la espiga". La tierra dará sus tesoros y traerá el gozo de una cosecha abundante, y los productos cosechados a través de la bendición de Dios se usarán como el libro de lecciones de la naturaleza, a partir del cual, las lecciones espirituales pueden ser claras y aplicarse a las necesidades del alma» (Ms 170-1899).

«En varias ocasiones, ha venido sobre mí la luz de que la tierra que rodea a nuestra escuela debe usarse como granja del Señor. En un sentido especial, porciones de esta granja deben cultivarse abundantemente. Desplegadas ante mí veo tierras sembradas de todo tipo de árboles frutales que darán fruto en esta localidad, también había huertos de verduras donde las semillas se sembraban y se cultivaban.

»Si los gerentes de esta granja y los maestros en la escuela reciben al Espíritu Santo para trabajar con ellos, tendrán sabiduría en su gestión, y Dios bendecirá sus esfuerzos. Cuidar de los árboles, plantar, sembrar y recolectar la cosecha deben ser lecciones maravillosas para todos los estudiantes. Los vínculos invisibles que conectan la siembra con la cosecha deben estudiarse, y debe señalarse y valorarse la bondad de Dios. Es el Señor quien da la virtud y el poder al suelo y a la semilla. De no ser por la entidad divina en combinación con el tacto y la habilidad del hombre, la semilla sembrada sería inútil. Hay un poder invisible que obra constantemente en nombre del hombre para alimentarlo y vestirlo. La parábola de la semilla tal como se estudia en la experiencia diaria del maestro y del estudiante debe revelar que Dios obra en la naturaleza, y debe dejar claras las cosas del reino de los cielos» (6T 185, 1901).

«Que los maestros abran los ojos a la importancia de este tema y enseñen agricultura y otras industrias que son esenciales que los estudiantes entiendan. Busquen en cada departamento de trabajo para alcanzar los resultados óptimos. Que la ciencia de la Palabra de Dios se traiga a la obra para que los estudiantes puedan entender principios correctos y puedan alcanzar el más alto estándar posible. Ejerciten sus habilidades dadas por Dios e inviertan todas sus energías en el desarrollo de la granja del Señor. Estudien y oren, para que los mejores resultados y los mayores rendimientos lleguen de la siembra de semillas, para que haya un suministro abundante de comida, tanto temporal como espiritual, para el creciente número de estudiantes que se congregarán aquí para ser formados como obreros cristianos.

»Hemos visto los gigantescos árboles talados y arrancados; hemos visto la reja del arado metida dentro de la tierra, abriendo profundos surcos para plantar árboles y sembrar semillas. Los estudiantes aprenden lo que significa arar y que la azada y la pala, el rastrillo y la grada, son todos aperos de una honorable y provechosa labor. A menudo, se cometerán errores, pero cada error estará cerca de la verdad. Se aprenderá sabiduría por medio de los fracasos, y la energía que dará inicio traerá la esperanza de triunfar al final. Las dudas retendrán las cosas, al igual que hará el precipitarse; sin embargo, todo servirá como lecciones si el agente humano se lo toma así» (6T 191, 192, 1901).

«El cultivo de nuestras tierras requiere el ejercicio de todo el poder mental y de todo el tacto que poseemos. Las tierras no trabajadas que nos rodean dan testimonio de la indolencia de los hombres. Esperamos incitar a la acción a los sentidos dormidos. Esperamos ver a agricultores inteligentes que serán recompensados por su trabajo sincero. Las manos y la mente deben cooperar y poner en práctica planes nuevos y razonables para cultivar el suelo» Advocate [El defensor], 1 de marzo de 1901).

«Cada período escolar que hemos tenido en Avondale ha tenido como resultado la conversión de casi todos los estudiantes en la escuela. En algunos períodos, este ha sido el caso sin excepción y, en otros, no ha habido más de dos o tres excepciones. Los empresarios han traído a sus hijos desde Newcastle a nuestra escuela en Avondale para que no sean tentados como lo serían en las escuelas públicas, las cuales estaban corrompidas según declararon. Nuestras escuelas deben ubicarse lejos de las ciudades, en una gran extensión de tierra, para que los estudiantes tengan la oportunidad de realizar trabajos manuales; deben tener la oportunidad de aprender lecciones de los objetos que Cristo usó para inculcar la verdad. Él señaló a las aves, a las flores, al sembrador y al segador.

»En este tipo de escuelas, no solo se benefician las mentes de los estudiantes, sino que también se fortalecen sus poderes físicos. Se ejercitan todas las partes del cuerpo. Se iguala la formación de la mente como del cuerpo. El cuerpo necesita mucho más cuidado del que recibe. Aquí hay hombres que sufren muchísimo porque no son administradores fieles de sus cuerpos. Dios quiere que usen cada medio que esté en su poder para cuidar de la maravillosa maquinaria que él les ha dado. Que no se oxide ninguna pieza de esta debido a la inacción» (GCB, 14 de abril de 1901).

Emmanuel Missionary College, Míchigan – Fundada en 1901 (ahora Universidad Andrews)
«La buena mano del Señor ha estado con nuestra gente en la selección de un buen lugar donde ubicar la escuela. Este lugar corresponde a la representación que se me dio con respecto a dónde debía ubicarse la escuela. Está lejos de las ciudades y hay abundantes tierras para fines agrarios, y espacio, por lo que las casas no tendrán que construirse unas cerca de otras. Hay terrenos abundantes donde enseñar a los estudiantes a cultivar la tierra. "Vosotros labranza de Dios sois, edificio de Dios sois"» (Lt 186-1901).

«Doy gracias al Señor porque los hermanos han acatado la instrucción que se les dio, y porque han llevado a cabo su obra con simpleza y mansedumbre; pero inteligentemente. El Señor los está cualificando para que enseñen las lecciones que él ha dado en su Palabra por medio de lecciones objetivas de la naturaleza. Esta es la educación integral más útil y grandiosa que los jóvenes pueden recibir. El cultivo del suelo, la siembra y el cuidado de los árboles, la siembra de semillas y la observación de su crecimiento; este trabajo enseña lecciones preciosas. La naturaleza es un expositor de la Palabra del Dios viviente. Sin embargo, la creación solo responde al propósito mayor del Creador por medio de Cristo. El Salvador tiene revelaciones maravillosas para todos los que caminen humildemente con Dios. Bajo la disciplina y la instrucción de la formación mayor, contemplarán cosas maravillosas nacidas de su ley.

»Al establecer las escuelas, se debe asegurar suficientes tierras para dar a los estudiantes la oportunidad de adquirir conocimientos en agricultura. Si es necesario reducir gastos en algún lugar, que sea en los edificios. El aseguramiento de la tierra debe ser un éxito, pues, del cultivo de la tierra, los estudiantes han de aprender lecciones que ilustran las verdades de la Palabra de Dios, verdades que los ayudarán a entender la obra del Creador» (Ms 98-1902).

«El Señor me instruyó que algunos vinculados con la institución no verían la necesidad de unir el trabajo agrícola con la instrucción impartida en la escuela. En todas nuestras instituciones educativas, se debió haber combinado el trabajo físico y el mental. Las pasiones animales encuentran un escape saludable en el ejercicio físico vigoroso, que las mantiene debidamente restringidas. El ejercicio físico al aire libre fortalecerá los músculos, fomentará una correcta circulación de la sangre, ayudará a evitar que el cuerpo enferme y será una gran ayuda en la espiritualidad. Durante años, se me ha presentado que los maestros y los estudiantes deben unirse en esta tarea. Esto se hacía antiguamente en las escuelas de los profetas» (Ms 40-1903).

«El Señor estuvo presente en la fundación de esta escuela. El Señor ayudó a estos hermanos a medida que avanzaban con su escuela, y al enseñar los mismos principios que se enseñaban en las escuelas de los profetas. ¿Creen que en las escuelas de los profetas recurrirían a todos esos libros que se meten en la escuela para dar una educación? ¿Creen que usaban los libros de estudio que había en las escuelas comunes? ¡Claro que no! ¿Qué se les enseñaba? Tener un conocimiento de Jesucristo. Si ellos tienen un conocimiento práctico de Jesucristo, les diré una cosa, entienden que deben compartir la naturaleza divina para escapar de la corrupción que hay en el mundo a través de la lujuria, y salir de las ciudades. Es lo que hay que hacer hoy. Sáquenlos de las ciudades y llévenlos a un lugar rural donde puedan ser formados en agricultura y en las diversas líneas comerciales y empresariales. ¿Suponen que cuando los tiempos se pongan cada vez peor, estarán todos juntos en una misma empresa? No, nos dispersarán. Si quienes ayudan a dar una formación en este lugar impartieran el tipo correcto de educación, estos jóvenes estarían cualificados para salir hacia nuevos lugares y empezar a impartir lo básico para formar a otros. Al comenzar, el Espíritu Santo de Dios estará a su lado» (SpM 357 [extractos de charlas impartidas en la Conferencia de Lake Union, junio de 1904]).

Madison School, Tennessee – Fundada en 1904

«El plan sobre el que nuestros hermanos proponen trabajar es seleccionar a algunos de los o las mejores jóvenes más robustos y fuertes de Berrien

Springs, y de otros lugares en el norte, que creen que Dios los ha llamado a la obra en el sur, y darles una pequeña formación como maestros. Se dará una esmerada instrucción en el estudio de la Biblia, en psicología y en la historia de nuestro mensaje; y se dará instrucción especial con respecto al cultivo de la tierra. Se espera que muchos de estos estudiantes se vinculen eventualmente con las escuelas en diversos lugares en el sur. En conexión con estas escuelas, habrá tierra que cultivarán maestros y estudiantes, y las ganancias de este trabajo se usarán para mantener la escuela» (Lt 215-1904).

«La granja de la escuela Madison debe ser una lección objetiva para el campo sureño. Está en una ubicación excelente y tan cerca de Nashville como debe estar» (Lt 352-1906).

«El Señor dio al campo sureño lecciones objetivas de diferentes tipos. La educación que se imparte a los estudiantes en Madison, donde se forma a los jóvenes a construir, a cultivar la tierra y a cuidar del ganado y las aves, será de gran provecho para ellos en el futuro. No hay forma mejor de mantener el cuerpo sano que siguiendo el plan de formación que lleva a cabo la escuela Madison. Este es el mismo trabajo que se nos instruyó que hiciéramos cuando compramos las tierras para nuestra escuela en Australia. Los estudiantes tenían su tiempo para estudiar y su tiempo para trabajar la tierra. Les enseñaron a talar árboles, a plantar huertos, a cultivar el suelo, a construir edificios, y esta formación fue una bendición para todo el que participó en ella […].

»La obra que los trabajadores han realizado en Madison ha hecho más para dar un conocimiento correcto de lo que significa una educación integral de lo que ha hecho cualquier otra escuela fundada en Estados Unidos por los adventistas del séptimo día». El Señor dio a los maestros en el sur una educación que es de un valor sumo, y esta es una formación que a Dios le gustaría que recibieran todos nuestros jóvenes.

> *«La obra […] en Madison ha hecho más para dar un conocimiento correcto de lo que significa una educación integral de lo que ha hecho cualquier otra escuela fundada en Estados Unidos por los adventistas del séptimo día».*

»El duro confinamiento de los estudiantes al trabajo mental costó la vida de muchos jóvenes preciosos. Con su sistema educativo, la escuela Madison está demostrando que los poderes mentales y físicos, la mente y los músculos, deben ejercitarse por igual. El ejemplo que esta dio a este respecto es uno que sería bueno que imitaran muchas personas de las que trabajan en la escuela. Si los poderes físicos y mentales se ejercitaran por igual, en nuestro mundo habría mucha menos corrupción de la mente y la salud sería menos débil» (Lt 168-1908).

«A lo largo y ancho del campo sureño, se necesitan semejantes lecciones objetivas [como las de Madison]. Esas escuelas demostrarán ser de un provecho óptimo para las personas, dejando de manifiesto que la educación abarca más que el mero estudio de libros, que también incluye el empleo provechoso en todos los sentidos. Y uno de los empleos más útiles para la gente del sur es el cultivo de la tierra que ha terminado baldía por falta de cuidado y de atención. El ejercicio de los músculos y de la razón al realizar un trabajo físico se debe combinar con el ejercicio de los poderes mentales al estudiar los libros. Este es el tipo de educación más recomendable para los estudiantes en caso de que sean llamados a la obra en países extranjeros» (Lt 382-1908).

Otras escuelas específicas
«Sabíamos que la escuela debía fundarse lejos de la ciudad y que debíamos tener tierras para que los estudiantes pudieran tener la oportunidad de adquirir un conocimiento de la agricultura y también la oportunidad de ser autosuficientes. La luz que se me dio es que debemos llevarnos a nuestros hijos lejos de las ciudades saturadas, y hacer todo lo que esté en nuestro poder para prepararlos para la vida futura. La escuela Fernando [California] está ubicada en un distrito de naranjos. Por todos lados pueden verse naranjales hermosos» (Lt 211-1902).

«Hace algunos días, tuve el privilegio de ver los edificios y los alrededores de la escuela Fernando. Mi tiempo era muy limitado, pero estaba agradecida por la oportunidad de visitar los terrenos de la escuela. Me alegro de que estén a varios kilómetros de distancia de la ciudad de Los Ángeles. Ustedes tienen buenos edificios que están en un lugar favorable para el trabajo de la escuela. Deseo enormemente que empiecen con buen pie.

Al planificar la construcción de cabañas para nuestros hermanos y hermanas que pueden mudarse allí, tengan cuidado de no permitir construir los edificios demasiado cerca del inmueble de la escuela. Intenten asegurarse la tierra que hay junto a la escuela, para que sea imposible construir casas cerca del campus. La tierra se puede usar para fines agrícolas. Más tarde, puede que consideren oportuno introducir varios oficios en los que emplear y formar a los estudiantes; sin embargo, en el presente, lo único que pueden hacer es enseñarles a cultivar la tierra para que dé sus frutos.

»Se ha hecho la siguiente pregunta: "¿Qué debemos enseñar en la escuela Fernando?". Enseñen las lecciones más simples. No deben hacer un gran desfile ante el mundo para mostrar lo que pretenden hacer, como si planearan hacer algo maravilloso. No, en absoluto. Apodérense de esta escuela con mansedumbre. Digan a sus hermanos y amigos que planean dirigir una escuela industrial, una escuela en la que la instrucción práctica en agricultura y en varios oficios estará conectada con la instrucción basada en el aprendizaje de libros. No alardeen ni de las ramas de estudio que pretenden enseñar ni del trabajo industrial que esperan realizar, sino díganle a todo el que pregunte que tienen la intención de hacer todo lo que puedan para ofrecer a los estudiantes una formación física, mental y espiritual que los haga aptos para el provecho en esta vida y que los prepare para la vida inmortal futura» (Ms 54-1903).

«El domingo nos llevaron a ver las diferentes líneas de trabajo que realiza nuestra gente en Graysville [Tennessee]. Estuvimos por los edificios de la escuela, y luego, visitamos la plantación de unas diez hectáreas sobre la colina, la cual estaba sembrada en su mayoría de melocotoneros. Los árboles jóvenes parecen [sic] prósperos. Tras mirar esto, fuimos a ver la plantación de ciento sesenta y una hectáreas que ha sido adquirida recientemente por la Asociación y que se ha arrendado a la escuela. En esta plantación, vimos que los estudiantes estaban cultivando grandes campos de maíz, así como grandes pastizales y, sobre la colina, doce hectáreas de fresas» (Lt 215-1904).

«Estoy profundamente interesada en el trabajo que se está haciendo aquí [Hillcrest School, Nashville, Tennessee] porque se me ha dado luz especial con respecto a la negligencia que ha habido para retomar el trabajo que ustedes están haciendo. He especificado en mis escritos cuál es este trabajo. He intentado una y otra vez imprimir su importancia en la mente de la gente. Seguiré hablando de ello allá adonde vaya.

»No trabajan solos. Cuando se sientan tentados a desanimarse, recuerden esto: los ángeles de Dios están justo alrededor de ustedes. Ellos ministrarán hasta el último palmo de tierra y harán que esta dé sus tesoros.

> *«Los ángeles de Dios están justo alrededor de ustedes. Ellos ministrarán hasta el último palmo de tierra y harán que esta dé sus tesoros».*

»Esta es la instrucción que intento dar a nuestra gente. Quiero que entiendan lo que podría conseguirse si hiciéramos la voluntad del Señor. Es el Señor quien dio la instrucción. Sigamos sus indicaciones» (Ms 13, 1909).

«Ha habido un poco de demora en la elección del nombre para la finca en Buena Vista [California]. Estamos deseando que se zanje pronto el asunto. Este es un lugar excelente para una escuela. En cuanto lo vi, supe que sería un lugar ideal para llevar a cabo nuestra obra educativa, ya que podemos combinar el trabajo físico en la granja con el estudio de libros. Aquí, se puede enseñar a los estudiantes a construir y a comprometerse con muchas líneas de trabajo provechosas, tal como se enseña a los estudiantes en Madison. También debe haber un sanatorio conectado con la escuela, pues se me ha mostrado que, allá donde hay una escuela formativa, debemos tener un sanatorio donde los estudiantes puedan recibir instrucción en el cuidado de los enfermos y dolientes» (Lt 18-1909).

El sur

«Quienes aman a Cristo harán las obras de Cristo. Saldrán a buscar y a salvar lo que se había perdido. No rechazarán a los despreciados ni darán la espalda a los de raza de color, a quienes enseñarán a leer y a realizar trabajo manual, y los formarán para que labren la tierra y sigan oficios de diversos tipos. Se esforzarán arduamente para desarrollar las capacidades de la gente» (RH, 14 de enero de 1896).

«Las escuelas deben fundarse lejos de las ciudades; en lugares en los que puedan obtenerse abundantes tierras. Así, se podrá dar a los estudiantes la oportunidad de contribuir a la manutención de sí mismos mientras estén en las escuelas y, al mismo tiempo, aprenderán las valiosas lecciones que enseña el cultivo del suelo. Con las escuelas, deben estar conectados otras industrias distintas [...].

»Debemos proporcionar mayores instalaciones para la educación y la formación de los jóvenes, tanto blancos como de color. Debemos fundar escuelas lejos de las ciudades, donde los jóvenes puedan aprender a cultivar la tierra y, por tanto, a contribuir a su propia manutención. [...] Además de estas escuelas, se debe trabajar en líneas mecánicas y agrarias. Se deben incorporar todas las líneas de trabajo diferentes que garantice la situación del lugar.

»Carpintería, herrería, agricultura, la mejor forma de sacar el máximo de lo que produce la Tierra; todas estas cosas forman parte de la educación que se dará a los jóvenes [...].

«Hay lugares donde se ha comenzado el trabajo que parecen no ser rentables. Sin embargo, no dejen que estos lugares queden abandonados. Realicen esfuerzos sinceros y diligentes para hacer que el trabajo en estos lugares sea un éxito. Algunos lugares están específicamente adaptados al cultivo de frutos. Y, al sembrar, al cultivar y al podar los árboles, los estudiantes pueden aprender lecciones espirituales preciosas. Se pueden adaptar otros lugares para el cultivo de granos y de verduras» (Lt 25-1902).

«Se debe hacer un esfuerzo especial para perfeccionar el trabajo en aquellos lugares del sur en los que se han fundado escuelas: Graysville [Tennessee], Huntsville [Alabama] e Hildebran [Carolina del Norte]. Las escuelas deben mantenerse con la realización de diversas labores.

»Llegará el día en el que quienes acepten la verdad en las ciudades tendrán que alejar de ellas a sus familias, y estas labores ayudarán a proporcionarles un hogar y un empleo [...].

»Al fundar escuelas, lo importante es encontrar una ubicación donde puedan realizarse distintas labores que permitan a los estudiantes ser autosuficientes. El trabajo debe llevarse a cabo con la menor inversión en medios posible. Además de una escuela, debe haber tierra suficiente para sembrar suficientes cultivos para el consumo de la escuela, y también algunos para venderlos para beneficio de la escuela.

»Nashville, Graysville, Huntsville e Hildebran se me han presentado como lugares favorables para sembrar cultivos para uso de la escuela y para su comercialización [...].

»Los estudiantes deben aprender a cultivar la tierra y todo lo que esta produzca. Nadie puede decir lo que puede hacerse con la tierra hasta que haya probado plantar semillas y sembrar árboles frutales y vides.

»A los muchachos que asisten a nuestras escuelas se les debe enseñar a construir casas de forma simple y económica, pero de forma sustancial. Se les debe enseñar que Dios no aceptará ningún trabajo caótico ni descuidado. De todo trabajo que hagan, ya sea construir, sembrar, plantar o cosechar, deben aprender la lección: "vosotros labranza de Dios sois, edificio de Dios sois". Deben aprender lo que los preparará para realizar su parte en la enseñanza de oficios a otras personas» (Lt 27-1902).

[Versión alternativa] «Al fundar escuelas, un aspecto importarte es asegurar tierra suficiente para la realización de labores que permitan a los estudiantes ser autosuficientes. Debe haber tierra suficiente para cultivar las frutas y las verduras necesarias para la escuela, y también algunas para vender. Se debe hacer de la agricultura un beneficio económico para la escuela.
»Nashville, Graysville, Huntsville e Hildebran se me han presentado como lugares favorables para sembrar cultivos para uso de la escuela y para su comercialización [...].
»Los muchachos deben aprender a cultivar la tierra y todo lo que esta produzca. Nadie puede decir lo que puede hacerse con el suelo hasta que haya estudiado, planificado y experimentado» (PH 151 76, 1903).

«Me he pasado media hora hablando con dos de nuestros hermanos con respecto a la ubicación de su propiedad y a la mudanza de sus familias al campo sureño con el propósito de hacer obra misionera, tener una escuela y preparar a sus hijos para que trabajen en diversas líneas en la obra misionera como, por ejemplo, crear granjas, construir hogares humildes y enseñarles a las personas el arte de construir y el arte de cultivar la tierra. Llegará el día en el que todos los que viven sobre la Tierra necesitarán comprender el cultivo de la tierra y la construcción de casas, así como la creación de varios tipos de negocios. Intentamos decirles que el Señor está pidiendo que se lleve talento al campo sureño y que se actúe en diversas líneas educativas. ¿Acaso hemos de ir al campo sureño y dar el fruto a quienes no han oído la verdad? Esta clase no debe desanimarse. Los jóvenes formados en nuestras grandes ciudades están en un gran peligro porque están rodeados de todo tipo de influencia objetable, ya que el mundo se está volviendo como era en los días de Noé» (Ms 126-1908).

PARA MÁS INFORMACIÓN

Ms 8a-1894 (también reeditado en SpTEd, capítulo 14, y FE, capítulo 41). Creo que esta es la obra trascendental de la Sra. White sobre el trabajo agrícola/manual, y merece ser leída en su totalidad.

Ed, capítulo sobre «El trabajo manual», pp. 214—222.

6T Sección 3.

La agricultura y nuestras instituciones de atención médica

«Vi la beneficiosa influencia del trabajo al aire libre de quienes tienen una vitalidad débil y una circulación reducida, en particular, sobre las mujeres que se han autoinducido estas dolencias como consecuencia de demasiado confinamiento sin salir de casa. Su sangre se ha vuelto impura debido a la necesidad de aire fresco y de ejercicio. En vez de ofrecerles divertimentos para mantener a estas personas en casa, se debería prestar atención para ofrecer atracciones al aire libre. Vi que se deben conectar con el Instituto amplios terrenos, embellecidos con flores y plantados de frutas y verduras. Los débiles podrían encontrar trabajo acorde a su sexo y a su dolencia, y a una hora adecuada. Estos terrenos deben estar al cuidado de un jardinero experimentado que dirija todo con gusto y con orden» (1T 562, 1868).

«Los inválidos deben practicar ejercicio al aire libre. Esa clase de inválidos que se han hecho a sí mismos así debido a sus hábitos sedentarios, o a su constante trabajo mental, debe hacer un cambio. Es un mal consejo decir a estas personas que se abstengan de hacer ejercicio físico. Los de mente fatigada deben dejar descansar sus poderes mentales en grado sumo, mientras que ellos, y también aquellos cuyos hábitos de vida han sido sedentarios, deben avivar sus energías físicas. Parte de la prescripción para todos los pacientes como estos debe ser practicar trabajo físico ligero y agradable al aire libre.

»Meramente practicar juegos banales por diversión no puede satisfacer al concienzudo, pero dejará estampada en su mente la impresión de que su vida es inútil. Y, si su vida ha sido activa y ha disfrutado haciendo el bien, la influencia de tales divertimentos sobre él será mala. Que estos sufridores tengan trabajos agradables al aire libre y adaptados a sus diversas dolencias, tanto en cuanto a la naturaleza del trabajo como al tiempo que deben practicarlo. Que los que puedan agarrar una azada ligera y bien pulida durante un número conveniente de horas o minutos libren una guerra de exterminación contra las indeseables malas hierbas que tienen las verduras y los frutos pequeños. Los otros más débiles, que usen la pala de jardinería, el rastrillo o la azada durante un rato todos los días entre las plantas y las flores, y que sientan que hacen un bien con cada mala hierba que arrancan. ¿Y si el sol les broncea la cara y las manos? El sol y el aire les harán más bien del que podrán hacerle los baños de agua sin estas bendiciones.

»Algunos que colapsan debido a demasiado trabajo mental y a poco ejercicio físico son reacios a disfrutar del ejercicio al aire libre. Si dejan de trabajar mentalmente, no quieren hacer nada más. Y es difícil para estos recobrar la salud, porque les es prácticamente imposible controlar sus mentes. Cuando no se ponen en otra cosa, sus activas mentes estarán puestas sobre sí mismos. Su imaginación está enferma y, a menudo, piensan que su estado es deplorable cuando no lo es. Dese a estas personas un empleo apropiado, y que sientan que sus vidas no son inútiles, sino que hacen algún bien, aunque sea pequeño, y se sentirán mucho menos inclinadas a pensar en sí mismas. El trabajo agradable al aire libre es el gran remedio para las personas así. Que dividan su tiempo. Que pasen una porción del día en ocupaciones agradables al aire libre; una porción, al aire libre y tomando el sol, trabajando en las verduras, las frutas, las flores y las plantas y, otra porción, descansando. Este sistema de acción es una gran bendición tanto para el cuerpo como para la mente. Al hacer algo, la mente es desviada de uno mismo y tiene que hacer algo más que buscar síntomas, dolores y molestias. Además, el ejercicio físico ejercitará los músculos y los nervios que han estado inactivos y que se han debilitado por falta de uso. Cuando estos inválidos ejerciten y fortalezcan sus músculos débiles y flácidos, su mente será menos propensa a realizar actividades agotadoras. Ahora, el trabajo se divide mejor entre los órganos del sistema.

»He notado que quienes han colapsado debido a demasiado ejercicio mental, cuando empiezan a mejorar, sienten un deseo especial de trabajar mentalmente. Parecen ansiosos por volver a trabajar la mente. Si se pudiera hacerles ver que este no es el tipo de empleo correcto; que el trabajo saludable al aire libre y haciendo las tareas domésticas es lo que necesitan para dar firmeza a sus músculos y un tono saludable a sus mentes, ya no estarían ansiosos por ese tipo de trabajo que agota la mente y que no da fuerza a los músculos o a los nervios del cuerpo» (HR, 1 de julio de 1868).

«Vivan, estimados amigos inválidos, mientras estén vivos, y fórmense para esparcir su fragancia como las flores frescas. Si están agobiados y fatigados, no necesitan enroscarse como las hojas sobre una rama marchita. La alegría y una conciencia clara son mejores que los fármacos, y serán un agente eficaz en la restauración de su salud. Para estar alegres, deben hacer ejercicio. Deben hacer algo útil. Las hermanas inválidas deben tener algo que las haga salir al aire libre a trabajar en las tierras. Este fue el empleo que Dios dio a nuestros primeros padres. Él sabía que el empleo era necesario para la felicidad. Deben tener un pedazo de tierra que puedan reclamar como suyo, para cuidarlo y cultivarlo. Quizás se enorgullezcan al mantener a raya toda la maleza, y quizás miren con interés el hermoso desarrollo de las hojas, los capullos en flor y las flores, y maravillarse con los milagros de Dios vistos en la naturaleza. Al ver los matorrales y las flores, recuerden que Dios ama la belleza en la naturaleza. Al ver los armoniosos colores de las diversas plantas de junio tintadas de tonalidades hermosas, tengan en mente que Dios ama la belleza en la naturaleza humana echa a su imagen. Un carácter armonioso y puro, y un temperamento risueño que reflejen luz y alegría glorifican a Dios y benefician a la humanidad. La inspiración nos dice que un espíritu manso y tranquilo a los ojos de Dios es de gran valor» (HR, 1 de junio de 1871).

«Los sanatorios construidos para los pacientes tuberculosos deben ubicarse a cierta distancia de la ciudad, donde haya abundantes espacios abiertos, un arroyo de agua clara y tierra que pueda cultivarse. Entonces, se puede sacar a los pacientes al aire libre mientras que los más fuertes pueden cultivar la tierra. La institución construida para los tuberculosos que no cuente con estos complementos no podrá beneficiar a los pacientes. Los adventistas del séptimo día son incapaces de mantener una institución como esta en el momento presente» (Ms 89-1899).

«Los alrededores de un sanatorio deben ser lo más atractivos posibles. La vida al aire libre es un medio para ganar salud y felicidad. [...] En el jardín de flores y en el huerto, los enfermos hallarán salud, alegría y pensamientos de felicidad» (Ms 43-1902).

«Animen a los pacientes a pasar buena parte del tiempo al aire libre. Tracen planes para mantenerlos en el exterior, donde, a través de la naturaleza, puedan estar en comunión con Dios. Ubiquen sanatorios en grandes extensiones de tierra, donde, al cultivar la tierra, los pacientes puedan tener la oportunidad de realizar ejercicio saludable al aire libre. Un ejercicio como este, combinado con un tratamiento higiénico, hará milagros en la restauración y en la revigorización del cuerpo enfermo, y refrescará la mente cansada y agotada. En medio de unas condiciones tan favorables, los pacientes no necesitarán tantos cuidados como si estuvieran confinados en un sanatorio en la ciudad. En el campo, tampoco serán tan propensos a sentirse desalentados y a quejarse. Estarán dispuestos a aprender lecciones con respecto al amor de Dios; estarán dispuestos a reconocer que el Dios que cuida tan maravillosamente de las aves y de las flores cuidará de las criaturas hechas a su imagen. Por consiguiente, se les da la oportunidad a los médicos y a los ayudantes de alcanzar almas y elevar al Dios de la naturaleza antes quienes buscan una restauración de su salud.

»Durante la noche, se me dio la visión de un sanatorio en el campo. La institución no era grande, pero estaba completa. Estaba rodeada por hermosos árboles y arbustos, tras los cuales había huertos y arboledas. Conectado al lugar había jardines en los que las pacientes, cuando así lo deseaban, podían cultivar flores de todo tipo; cada paciente seleccionaba una parcela específica que cuidar. El ejercicio físico en estos huertos y jardines se prescribía como parte del tratamiento regular.

»Pasaron ante mí escenas tras escenas. En una de ellas, un número de pacientes que sufrían acababan de llegar a uno de nuestros sanatorios rurales. En otra, vi a la misma compañía, pero, oh, ¡cómo había cambiado su apariencia! La enfermedad había desaparecido, su piel era clara y, su rostro, alegre; el cuerpo y la mente parecían animados con nueva vida [...].

»Se me ha dado luz de que, en la obra misionera médica, hemos perdido grandes oportunidades al no darnos cuenta de la necesidad de cambiar nuestros planes con respecto a la ubicación de los sanatorios. La voluntad del Señor es que estas instituciones se funden fuera de la ciudad. Deben ubicarse en el campo, en medio de parajes lo más atractivos posibles. En la naturaleza —el huerto de Dios—, el enfermo hallará siempre algo para desviar su atención de sí mismo y elevar sus pensamientos hacia Dios.

> «*En la naturaleza —el huerto de Dios—, el enfermo hallará siempre algo para desviar su atención de sí mismo y elevar sus pensamientos hacia Dios*».

»He recibido la instrucción de que se debe cuidar de los enfermos lejos del bullicio de las ciudades, lejos del ruido de los tranvías y el continuo traqueteo de las carretas y los carruajes. Las personas que vengan a nuestros sanatorios desde sus casas en la ciudad agradecerán un lugar tranquilo; y, en su retiro, los pacientes serán influenciados más fácilmente por el Espíritu de Dios.

»El huerto en Edén, el hogar de nuestros primeros padres, era sumamente hermoso. Los graciosos matorrales y las delicadas flores deleitaban a los ojos allá donde se mirara. En el huerto había árboles de todas las variedades, muchos de ellos cargados con frutos fragantes y deliciosos. En sus ramas, los pájaros entonaban sus trinos de alabanza. Adán y Eva, en su pureza inmaculada, se deleitaban con las vistas y con los sonidos en Edén. Y, actualmente, aunque el pecado ha arrojado sus sombras sobre la Tierra, Dios desea que sus hijos se deleiten en las obras que han hecho sus manos. Ubicar nuestros sanatorios en medio de las escenas de la naturaleza sería seguir el plan de Dios y, cuanto más de cerca se siga este plan, más maravillosamente obrará él para restaurar a la humanidad que sufre. Para nuestras instituciones educativas y médicas, se debe elegir un lugar alejado de los negros nubarrones del pecado que pesan sobre las grandes ciudades, donde pueda nacer el Sol de justicia, que "en sus alas traerá salvación" (Malaquías 4:2).

»Que los líderes en nuestra obra instruyan a la gente que los sanatorios deben ubicarse en los parajes más agradables, en lugares que no estén perturbados por el alboroto de la ciudad, en lugares donde, por medio de la instrucción sabia, los pensamientos de los pacientes pueden ligarse con los pensamientos de Dios. He descrito esos lugares muchas veces; sin embargo, parece que no ha habido ningún oído para escuchar. Recientemente, de una manera sumamente clara y convincente, se me presentó la ventaja de fundar nuestras instituciones, en particular, nuestros sanatorios y nuestras escuelas, fuera de las ciudades.

»¿Por qué están nuestros médicos tan deseosos de que los ubiquen en las ciudades? La atmósfera misma de las ciudades está contaminada. En ellas, no se puede proteger adecuadamente a los pacientes que tienen apetitos poco naturales que deben vencer. Para los pacientes que son víctimas de la bebida, los bares de la ciudad son una tentación continua. Ubicar nuestros sanatorios allá donde estén rodeados de impiedad es contrarrestar los esfuerzos realizados para restaurar la salud a los pacientes [...].

»¿Por qué privar a los pacientes de la bendición restauradora de salud que puede hallarse en la vida al aire libre? He recibido la instrucción de que, cuando se anima a los enfermos a salir de sus habitaciones y a pasar tiempo al aire libre cultivando flores o haciendo algún trabajo ligero y agradable, sus mentes serán desviadas de sí mismos y puestas en algo más saludable. El ejercicio al aire libre debe prescribirse como una necesidad beneficiosa dadora de vida. Cuanto más tiempo pasen al aire libre los pacientes, menos cuidados requerirán. Cuanto más alegres sean sus alrededores, más útiles serán estos. Rodeen a los pacientes con las cosas hermosas de la naturaleza; ubíquenlos donde puedan ver las flores crecer y escuchar el canto de los pájaros, y sus corazones cantarán en armonía con el trino de las aves. Enciérrenlos en habitaciones y, por muy elegantemente que se hayan equipado, los pacientes se volverán inquietos y pesimistas. Denles la bendición de la vida al aire libre; así, sus almas serán elevadas. Se aliviarán tanto el cuerpo como la mente [...].

»Entre nosotros hubo uno que presentó este asunto de forma muy clara y sumamente simple. Él nos dijo que sería un error fundar un sanatorio dentro de los límites de la ciudad. Un sanatorio debe tener la ventaja de contar con abundantes tierras para que los inválidos puedan trabajar al aire libre. El trabajo al aire libre es de un valor inestimable para los pacientes nerviosos, pesimistas y débiles. Que tengan arriates de flores que cuidar. Al usar un rastrillo, una azada o una pala, hallarán alivio para muchos de sus males. La ociosidad es la causa de muchas enfermedades.

»La vida al aire libre es buena para el cuerpo y para la mente. Esta es la medicina de Dios para la restauración de la salud. Aire puro, agua buena, luz del sol y los hermosos parajes de la naturaleza son los medios de Dios para devolver la salud a los enfermos de una forma natural. Para los enfermos, vale más que la plata o el oro estar bajo los rayos del sol o a la sombra de los árboles.

»En el campo, nuestros sanatorios pueden estar rodeados de flores, árboles, huertos y viñedos. Aquí, es fácil para los médicos y las enfermeras extraer enseñanzas de Dios de las cosas presentes en las lecciones de la naturaleza. Que estas cosas indiquen a los pacientes cómo llegar a él, cuyas manos han hecho los elevados árboles, la hierba que nace y las hermosas flores, y que estas cosas animen a los enfermos a ver en cada uno de los capullos y ramas en flor una expresión del amor de Dios por sus hijos» (7T 78—85, 1902).

«Esta mañana, Sara y yo fuimos a ver a la hermana Hizerman. Ojalá tuviera tiempo para ofrecerles un relato exhaustivo de nuestra conversación con ella. Me dijo que antes había estado inválida, enferma y dolorida. En ese momento, no tenían ningún hogar propio. Compraron el lugar en el que viven ahora. El terreno es muy bueno, pero la casa es bastante vieja. Mientras el hermano Hizerman trabajaba en su oficio, la hermana Hizerman comenzó a cultivar el huerto que había conectado con la casa. Ella me dijo que, a lo primero, solo podía trabajar durante poco tiempo, que luego empezaba a dolerle tanto la espalda que se veía obligada a entrar en casa y recostarse. Pero, poco a poco, recobró la salud y las fuerzas, y ahora puede trabajar durante más tiempo sin cansarse. Ella se encarga de la mayor parte del huerto y, esta mañana, estaba orgullosa al mostrarnos el crecimiento de sus cultivos. Sus manos son duras, pero su salud ha mejorado enormemente. La hermana Hizerman dijo que, en el pasado, había estado mucho tiempo en sanatorios, pero que todos los tratamientos que había recibido no le habían hecho tanto bien como el que le había hecho trabajar al aire libre. Lo que necesitaba era simplemente ejercicio físico [...].

»El beneficio que le ha aportado a la hermana Hizerman su trabajo en el huerto es una lección para todos nosotros. Nos muestra lo que lograría un trabajo así para los pacientes que hay en nuestros sanatorios. Proporcionaría una cura sin fármacos. ¡Cuántos inválidos serían sanados si se siguieran los métodos del Señor! La hermana Hizerman comenzó su trabajo débil y temblorosa, y ahora está fuerte y bien. Su trabajo al aire libre la ha rodeado de una atmósfera de serenidad. Ella ha sido, en verdad, bendecida maravillosamente; está llena de paz y de felicidad. Su debilidad ha desaparecido. La satisfacción de ver lo que pudo hacer fortaleció su propósito de hacer más» (Lt 138-1903).

«He recibido muchas instrucciones con respecto a la ubicación de los sanatorios. Estos deben estar a varios kilómetros de distancia de las grandes ciudades y deben asegurarse tierras en conexión con estos. Se debe cultivar frutas y verduras, y debe animarse a los pacientes a participar del trabajo al aire libre. Muchos que sufren enfermedades pulmonares podrían curarse si vivieran en un clima donde pudieran estar al aire libre la mayor parte del año. Muchos que han muerto por la tuberculosis podrían estar vivos si hubieran respirado un aire más limpio. El aire fresco del exterior es tan sanador como la medicina, y sus efectos no causan daños» (Ms 115-1903).

«El Señor permitió que el fuego consumiera los edificios principales de la asociación editorial Review and Herald, además del sanatorio y, por lo tanto, eliminó la mayor objeción que se planteó contra su ubicación fuera de Battle Creek. El plan de Dios no era que se construyera un gran sanatorio, sino que debían hacerse plantas en diversos lugares. Estos sanatorios más pequeños debieron establecerse donde hubieran podido contar con el beneficio y la ventaja de la tierra para fines agrícolas. El plan de Dios es que se ejecute la agricultura en conexión con nuestros sanitarios y nuestras escuelas. Nuestros jóvenes necesitan la formación que se obtiene a partir de esta línea de trabajo. Es bueno, y más que bueno, es esencial, que se hagan esfuerzos para llevar a cabo el plan de Dios en este sentido» (Ms 129-1903).

«Nuestros sanatorios no deben ubicarse en ninguna ciudad ni cerca de ella. Y lo más importante es que, en conexión con ellos, se asegure la tierra, que puedan proporcionarse hogares para los que ayudan en la institución, y también las instalaciones para los pacientes para trabajar al aire libre. [...] Que hombres y mujeres trabajen en el campo, en el huerto y en el jardín. Esto dará salud y vigorosidad a los nervios y a los músculos. Vivir sin salir de casa y aferrarse a la invalidez es un negocio muy mediocre. Si los que están enfermos ejercitan debidamente al aire libre nervios, músculos y tendones, su salud será renovada [...].

> «*El plan de Dios es que se ejecute la agricultura en conexión con nuestros sanitarios y nuestras escuelas. Nuestros jóvenes necesitan la formación que se obtiene a partir de esta línea de trabajo. Es bueno, y más que bueno, es esencial, que se hagan esfuerzos para llevar a cabo el plan de Dios en este sentido».*

»Si los que están enfermos ejercitaran sus músculos diariamente, mujeres y hombres por igual, en trabajos en interiores, usando la mente, los huesos y los músculos proporcionalmente, desaparecerían su debilidad y su languidez. La salud reemplazaría a la enfermedad y, las fuerzas, a la endeblez […].

»Algunas palabras más con respecto a la ubicación de nuestros sanatorios. Estas instituciones no deben fundarse jamás en las ciudades. Deben fundarse en el campo, en medio de parajes agradables y en conexión con abundantes tierras. Esta es una necesidad clara. Se verá que los jardines y los huertos de verduras y frutas son agentes dadoras de salud en el tratamiento exitoso de los enfermos. Muchos que vienen a nuestros sanatorios para recibir el beneficio de estas ventajas serán bendecidos con una salud mejorada. Se interesarán tanto por el trabajo que se les dará para hacer que se olvidarán de sus dolores y molestias […].

»Debemos tener tierras para poder proporcionar a los pacientes un empleo al aire libre» (Lt 5-1904).

«Los edificios asegurados para este trabajo deben estar fuera de las ciudades, en el campo, para que los enfermos puedan tener el beneficio de la vida al aire libre. Con la belleza de las flores y del campo, sus mentes se desviarán de sí mismos, de sus dolores y dolencias, y serán guiadas para que miren desde la naturaleza, al Dios de la naturaleza, quien tan abundantemente proveyó las hermosuras del mundo natural. Los convalecientes podrán recostarse a la sombra de los árboles y, si así lo desean, los más fuertes pueden trabajar entre las flores haciendo primero un poco y aumentando sus esfuerzos a medida que se fortalezcan. Al trabajar en el huerto, al recoger flores y frutas y al escuchar a los pájaros alabar a Dios, los pacientes serán bendecidos maravillosamente. Los ángeles de Dios se aproximarán a ellos, y olvidarán sus penas. Desaparecerá su melancolía y su depresión. El aire fresco y los rayos del sol, así como el ejercicio realizado, les aportará vida y vitalidad. Las mentes y los nervios fatigados encontrarán alivio. Un buen tratamiento y una dieta sana les darán fuerza y vigor. No sentirán ninguna necesidad de tomar fármacos que destruyen su salud ni ninguna bebida intoxicante» (Lt 147-1904).

«Las instituciones para el cuidado de los enfermos tendrían mucho más éxito si pudieran fundarse lejos de las ciudades. Y los que buscan recobrar la salud deben irse lo más lejos posible, a parajes rurales, donde puedan tener los beneficios de la vida al aire libre [...].

»Se deben trazar planes para mantener a los pacientes al aire libre. A quienes no puedan trabajar, que se les dé un empleo fácil y agradable. Muéstrenles lo agradable y útil que es este trabajo al aire libre. Anímenlos a que respiren aire fresco. Enséñenles a respirar profundamente y, al respirar y al hablar, a ejercitar los músculos abdominales. Esta es una formación que será de un valor inestimable para ellos.

»El ejercicio al aire libre debe prescribirse como una necesidad dadora de vida. Y, para tales ejercicios, no hay nada mejor que el cultivo de la tierra. Que los pacientes tengan arriates de flores que cuidar o trabajo que hacer en el huerto de frutas o verduras. Al animarlos a salir de sus habitaciones y pasar tiempo al aire libre cultivando flores o haciendo algún otro trabajo ligero y agradable, los pacientes apartarán la atención de sí mismos y de sus sufrimientos.

»Cuanto más tiempo pase al aire libre un paciente, menores serán los cuidados que requerirá. Cuanto más alegres sean los alrededores de donde está, más útil será el paciente. Si se encierra en casa, por muy elegantemente que esté decorada, el paciente se quejará más y se pondrá más pesimista. Rodéenlo con las cosas hermosas de la naturaleza; pónganlo donde pueda ver las flores crecer y oír el canto de los pájaros, y su corazón cantará en armonía con los trinos de las aves. Se relajarán cuerpo y mente. Se le despertará el intelecto, se le agudizará la imaginación y su mente se preparará para apreciar la belleza de la Palabra de Dios.

»En la naturaleza, siempre puede encontrarse algo para alejar la atención de los enfermos de sí mismos y dirigir sus pensamientos hacia Dios. Rodeada por sus maravillosas obras, la mente de los enfermos es elevada desde las cosas visibles hacia las cosas invisibles. La belleza de la naturaleza los lleva a pensar en el hogar celestial, donde no habrá nada que dañe la hermosura, nada que corrompa o destruya ni nada que cause enfermedad o muerte.

»Que los médicos y las enfermeras saquen de las cosas de la naturaleza lecciones que enseñen sobre Dios. Que ellos dirijan a los pacientes hacia él, cuyas manos han hecho los grandes árboles, el pasto y las flores, y los animen a ver en cada capullo y en cada flor una expresión de su amor por sus hijos. El que cuida de los pájaros y las flores cuidará de los seres hechos a su imagen.

»Al aire libre, en medio de las cosas que Dios ha hecho y al respirar el aire fresco dador de salud, se puede hablar óptimamente a los enfermos de la nueva vida en Cristo. Aquí, se puede leer la Palabra de Dios. Aquí, la luz de la justicia de Cristo puede brillar en los corazones ensombrecidos por el pecado» (MH 263—266, 1905).

«He escrito varias veces con respecto a la necesidad de que nuestros sanitarios se funden en lugares adecuados donde haya abundancia de tierra para que los pacientes puedan pasar al aire libre el mayor tiempo posible. Si es posible, los edificios deben rodearse de terrenos agradables embellecidos con flores y árboles de sombra, bajo los que, en silla de ruedas o en sus mismos catres, los pacientes puedan escuchar la música de los pájaros. Se debe animar a los que estén lo suficientemente bien a cultivar flores y a realizar ejercicio al aire libre que aleje sus mentes de sí mismos» (Lt 295-1905).

«La tierra [en Loma Linda, California] está bien cultivada y producirá muchas frutas y verduras para las instituciones. Unas seis hectáreas de la tierra del valle están sembradas de alfalfa. Algo más de tres hectáreas de la colina están sembradas de albaricoques, ciruelas y limones. Las hectáreas están divididas en naranjales cargados de fruto. Muchas hectáreas de tierra en torno a las cabañas y al edificio principal están distribuidas en césped, entradas y caminos.

»Hay caballos y carruajes, vacas y aves, aperos de labranza y carretas. Los edificios y los terrenos están provistos abundantemente de un agua excelente» (Lt 237-1905).

«El carácter de los edificios, las terrazas en la colina, cubierta de graciosos pimenteros, la profusión de flores y matorrales, los altos árboles de sombra, los huertos y los campos... todo está combinado para hacer que este lugar encaje plenamente en las descripciones que he hecho en el pasado del lugar que se me presentó como el más perfecto para el trabajo del sanatorio. Todo en Loma Linda es fresco, saludable y atractivo. Los pacientes podrían vivir al aire libre una gran parte del tiempo. La tierra servirá como escuela para la formación de los pacientes. Al realizar ejercicio al aire libre y trabajar la tierra, los hombres y las mujeres recobrarán la salud. Se usarán métodos racionales para curar enfermedades de muchas formas distintas. Se rechazarán los fármacos.

»Mi incesante consejo ha sido: "Fuera de las ciudades". Sin embargo, han hecho falta años para suscitar en nuestra gente un nuevo entendimiento de la situación. Han hecho falta años para que se den cuenta de que el Señor preferiría que salieran de las ciudades y que hicieran su trabajo en el sosiego del campo, alejados del alboroto y del ruido y de la confusión. Damos gracias a Dios por Loma Linda. Esta es una de las mejores ubicaciones para el trabajo de un sanatorio de todas las que vi en mi vida. En este lugar, se puede ofrecer a los enfermos todas las ventajas naturales para recobrar su salud y sus fuerzas» (SpTB03b 14, 1905).

«Mientras estuvimos en Loma Linda, el hermano Burden nos llevó a ver el huerto. Esta tierra se cultiva sabiamente, y está dando sus tesoros. En el último año, el jardín ha granjeado 600 dólares estadounidenses en beneficios, y el hermano Burden expresó su convicción de que esta tierra seguiría mejorando. Vimos grandes terrenos sembrados de melones, fresas, espárragos, tomates y maíz. Algunas de estas frutas y verduras se venden en el pueblo vecino, pero la mayor parte se usa para abastecer las mesas del sanatorio» (Lt 258-1908).

«Vi que se había hecho un gran progreso en Loma Linda. Me llevaron en un carruaje sencillo a ver una gran parte de la granja, y el anciano Burden habló del éxito que había tenido su iniciativa con el huerto, la granja y el jardín. Fue un gran placer ver los ahorrativos árboles frutales y el próspero huerto. La tierra se había cultivado con diligencia y con fidelidad, y está dando su tesoro para la manutención del sanatorio» (Lt 268-1908).

«Que nuestros hermanos no sientan que su deber es restringir la inversión de medios donde sea necesario. Está en el plan de Dios que el sanatorio [en Lafayette, Indiana] se haya asegurado. Se deberían haber comprado más tierras y, si es posible, esto debe hacerse ahora. Los terrenos que rodean a un sanatorio no deben restringirse. Se debe hacer una provisión para sembrar frutas y verduras, y estos terrenos no pueden ponerse a disposición para que se levanten cerca de nuestras instituciones edificios de un carácter objetable.

»El plan de tener nuestros sanatorios fuera de las ciudades surgió del Señor. Esto se debe tener en cuenta, y se debe asegurar tierra suficiente para sembrar frutas y verduras. Para los enfermos y sus ayudantes, será una bendición tener trabajo que hacer al aire libre en el campo. La salud de muchos de nuestros trabajadores ha colapsado debido a un excesivo trabajo mental sin el equilibrio del ejercicio físico» (RH, 23 de diciembre de 1909).

PARA MÁS INFORMACIÓN

7T, Sección 2, «El trabajo de nuestro sanatorio», pp. 76—87.

MH, capítulo 19, «En contacto con la naturaleza», pp. 261—268.

La agricultura para ministros y otros obreros del evangelio

«Dios sabe la fidelidad y el espíritu de consagración con la que todos cumplen su misión. No hay cabida para los perezosos en esta gran obra; no hay cabida para los autocomplacientes o para los que son incapaces de hacer de su vida un éxito en ningún llamado; no hay cabida para los hombres de corazón tibio que no tienen fervor de espíritu y que no están dispuestos a soportar penurias, oposición, recriminación o la muerte por causa de Cristo. En el ministerio cristiano no hay cabida para los zánganos. Hay una clase de hombres que intentan predicar a los que son desidiosos, descuidados e irreverentes. Estos harían mejor en cultivar la tierra que en predicar la sagrada verdad de Dios» (5T 582, 1889).

«Quienes realizan un trabajo mental constante, ya sea estudiando o predicando, necesitan descansar y cambiar. El estudiante sincero desafía constantemente a la mente, muy a menudo, a la vez que reniega del ejercicio físico y, como resultado, los poderes fisiológicos se debilitan, y se restringe el esfuerzo mental. Por consiguiente, el estudiante no logra realizar ese mismo trabajo que podría haber hecho si hubiera trabajado sabiamente.

»Si trabajaran de forma inteligente, dando a la mente y al cuerpo un porcentaje adecuado de ejercicio, los ministros no sucumbirían tan fácilmente a las enfermedades. Si todos nuestros obreros estuvieran situados de tal modo que pudieran pasar algunas horas todos los días trabajando al aire libre, y si se sintieran libres para hacerlo, esto sería una bendición para ellos; podrían cumplir con más éxito los deberes de su llamado. Si no tienen tiempo para relajarse por completo, podrían planificar y orar mientras trabajan con sus manos, y podrían regresar a su labor refrescados en cuerpo y en espíritu.

»Algunos de nuestros ministros piensan que deben realizar todos los días algún trabajo que puedan comunicar a la Asociación. Y, como resultado de intentar hacer esto, sus esfuerzos son, muy a menudo, débiles e ineficaces. Deben contar con períodos de descanso, totalmente libres del arduo trabajo. Sin embargo, estos no pueden reemplazar al ejercicio físico diario.

»Hermanos, cuando se toman el tiempo para cultivar su huerto, obteniendo así el ejercicio que necesitan para mantener el sistema en buen funcionamiento, están haciendo la obra de Dios como cuando celebran reuniones. Dios es nuestro Padre; él nos ama y no requiere que ninguno de sus siervos abuse de su cuerpo» (GW92, 173, 174, 1892).

> *«Hermanos, cuando se toman el tiempo para cultivar su huerto […] están haciendo la obra de Dios como cuando celebran reuniones».*

«Cuántos obreros útiles y honrados en la causa de Dios han recibido una formación en medio de los humildes deberes de las más bajas posiciones en la vida. Moisés era el futuro dirigente de Egipto, pero Dios no podía sacarlo de la corte del rey para hacer la obra que se le había asignado. Solo tras haber sido un pastor fiel durante cuarenta años, fue enviado para ser el libertador de su pueblo. Gedeón fue tomado de la trilla del trigo para ser el instrumento en las manos de Dios para liberar a los ejércitos de Israel. Eliseo fue llamado a dejar el arado y a hacer el mandato de Dios. Amós era labrador, un cultivador de la tierra, cuando Dios le dio un mensaje para que lo proclamara.

»Quienes guardan relación con la formación de los obreros para la causa de Dios deben tener estas lecciones en cuenta. Todos los que se convierten en colaboradores con Cristo tendrán un montón de trabajo duro y desagradable que hacer, y sus lecciones de instrucción deben elegirse sabiamente y adaptarse a las peculiaridades de su carácter y al trabajo al que deben dedicarse» (GW92, 316, 317, 1892).

«Sería bueno si los ministros que trabajan en la Palabra o en la doctrina pudieran salir al campo y pasar una parte del día haciendo ejercicio físico con los estudiantes [en nuestras escuelas]. Ellos podrían hacer como hizo Cristo al dar lecciones de la naturaleza para ilustrar la verdad de la Biblia» (Ms 8a-1894).

«Los hombres contemplan muchos errores en sus vocaciones; sobrestiman sus capacidades y, en las pruebas, revelan que necesitan un tipo de experiencia distinta de la que tuvieron para ser labradores junto con Cristo. Los hombres que no ven su necesidad de servir a Dios en las cosas pequeñas, trabajando humildemente, dan un testimonio inequívoco de que no son aptos para servir en las cosas grandes. Al ignorar el servicio humilde por no considerarlo esencial, dan testimonio de que no se puede confiar en ellos en las responsabilidades mayores.

»La idea que prevalece en algunas mentes, y que es difícil de cambiar, una idea que han permitido que se entreteja inconscientemente en sus experiencias, es que debe mantenerse una determinada postura de gentileza y de dignidad, o se verá dañada su influencia en la obra de predicación que hacen. Sin embargo, cuando aprendan a ministrar, sabrán que el servicio humilde activo significa interesarse en los deberes de la vida diaria y obtener la formación esencial para hacer los deberes ordinarios de la vida en toda vocación pequeña, ya sea labrando la tierra, siguiendo el arado, sembrando o cosechando. Servir a Dios significa trabajar en diferentes líneas; no es meramente estudiar, contemplar, predicar y permitir que las manos estén ociosas. La religión que no se revela trabajando en las líneas de Cristo es una religión espuria.

»No deben descuidarse ni subestimarse los deberes humildes de la vida diaria. La verdadera conversión a Dios actuará como levadura en cada fase del deber en las relaciones de la vida. Entonces, si el Señor nos ve fieles en lo menos importante, y diligentes y perseverantes en el uso de nuestros poderes físicos, haciendo con nuestras manos lo que alguien debe hacer, él dirá: "Suba más alto. Se le pueden encomendar mayores responsabilidades". Deben ser educadores de los jóvenes que tienen ideas distorsionadas de la religión, del provecho y del deber. No logran aprender las lecciones ennoblecedoras que harán completo el carácter de un hombre a los ojos de Dios, y que lo harán ser tan provechoso en el campo (plantando, sembrando, cosechando y realizando los diversos deberes para la protección del hogar) como en el campo del conflicto. Este tipo de carácter será cualificado para discernir los tesoros ocultos y profundos de la Palabra de Dios» (Lt 64-1897).

«Si, durante su tiempo de ocio, un ministro se pone a trabajar en su huerto o en su jardín, ¿debe deducir este tiempo de su salario? Ciertamente no, como tampoco deberá añadir tiempo cuando sea llamado a trabajar horas extras en la labor ministerial. [...] Hay horas en el día que requieren una contribución severa por las que el ministro no recibe ningún salario extra y, si elige cortar madera varias horas al día, o trabajar en su huerto, hacer esto será un privilegio tan grande para él como predicar. Un ministro no puede estar siempre predicando y visitando, pues este es un trabajo agotador.

»La luz que se me dio es que, si nuestros ministros hicieran más trabajos físicos, cosecharían bendiciones en lo referente a su salud [...].

»Si estos hombres pudieran apartarse y descansar un rato haciendo algún trabajo físico, eso sería un gran alivio y una gran bendición. [...] Hacer algún trabajo manual durante el día es una clara necesidad para tener salud física y claridad mental» (Lt 168-1899).

«Si sale como colportor, y se encuentra con un hombre que esté trabajando en el campo, únase a él en el trabajo. Tome la azada, o el apero que él esté usando, y trabaje a su lado mientras conversa con él. Dígale que sabe que está atareado y que no desea estorbarle. Déjeme que le asegure que el sermón que predica con la azada estará en armonía con el sermón que predica con su lengua; y juntos, los dos tienen un poder que las palabras solas jamás podrán tener» (Ms 126-1902).

«Quienes salen de nuestras escuelas para ponerse a hacer trabajo misionero tendrán necesidad de una experiencia en el cultivo de la tierra y en otras líneas del trabajo manual. Ellos deben recibir una formación que los haga aptos para aferrarse a cualquier línea de trabajo en los campos a los que serán llamados. Ningún trabajo será más efectivo que el que hacen los que, habiendo obtenido una formación en la vida práctica, salen preparados para instruir tal como han sido instruidos» (RH, 24 de octubre de 1907).

«El provecho aprendido en la granja de la escuela es la educación que es más esencial para los que salen como misioneros a muchos campos extranjeros.

Si esta formación se da sin perder de vista la gloria de Dios, se verán grandes resultados. Ningún trabajo será más efectivo que el hacen los que, habiendo obtenido una educación en la vida práctica, salen a los campos de misiones con el mensaje de la verdad, preparados para instruir tal como han sido instruidos. El conocimiento que obtuvieron al trabajar la tierra, al construir edificios y en otras líneas del trabajo manual, y que llevan consigo a su campo de trabajo, los convertirá en una bendición incluso en tierras paganas» (RH, 6 de febrero de 1908).

> «*El provecho aprendido en la granja de la escuela es la educación que es más esencial para los que salen como misioneros a muchos campos extranjeros*».

Los beneficios físicos de la agricultura

«El ejercicio matutino, caminando al aire libre y estimulante del cielo o cultivando flores, frutas pequeñas y verduras, es necesario para una circulación saludable de la sangre. Esta es la más segura de las salvaguardias contra los resfriados, la tos, la congestión de la mente y de los pulmones, la inflamación del hígado, los riñones y los pulmones, y otras cien enfermedades» (HR, 1 de septiembre de 1868).

«Siempre que el tiempo lo permita, los que son lo suficientemente viejos deben pasar una parte de su tiempo al aire libre y al sol. Los niños y las mujeres deben pasar algunas horas al día haciendo ejercicio al aire libre. Esto ha demostrado ser una gran bendición para mí. Cuando mi salud estaba muy débil, empleé algún tiempo en mi jardín de flores, y en mis frutas pequeñas, haciendo un trabajo ligero que ha demostrado siempre ser un éxito para la recuperación de mi salud y para vencer la depresión del espíritu» (HR, 1 de abril de 1871).

«Para nuestra salud y nuestra felicidad, es necesario salir de nuestras casas y que pasemos al aire libre tanto tiempo como sea posible. La mente del inválido debe ser alejada de sí mismo y debe acercarse a las hermosas escenas presentes en la naturaleza. No podemos sino alegrarnos al escuchar la música de los alegres pájaros y deleitar nuestros ojos con los campos y jardines en flor. Debemos invitar a nuestras mentes a interesarse por todas las cosas gloriosas que Dios proveyó para nosotros con su mano generosa. Y, al reflexionar sobre estos ricos obsequios de su amor y de su cuidado, olvidemos las enfermedades, alegrémonos y entonemos en nuestros corazones melodías que lleguen hasta el Señor» (HR, 1 de julio de 1871).

«Quienes son débiles e indolentes no deben ceder ante la tendencia a ser inactivos y a privarse del aire y de la luz del sol, sino que deben practicar ejercicio al aire libre, paseando o trabajando en el huerto. Sin duda, se sentirán mucho más fatigados, pero esto no les hará ningún daño. Experimentarán cansancio, pero esto no los perjudicará, sino que el descanso será más placentero después. La inacción debilita los órganos. Y, cuando se usan los músculos que han estado ociosos, se experimenta dolor y cansancio porque se han debilitado. No es una buena política abandonar el uso de ciertos músculos porque se sienta dolor al ejercitarlos. Con frecuencia, el dolor es causado por el esfuerzo de la naturaleza para dar vida y vigor a esas partes que se han vuelto inertes en parte debido a la inacción. El movimiento de estos músculos en desuso por mucho tiempo causará dolor porque la naturaleza los despierta a la vida» (HR, 1 de julio de 1872).

«Los que combinan el trabajo físico provechoso con el estudio no necesitan usar el gimnasio. Los beneficios del trabajo físico al aire libre son diez veces más ventajosos que los obtenidos tras las puertas de casa. El mecánico y el agricultor pueden trabajar duro por igual, pero el agricultor es el más sano de los dos. Nada que no sea el dulce aire de la propia naturaleza satisfará las demandas del sistema. Debemos considerar que los órganos del cuerpo no son una masa inerte, sino los instrumentos activos y vivos del alma.

»El agricultor tradicional, labrador de la tierra, no necesita el gimnasio, pues ya realiza todos los tipos de movimientos sin él. Su gimnasio no está confinado a cuatro paredes. Su espacio para moverse está al aire libre. El dosel del cielo es su tejado y, la tierra sólida, su piso. Aquí ara, planta y escarda la tierra. Siembra y cosecha. Al segar, cambia sus movimientos; siega y rastrilla, se inclina y se voltea, levanta y carga, extiende los brazos y pisa, almacena y realiza una gran variedad de movimientos que parecerían no tener sentido si su actividad no demandara todas esas maniobras.

»Estos movimientos diversos ponen en acción los huesos, las articulaciones, los músculos, los tendones y los nervios del cuerpo. Su ejercicio hace necesarias las inhalaciones y exhalaciones plenas y profundas, las cuales expanden sus pulmones, purifican la sangre y envían la cálida corriente de vida pulsante a través de las venas y arterias. Un agricultor que es moderado al comer, al beber y al trabajar, suele gozar de salud. Sus tareas le parecen agradables; tiene buen apetito, duerme bien y puede ser feliz.

»Contraste al agricultor activo con el estudiante que reniega del ejercicio físico. El segundo se encorva sobre su escritorio, con el pecho contraído y los pulmones saturados; no puede inspirar aire plena y profundamente, está sentado mientras trabaja mentalmente en una habitación cerrada y con el cuerpo inactivo, ya que no lo usó de ninguna forma en particular. Su sangre avanza lentamente a través de su sistema. Tiene los pies fríos y la cabeza caliente. ¿Cómo puede acaso tener salud? No es el trabajo del estudio lo que destruye la salud de los estudiantes; es su desconsideración de las leyes de la naturaleza. El ejercicio físico es esencial; el agricultor sí lo tiene, pero el estudiante no. Que los músculos funcionen en un trabajo físico bien regulado que haga que el estudiante respire plena y profundamente, llevando a sus pulmones una cantidad abundante del aire puro y vigorizante del cielo, y será un nuevo ser» (HR, 1 de septiembre de 1873).

> «*El labrador de la tierra halla en su labor todos los movimientos que siempre se practicaron en el gimnasio*».

[Versión alternativa] «Quienes combinan el trabajo provechoso con el estudio no tienen ninguna necesidad de realizar ejercicios gimnásticos. Y el trabajo realizado al aire libre es diez veces más beneficioso para la salud que el trabajo realizado en interiores. Tanto el mecánico como el agricultor hacen ejercicio físico, pero el agricultor es el más sano de los dos. Todo lo que no sea el aire vigorizante de la naturaleza y la luz del sol no satisfará jamás las demandas del sistema. El labrador de la tierra halla en su labor todos los movimientos que siempre se practicaron en el gimnasio. Su espacio para moverse son los campos abiertos. El dosel del cielo es su tejado y, la tierra sólida, su piso. Aquí ara, escarda, siembra y cosecha. En la 'campaña de siega', mire cómo siega y rastrilla, cómo se inclina y se voltea, cómo levanta y carga, cómo extiende los brazos, cómo pisa y cómo almacena. Estos diversos movimientos ponen en acción los huesos, las articulaciones, los músculos, los tendones y los nervios del cuerpo. Su vigoroso ejercicio causa inspiraciones y exhalaciones plenas, profundas y fuertes que expanden los pulmones y purifican la sangre, enviando la cálida corriente de vida pulsante a través de las venas y arterias. Un agricultor que es moderado en todos sus hábitos suele gozar de salud. Su trabajo le parece agradable; tiene buen apetito, duerme bien y puede ser feliz.

»Contraste la condición física del agricultor activo con la del estudiante que reniega del ejercicio físico. El segundo se encorva sobre su escritorio, con el pecho contraído y los pulmones saturados. No puede inspirar aire plena y profundamente. Su mente se emplea al máximo mientras que su cuerpo está tan inactivo como si no tuviera ningún uso particular para él. Su sangre avanza lentamente a través de su sistema. Tiene los pies fríos y la cabeza caliente. ¿Cómo puede tener salud una persona así?» (FE 73, 74, 1923).

«Diga a los que están enfermos que, si los anfitriones de los que son dispépticos y tuberculosos se hicieran agricultores, ellos podrían vencer la enfermedad, prescindir de los fármacos y de los médicos y recobrar la salud» (Lt 85-1888).

«El empleo proporcionado de los poderes de la mente y del cuerpo evitarán la tendencia a los pensamientos y a las acciones impuros. Los maestros deben entender esto; deben enseñar a los estudiantes que los pensamientos y las acciones puros dependen de la forma como lleven sus estudios. Las acciones esmeradas dependen del pensamiento esmerado. El ejercicio en los afanes agrícolas y en las diversas ramas del trabajo es una salvaguardia maravillosa contra el empleo indebido de la mente. Ningún hombre, ninguna mujer ni ningún niño que no logre usar todos los poderes que Dios le dio puede conservar su salud. No puede cumplir de forma escrupulosa los mandamientos de Dios; no puede amar a Dios de manera suprema ni a su prójimo como a sí mismo» (Lt 145-1897).

«Que hombres y mujeres trabajen en el campo, en el huerto y en el jardín. Esto dará salud y fuerzas a los nervios y a los músculos. Vivir sin salir de casa y aferrarse a la invalidez es un negocio muy mediocre. Si los que están enfermos ejercitan debidamente al aire libre nervios, músculos y tendones, su salud será renovada. La ignorancia más asombrosa prevalece en lo referente a poner en acción la mente, los huesos y los músculos. Todas las partes del organismo humano debe emplearse por igual. Esto es necesario para el desarrollo y la acción armoniosos de todas las partes» (Lt 5-1904).

«En la medida de lo posible, todos los que pretenden recobrar la salud deben ubicarse en medio de parajes rurales donde puedan contar con el beneficio de la vida al aire libre. La naturaleza es el médico de Dios. El aire puro, la alegre luz del sol, las flores y los árboles, los huertos y viñedos, así como el ejercicio físico en medio de estos parajes, aportan salud y dan vida» (MH, 263, 1905).

Ayuda para los pobres
«En el campo, donde las frutas y las verduras se pueden cultivar en abundancia, se puede mantener a los pobres con un costo mucho menor que en la ciudad, donde la gente debe pagar con dinero casi todo lo que necesita para vivir. [...] Casi cualquiera de nuestras iglesias rurales podría mantener fácilmente a dos o tres familias dignas incapaces de mantenerse a sí mismas. [...] Al recibir a tantos de los pobres y desdichados, Battle Creek ha arrebatado a otras iglesias las bendiciones que estas podrían haber gozado» (RH, 1881, fecha desconocida).

«Se podría hacer mucho en este país [Australia] si hubiera gente que se estableciera en diferentes localidades y cultivara la tierra como lo hacen en Estados Unidos. Entonces, serían relativamente independientes de los momentos duros. Creo que esto se hará. Se ha buscado diligentemente una extensión de tierra de varios centenares de hectáreas en la que ubicar la escuela, para que los estudiantes puedan tener la oportunidad de labrar la tierra, y donde las familias pobres puedan tener un pequeño pedazo de tierra en la que cultivar frutas y verduras. Esto contribuiría mucho para su sustento, y también tendrían la oportunidad de escolarizar a sus hijos. Sin embargo, los problemas de dinero están muy cerca. La gente es duramente presionada para hallar medios, y no saben qué hacer a menos que los tiempos cambien. Debemos vivir y contar con medios para hacer avanzar la obra» (RH, 29 de mayo de 1894).

«Miles de seres hambrientos y desamparados, cuyo número no deja de nutrir todos los días las filas de las clases delincuentes, pueden hallar autosuficiencia en una vida feliz, sana e independiente si se les pudiera dirigir, con trabajo diligente y diestro, en la labranza de la tierra» (Ed, 220, 1903).

Lecciones espirituales de la agricultura

[Esta es solo una muestra de las *muchas* referencias de la Sra. White a la agricultura, ya que esta ilustra el desarrollo espiritual/de carácter].

Permanecer en Cristo
«Debe estar lleno de Cristo, y entonces, valorará las cosas mundanas como las valora Dios; y entonces, al trabajar en las granjas o en sus vocaciones de negocios, no separará su alma de Dios porque trabajará con el propósito verdadero, reconocerá a Dios como el dueño de todo lo que usted posee y buscará sabiduría para usar sus bienes para hacer avanzar su causa» (Lt 70-1886).

«Las raíces de los árboles tienen una función doble: sujetarse bien a la tierra por medio de sus zarcillos y tomar para sí mismas el sustento deseado. Así es con el cristiano. Cuando su unión con Cristo, el tronco padre, es completa, cuando se alimente de él, se le dan corrientes de una fuerza espiritual. ¿Pueden marchitarse las hojas de una rama como esta? ¡Jamás! Siempre que el alma llegue a Cristo, corre poco peligro de marchitarse, amustiarse o de pudrirse. Las tentaciones que puedan llegar como una tempestad no lo arrancarán de raíz» (YI, 24 de marzo de 1898).

Lecciones espirituales de la agricultura

«Si fuéramos al huerto y viéramos que las plantas no tienen savia, que las hojas no presentan frescura, que no brotan yemas ni hay flores abiertas, que no hay ningún signo de vida en el tallo o en las ramas, diríamos: "Las flores están muertas. Arránquelas del huerto porque son una deformidad para los arriates". Lo mismo ocurre con quienes profesan el cristianismo y no tienen espiritualidad. Si no hay signos de vigor religioso, si no se acatan los mandamientos del Señor, es evidente que no se permanece en Cristo, la vid viviente» (YI, 13 de septiembre de 1894).

«La raíz envía su sustento a través de los pámpanos hasta la ramina más extrema. Por lo tanto, Cristo comunica la corriente de fuerza espiritual con cada creyente. Siempre y cuando el alma esté unida a Cristo, no hay peligro de que se marchite o se pudra [...].

»"Y todo aquel pámpano que lleva fruto, [Dios] lo limpia [lo poda], para que lleve más fruto". De los doce elegidos que siguieron a Cristo, uno, como pámpano marchito, iba a ser quitado; el resto debía pasar por el cuchillo de poda de las amargas pruebas. Jesús, con una ternura solemne, explicó el propósito del labrador. La poda causará dolor, pero es el Padre quien agarra el cuchillo. Él obra sin mano cruel ni corazón indiferente. Hay pámpanos que caen hasta la tierra; estos se deben cortar de los soportes mundanos a los que se sujetan sus zarcillos. Deben llegar al cielo y hallar su apoyo en Dios. El excesivo follaje que aleja la corriente de vida del fruto debe podarse. Los brotes sobrecrecidos deben recortarse para dejar espacio a los rayos sanadores del Sol de justicia. El labrador poda los brotes dañinos para que el fruto pueda ser más rico y más abundante» (DA 676, 1898).

«Las lecciones objetivas están delante de nosotros; nos enseñan lecciones valiosas y nos revelan verdad espiritual. Algunas veces, cuando mi esposo usaba el cuchillo con las vides, yo sentía que las estaba dañando y rogaba por ellas. Ahora veo esto desde una luz completamente distinta. El Señor ha conectado estrechamente la vida espiritual del hombre con la vida de la planta, lo que simboliza la experiencia espiritual de todos los que buscan convertirse en miembros de la familia celestial, y ser plantas en el huerto del Señor. Nuestras vidas se dañarían si no fuera porque el cuchillo de poda del Señor corta los pámpanos objetables y poda los cargados de frutos para que podamos dar fruto de mejor calidad» (Lt 6-1900).

«Cristo mismo dirige nuestra atención al crecimiento del mundo vegetal como ilustración de la acción de su Espíritu al mantener la vida espiritual. La savia de la vid, descendiendo desde la raíz, es diseminada hasta los pámpanos, manteniendo el crecimiento y produciendo flores y frutas. Por lo tanto, el poder dador de vida del Espíritu Santo, el cual procede del Salvador, impregna el alma, renueva los propósitos y los afectos, y hace que incluso los pensamientos obedezcan la voluntad de Dios, permitiendo que el receptor dé el precioso fruto de semillas santas» (AA 284, 1911).

Las bendiciones del trabajo manual
«**Adán** fue puesto en el glorioso Edén como rey de toda la Tierra, pero se le dio un trabajo que hacer: el Creador le pidió que labrara y guardase el huerto. Por consiguiente, la sabiduría divina vio que lo mejor para el hombre sin pecado era tener empleo. Cuánto más necesario es entonces que la raza caída ocupe su tiempo en el trabajo provechoso, cerrando así la puerta a muchas tentaciones y guardándose de las intrusiones del diablo» (HR, 1 de diciembre de 1877).

«No mucho tiempo después, vino a vernos un joven con el objeto de obtener una situación. Al preguntarle, dijo que había estado trabajando en una granja, pero que no podía fijar su mente a este trabajo: deseaba algún otro tipo de trabajo, y pensó en darse a sí mismo al Señor. Como no disfrutaba de los deberes simples y sencillos de la vida, decidió dejarlos y dedicarse a la causa de Dios. "Joven —le dije yo—, está cometiendo un error. Es necesario que demuestre que es fiel allá donde está. Si es llamado a trabajar en la granja o a participar en cualquier otro deber ordinario de la vida, debe mostrar que puede hacerlo con éxito y, cuando haya hecho esto, puede que el Señor vea apropiado darle alguna responsabilidad mayor"» (RH, 25 de marzo de 1880).

«Esto es mucho más favorable para el que tiene una ocupación que lo mantiene al aire libre, donde sus músculos son ejercitados y, su mente es empleada por igual, y donde se requiere que se ejerciten todos los órganos. Los que viven fuera de la ciudad, aquellos cuyo trabajo los llama a salir al aire libre, contemplen las obras del gran Artista maestro en la naturaleza, donde no dejan de aparecer nuevas escenas.

»El que hace del libro de la naturaleza su estudio [...] siente una influencia enternecedora y suavizadora sobre su alma. [...] El Señor es nuestro Maestro y, si nos disponemos a ser instruidos por él, puede que aprendamos las lecciones más preciosas de la naturaleza» (Ms 8-1894).

«Hay ciencia en el más humilde de los trabajos y, si todos contemplaran el trabajo así, verían su nobleza. El corazón y el alma deben ponerse en cualquier tipo de trabajo que hagamos; entonces, lo haremos con alegría y con una competencia manifiesta. Los hombres manifiestan el hecho de que aprecian el amor de Dios al darles poderes físicos y mentales según la manera como hagan la tarea que se les ha asignado. Que empleen sus habilidades instruidas al elaborar los mejores métodos de trabajo. Que recuerden que hay honor en cualquier clase de trabajo que sea esencial hacer. Allá donde la ley de Dios se vuelve el estándar de acción, esta ennoblecerá y santificará todos los trabajos. El que es fiel en el cumplimiento de todos los deberes revela un carácter que Dios puede aprobar» (Ms 8a-1894).

«La atención de Elías fue atraída hacia Eliseo, el hijo de Safat, quien, junto con los siervos, araba con doce yuntas. Él era educador, director y obrero. Eliseo no vivía en las ciudades densamente pobladas. Su padre era un labrador de la tierra, un agricultor. Eliseo había recibido su formación lejos de la dispersión de la ciudad y de la corte. Había sido formado en hábitos de simpleza y de obediencia, tanto a sus padres como a Dios. Por consiguiente, en la quietud y la satisfacción, fue preparado para hacer el humilde trabajo de cultivar la tierra. Sin embargo, aunque Eliseo era de espíritu manso y tranquilo, su carácter era inalterable. La integridad, la fidelidad, el amor y el temor de Dios eran suyos. Tenía las características de un dirigente, pero, con todo, tenía la mansedumbre de uno que serviría. Su mente había sido ejercitada en las cosas pequeñas, para ser fiel en cualquier cosa que hiciera, para que, si Dios lo llamaba a actuar más directamente por él, estuviera preparado para oír su voz.

»Los alrededores de la casa de Eliseo eran de ricos; sin embargo, se percató de que, para obtener una formación integral, debía ser un obrero constante en cualquier obra que necesitara hacerse. No había consentido estar menos informado, en ningún sentido, que los siervos de su padre. Había aprendido a servir primero, para que pudiera saber cómo liderar, instruir y mandar.

»Eliseo esperó satisfecho mientras hacía su trabajo con fidelidad. Día tras día, a través de la obediencia práctica y la gracia divina en las que confiaba, obtuvo rectitud y fuerza de determinación. Mientras hacía todo lo que podía cooperando con su padre en el negocio de la casa, hacía el servicio de Dios. Estaba aprendiendo a cooperar con Dios» (YI, 14 de abril de 1898).

«El padre de Eliseo era un agricultor adinerado, un hombre cuya familia se contaba entre los que, en un momento de apostasía casi universal, no encorvaron las rodillas a Baal. El suyo era un hogar en el que Dios era honrado y donde la lealtad a la fe del antiguo Israel era la norma de la vida cotidiana. Eliseo pasó sus primeros años en estos parajes. En la quietud de la vida rural, bajo la enseñanza de Dios y de la naturaleza y la disciplina del trabajo provechoso, Eliseo recibió la formación en hábitos de simpleza y de obediencia a sus padres y a Dios que ayudaron a hacerlo apto para el alto cargo que debía ocupar después» (PK 217, 1917).

«Y Cristo ha vinculado su enseñanza, no solo con el día de reposo, sino con la semana de trabajo. Él tiene sabiduría para el que maneja el arado y siembra la semilla. Al arar, sembrar, al labrar y al cosechar, Cristo nos enseña a ver una ilustración de su obra de gracia en el corazón. Así que, en cada línea de trabajo provechoso y en cada relación de la vida, él desea que hallemos una lección de verdad divina. Entonces, nuestro trabajo diario no absorberá más nuestra atención ni nos llevará a olvidarnos de Dios; nos recordará continuamente a nuestro Creador y Redentor. El pensamiento de Dios discurrirá como un hilo de oro por todas nuestras preocupaciones y todas nuestras ocupaciones domésticas. Para nosotros, la gloria de su rostro volverá a descansar sobre el rostro de la naturaleza. Aprenderemos siempre lecciones nuevas de la verdad celestial, y nos acercaremos a la imagen de su pureza. Por consiguiente, seremos "enseñados del SEÑOR" y, en el terreno al que somos llamados, cada uno "permane[cerá] con Dios" Isaías 54:13; 1 Corintios 7:24» (COL 26, 1900).

«Los propósitos del Señor no son los propósitos de los hombres. Él no diseñó que los hombres vivieran ociosamente. En el principio, él creó al hombre como gentilhombre; sin embargo, aunque era rico en todo lo que el Dueño del universo podía suministrar, Adán no debía ser ocioso. En cuanto fue creado, se le asignó su trabajo: debía encontrar empleo y felicidad en el cuidado de las cosas que Dios había creado y, en respuesta a su trabajo, sus necesidades serían satisfechas abundantemente con los frutos del huerto de Edén.

»Mientras nuestros primeros padres obedecieron a Dios, su trabajo en el huerto fue todo un placer, y la tierra dio su abundancia para satisfacer sus necesidades. Sin embargo, cuando el hombre se apartó de la obediencia, fue maldecido a lidiar con las semillas de la siembra de Satanás y a ganarse el pan con el sudor de su frente. Desde entonces, él debe luchar con trabajo y con dificultad contra el poder al que había cedido su voluntad.

»El propósito de Dios era aliviar a través del trabajo la maldad que se había introducido en el mundo debido a la desobediencia del hombre. A través del trabajo, las tentaciones de Satanás podrían dejarse sin efecto, y la oleada de maldad, detenerse. Y, aunque se realice con afán, hastío y dolor, el trabajo sigue siendo una fuente de felicidad y de desarrollo, así como una salvaguarda frente a la tentación. La disciplina del trabajo examina la autocomplacencia y promueve la laboriosidad, la pureza y la firmeza. Por consiguiente, el trabajo se convierte en una parte del maravilloso plan de Dios para nuestra recuperación de la caída» (RH, 3 de octubre de 1912).

«Muchos de los seguidores de Cristo deben aprender aún la lección esencial de la laboriosidad satisfecha en los deberes necesarios de la vida. Trabajar para Dios en calidad de mecánico, comerciante, abogado o agricultor requiere más gracia y una disciplina más firme de carácter al llevar los preceptos del cristianismo a los negocios ordinarios de la vida que trabajar como misionero reconocido al aire libre. Es necesario tener una valentía espiritual fuerte para llevar la religión al taller y a las oficinas de negocios, santificando los detalles de la vida diaria y realizando cada transacción según el estándar de la Palabra de Dios. Esto es lo que requiere el Señor» (CT 279, 1913).

> *«Muchos de los seguidores de Cristo deben aprender aún la lección esencial de la laboriosidad satisfecha en los deberes necesarios de la vida».*

Las bendiciones de las pruebas

«Si el cristiano prospera y progresa en absoluto, debe hacerlo en medio de extraños para Dios, en medio de burlas y expuesto al ridículo. El cristiano debe mantenerse en pie como la palmera en el desierto. Puede que el cielo sea duro como el metal, puede que la arena del desierto actúe en contra de las raíces de la palmera y se amontone alrededor de su tronco. Mas el tronco vive perenne, fresco y vigoroso en medio de las abrasadoras arenas del desierto. Quite la arena hasta llegar a las raicillas de la palmera y descubrirá el secreto de su vida: sus raíces se extienden por debajo de la superficie hasta las aguas secretas ocultas en la Tierra. Puede que los cristianos sean, de hecho, debidamente representados por la palmera. Son como Enoc: aunque están rodeados de influencias corruptoras, su fe se aferra al Invisible. Caminan con Dios obteniendo de él fuerzas y gracias para aguantar la polución moral que los rodea. Como Daniel en las cortes de Babilonia, permanecen puros y no contaminados; su vida está escondida con Cristo en Dios. Son virtuosos de espíritu en medio de la depravación; son verdaderos y leales, fervientes y celosos, aunque rodeados de profesores infieles e hipócritas y hombres mundanos e impíos. Su fe y su vida están escondidas con Cristo en Dios. Jesús es en ellos fuente de agua que salta para vida eterna. La fe, como las raicillas de la palmera, penetra por debajo de las cosas visibles y toma alimento espiritual de la fuente de vida» (HR, 2 de enero de 1879).

«Un gentilhombre de espíritu muy deprimido por alguna providencia aflictiva estaba una noche caminando por un huerto cuando observó un árbol de granadas casi cortado por el tronco. Enormemente sorprendido, preguntó al agricultor la razón de aquello y recibió una respuesta que explicaba, para su satisfacción, las heridas de su propio corazón sangrante: "Señor, este árbol solía brotar con tanta fuerza que no daba más que hojas. Por lo tanto, me vi obligado a cortarlo de esta manera y, cuando estuvo casi cortado en su totalidad, entonces empezó a dar abundantes frutos"» (RH, 1 de septiembre de 1883).

El libro de la naturaleza

«En las lecciones que el Maestro divino daba a quienes escuchaban sus discursos, él solía elegir un lugar embellecido con flores, o rodeado de los diversos paisajes de la naturaleza, como, por ejemplo, campos, jardines florecientes bien cultivados, campos de maíz, una vegetación exuberante, árboles frutales, setos verdes, naranjos, olivos, granados e higueras, adornando las colinas, mientras que, a diferencia de este paisaje bello y floreciente, aparecían las rocas blancas y el terreno baldío, mientras los pájaros del cielo, con sus diversos cantos, deleitaban el oído al lucirse en el aire, o saltando de los árboles a las flores. La majestuosidad del cielo usa estas similitudes naturales al representar la Palabra sembrada en el corazón humano. Él ata sus verdades preciosas con las ilustraciones de la naturaleza para que, cuando sus oyentes contemplen después los objetos que él conectó con sus lecciones, el corazón se impresione con las maravillosas verdades que él les enseñó. Él se anticipaba a los miedos y a las preocupaciones de la multitud que lo escuchaba y su voz calmada e impresionante es oída para alentar a los de poca fe y para tranquilizar los murmullos de temor y de desconfianza suscitados en sus discípulos» (HR, 1 de junio de 1871).

«El Señor Jesús fue el hacedor de las cosas en el cielo y en la Tierra, y el expositor de su propia verdad, y recurrió a la naturaleza para reflejar la luz de la gloria de Dios. Los pájaros del cielo, las flores del campo, los árboles del bosque, los campos fértiles, la tierra baldía, el grano maduro para la hoz, los árboles fructíferos, las salidas de la mañana, el atardecer, la siembra de la semilla y la recogida de la cosecha, todos se empleaban como emblemas de la verdad divina. Él conectaba las obras visibles del Creador con las palabras de vida, y elevaba la mente de la naturaleza hacia el Dios de la naturaleza. Todos los humildes arbustos y todas las delicadas flores dan testimonio del amor de Dios al corazón. Si no se cierran los ojos, si no se saturan los oídos y si se abre el corazón para recibir las impresiones del Espíritu divino, la naturaleza hablará de la armonía de lo natural con lo espiritual. Por medio de ilustraciones sacadas del mundo natural, Cristo enseñó lecciones de gran importancia para el alma; y, al pensar en sus palabras mientras se contempla el objeto con el que él asoció sus lecciones, el significado divino se hace más claro para la mente, y la verdad de Dios ilumina el entendimiento como un destello de luz. Los misterios se aclaran, y lo que era difícil de entender se vuelve evidente» (ST, 24 de octubre de 1892).

«Cristo pasó su niñez y su juventud en circunstancias humildes, en condiciones que eran favorables para el desarrollo de una constitución sana. Él pasó su vida mayormente al aire libre; bebía de los arroyos de agua pura y comía los frutos de los huertos. Él caminaba de arriba para abajo por los escarpados senderos montañosos y por las calles de Nazaret cuando iba o volvía a su casa desde su lugar de trabajo. Cristo disfrutaba de los diversos cantos de los pájaros cuando estos trinaban alabando a su Creador; se deleitaba en la belleza de las flores que cubrían los campos; observaba con gozo la gloria de los cielos, el esplendor del sol, la luna y las estrellas, y observaba con admiración cómo salía y se ponía el sol. El libro de la naturaleza estaba abierto delante de sus ojos, y Cristo disfrutaba de sus cariñosas lecciones. Las colinas eternas llenas de olivares eran sus lugares favoritos a los que ir para estar en comunión con su Padre. Cristo estaba lleno de sabiduría divina y, a través del estudio de la naturaleza, y meditando sobre Dios y estando en comunión con él, se fortalecían sus poderes espirituales.

»En la vida de Cristo, en su niñez y en su juventud, hay una lección para los jóvenes de hoy. Cristo es nuestro ejemplo y, en la juventud, debemos contemplar a Dios en la naturaleza, estudiar su carácter en la obra de sus manos. La mente es fortalecida al familiarizarnos con Dios, al leer sus atributos en las cosas que hizo. Al contemplar la belleza y la grandiosidad en las obras de la naturaleza, nuestras afecciones salen tras Dios y, aunque nuestras almas están maravilladas y nuestros espíritus están sometidos, nuestras almas se revitalizan al entrar en contacto con el Infinito a través de sus obras maravillosas» (YI, 13 de julio de 1893).

«Todo el mundo natural está diseñado para ser un intérprete de las cosas de Dios. Para Adán y Eva en su hogar en Edén, la naturaleza estaba llena del conocimiento de Dios, rebosante de instrucción divina. Resonaba con la voz de la sabiduría en sus atentos oídos. La sabiduría hablaba a la vista y era recibida en el corazón, ya que estaban en comunión con Dios en sus obras creadas. En cuanto la santa pareja transgredió la ley del Altísimo, el brillo del rostro de Dios abandonó el rostro de la naturaleza. Ahora, la naturaleza está dañada y corrompida por el pecado. Sin embargo, las lecciones objetivas de Dios no están anuladas; incluso ahora, si es correctamente estudiada e interpretada, la naturaleza habla de su Creador [...].

»La forma más efectiva de enseñar a los paganos que no conocen a Dios es a través de sus obras. De esta forma, mucho más fácil que cualquier otro método, puede hacerse que los paganos se den cuenta de la diferencia entre sus ídolos, obras de sus propias manos, y el Dios verdadero, el Hacedor del cielo y de la Tierra» (Ms 74-1896).

«El libro de la naturaleza debe ser estudiado por todos. La tierra es cultivada y la semilla es puesta en ella. Entonces, Dios, por medio de su poder obrador de milagros, envía la lluvia y la luz del sol haciendo que la semilla produzca primero la hoja y, luego, la espiga y, luego, el grano en la espiga. Así, se proveen los materiales a partir de los cuales el hombre, usando sus facultades dadas por Dios, prepara la hogaza que se pone sobre la mesa. De esta forma, Dios alimenta a miles, y diez veces a diez mil, y a toda una multitud que no puede contarse.

»Sin embargo, los hombres están acostumbrados a este proceso y sacan a Dios de sus pensamientos pensando que son ellos mismos los que hacen el trabajo. Ellos no dan a Dios la gloria debida a su nombre. Sin embargo, hace falta tanto poder para preparar la cosecha que los hombres recogen como para hacer que algunos panes de cebada sirvan para tantos miles de personas. Dios nos da todo lo necesario para sustentar la vida y, al hacerlo, obra milagros diariamente. Si no fuera por estos milagros que, por gracia, se repiten en nuestro nombre, estaríamos agotados, hambrientos, famélicos y muertos de hambre. Sin embargo, Dios, lleno de misericordia y compasión, cuida constantemente de nosotros; y, como su bondad no cesa, como estamos rodeados por sus milagros, dejamos de apreciar sus misericordias siempre crecientes. Al fijar nuestra mirada en los medios humanos, damos la gloria a los hombres y atribuimos los milagros de Dios a causas naturales» (ST, 12 de agosto de 1897).

«Debe enseñarse a ellos [los jóvenes] a labrar la tierra. Sería bueno si, en conexión con las escuelas, hubiera tierras para su cultivo. Tales tierras se considerarían como la propia aula de Dios. Las cosas de la naturaleza se contemplarían como un libro de lecciones que sus hijos deben estudiar, y del que deben obtener conocimiento sobre el cultivo de la tierra [...].

»La tierra no producirá sus riquezas si se trabaja por impulsos. Necesita una atención esmerada y diaria. La tierra debe ararse a menudo y de forma profunda con miras a arrancar las malas hierbas que roban el sustento a las buenas semillas plantadas. Por consiguiente, quienes aran y siembran se preparan para la cosecha. Nadie necesita permanecer en el campo en medio de las tristes ruinas de sus esperanzas.

»La bendición del Señor descansará sobre los que trabajan la tierra así y aprenden lecciones espirituales de la naturaleza. Al cultivar la tierra, el obrero desconoce los tesoros que se abrirán ante él. Si bien no debe menospreciar la instrucción, sí puede tomar lecciones de otras mentes que tuvieron una experiencia y, a partir de la información que los hombres inteligentes pueden dar, el obrero debe reunir lecciones para sí mismo. Esto forma parte de su formación. El cultivo de la tierra demostrará ser una formación para el alma.

»El que hace que brote la semilla, el que la cuida día y noche y el que le da poder para que se desarrolle es el Autor de nuestro ser, el Rey del cielo, y él sigue dedicando un gran cuidado e interés en nombre de sus hijos. Mientras el sembrador humano planta la semilla para sustentar nuestra vida terrenal, el Sembrador Divino plantará en la tierra la semilla que dará fruto hasta la vida eterna» (COL, 87—89, 1900).

«Si el seguidor de Cristo cree en su Palabra y la practica, no habrá ninguna ciencia en el mundo natural que no pueda comprender ni apreciar. No hay nada que le proporcione medios para mostrar la verdad a otros. La ciencia natural es un tesoro de conocimiento del que pueden extraer todos los estudiantes en la escuela de Cristo. Al contemplar la belleza de la naturaleza, al estudiar sus lecciones en el cultivo de la tierra, en el crecimiento de los árboles y en todas las maravillas de la tierra, del mar y del cielo, vendrá a nosotros una nueva percepción de la verdad. Y los misterios conectados con los tratos de Dios con los hombres, las profundidades de su sabiduría y su juicio tal como se ven en la vida humana, todo eso se considera un depósito de abundantes tesoros» (COL, 125, 1900).

«En sus enseñanzas, Cristo dirigía la atención de sus oyentes hacia las cosas de la naturaleza, hacia la obra de sus propias manos. Él hizo los árboles, la hierba y las flores para que pudieran enseñarnos lecciones preciosas. Para él, la naturaleza era un gran libro de lecciones mediante el cual pretendía abrir los ojos de los humanos al amor y al poder de Dios.

»La naturaleza es un libro de lecciones al que pueden tener acceso todos, los de estatura alta y baja, los ricos y los pobres; y, de ella, pueden aprenderse las lecciones más útiles. En sus distintas estaciones, la naturaleza siempre repite sus lecciones para que, a través de sus representaciones, el hombre pueda entender la verdad celestial. Las cosas aparentemente comunes de la Tierra son maestros silenciosos que nos instruyen en la pureza, laboriosidad, economía y paciencia» (YI, 16 de agosto de 1900).

«El Dios de la naturaleza obra de forma perpetua. Su poder infinito obra de forma invisible, pero aparecen manifestaciones en los efectos que produce la obra. El mismo Dios que guía los planetas obra en el huerto de frutas y de verduras. Él nunca hizo un espino, un cardo o una cizaña. Estos son obra de Satanás, el resultado de la degeneración, y fueron introducidos por él entre las cosas preciosas; sin embargo, es a través de la intervención inmediata de Dios que todos los capullos florecen. Cuando Cristo estuvo en el mundo en forma humana, dijo: "[...] Mi Padre hasta ahora obra, y yo obro" (Juan 5:17). Así que, cuando los estudiantes emplean su tiempo y sus fuerzas en el trabajo agrícola, en el cielo se dice de ellos: "vosotros labranza de Dios sois" (1 Corintios 3:9)» (6T 186, 1901).

«Al mirar un hermoso jardín, con sus capullos en flor, recordemos que este es una expresión del amor de nuestro Padre. Al percatarnos de las diversas tonalidades de las flores e inhalar su delicada fragancia, pensemos en las siguientes palabras: "considerad los lirios del campo, como crecen; no trabajan, ni hilan; Mas os digo, que ni aun Salomón con toda su gloria fue vestido así como uno de ellos". Dios nos dio las flores para enseñarnos lecciones de confianza. "Y si la hierba del campo que hoy es, y mañana es echada en el horno, Dios la viste así, ¿no hará mucho más a vosotros, Oh vosotros de poca fe?". Si el gran Maestro Artista hace perfecto y hermoso lo que hoy es, y mañana es echado en el horno, ¿no cuidará mucho más a los seres comprados con la sangre de su Hijo unigénito?

»Nosotros somos peregrinos y extraños en esta Tierra, buscando la ciudad que tiene fundamentos, cuyo artífice y hacedor es Dios. La senda por la que caminamos es angosta, y requiere autonegación y autosacrificio. Nos enfrentamos a pruebas y a conflictos. Sin embargo, Dios no nos dejó que viajáramos sin ayuda. Nuestro camino a la Canaán celestial está rodeado de buenas flores de promesa que emiten su fragancia, al igual que las flores en los jardines de esta Tierra» (YI, 23 de enero de 1902).

«Por consiguiente, aunque los niños y los jóvenes adquieran un conocimiento de hechos de los maestros y los libros de texto, que aprendan a extraer lecciones y a discernir la verdad por sí mismos. En su labor en el huerto, pregúntele sobre qué aprenden del cuidado de sus plantas. Cuando contemplen un bello paisaje, pregúntele por qué vistió Dios los campos y los bosques con unos colores tan hermosos y diferentes. ¿Por qué no se pintó todo de un color marrón sombrío? Cuando recojan las flores, guíalos a pensar por qué Dios nos dejó la belleza de aquellos peregrinos de Edén. Enséñeles a percatarse de las evidencias manifiestas por todos lados en la naturaleza del pensamiento de Dios para nosotros, la maravillosa adaptación de todas las cosas a nuestras necesidades y a nuestra felicidad.

«Solo el que reconoce en la naturaleza la obra de su Padre y solo el que lee las escrituras del Padre en las riquezas y en la belleza de la Tierra aprenderá las lecciones más profundas de las cosas de la naturaleza y recibirá su más alto ministerio. Solo podrá apreciar plenamente el significado de la colina y del valle, del río y del mar, quien los contemple como una expresión del pensamiento de Dios, como una revelación del Creador.

»Los escritores bíblicos usan muchas ilustraciones de la naturaleza. Al observar las cosas del mundo natural, podremos, bajo la guía del Espíritu Santo, comprender más plenamente las lecciones de la Palabra de Dios. Por consiguiente, la naturaleza se convierte en una llave para llegar a los tesoros de la Palabra» (Ed, 119, 120, 1903).

«El Redentor nos advirtió contra el orgullo de la vida, pero no contra su gracia y su belleza natural. Él señaló a la resplandeciente belleza de las flores del campo y dijo: "considerad los lirios del campo, como crecen; no trabajan, ni hilan; Mas os digo, que ni aun Salomón con toda su gloria fue vestido así como uno de ellos". Aquí, él muestra que, aunque las personas trabajen arduamente para convertirse en objetos de admiración, aquello que valoran tanto no tendrá comparación con las flores del campo. Incluso estas flores simples, con el adorno de Dios, superarían en hermosura las espléndidas vestimentas de Salomón. En el crecimiento y el desarrollo de la naturaleza, aprenda los principios del reino de Cristo. Así, la luz del cielo acelerará la mente. Cristo mismo será su maestro. Quienes combinen con su formación educativa un conocimiento de la obra de Dios a través de la vida física en el huerto de la naturaleza recibirán lecciones simples, pero repletas de instrucción con respecto a sus obras a través de la vida espiritual en el huerto del corazón» (ST, 6 de diciembre de 1905).

Cooperación con Dios

«Las bendiciones de Dios no son concedidas a los hombres independientemente del esfuerzo humano. Vemos este principio ilustrado en el mundo natural. Dios nos dio la Tierra con sus tesoros. Él hace que esta produzca alimentos para el hombre y para los animales, él envía las estaciones recurrentes, él da la luz del sol, el rocío y la lluvia; sin embargo, se requiere que el hombre haga su parte: debe cooperar con el plan de Dios esforzándose ardua y diligentemente. El arado debe abrir la tierra, la semilla debe ser sembrada, el campo debe ser labrado, o no habrá ninguna cosecha.

»Y es igual en el mundo espiritual. Todo lo que poseemos, ya sean talentos, influencias o medios, es de Dios; no podemos lograr nada sin ayuda divina. Sin embargo, no somos liberados de la necesidad de esforzarnos. Si bien la salvación es el regalo de Dios, el hombre debe hacer una parte en la realización del plan de redención. Dios eligió usar a los hombres como sus instrumentos, emplear a los agentes humanos para la consecución de sus propósitos. Él ordenó unir el poder divino con el esfuerzo humano en la obra salvadora de almas. Por consiguiente, nos convertimos en trabajadores junto con Dios. Tenemos una obra grandiosa e importante porque esta es una parte del gran plan de Dios para redimir al hombre. Cooperar así con la Majestad del cielo es un gran honor concedido a seres finitos» (RH, 7 de diciembre de 1886).

«Quienes enseñan en escuelas sabáticas deben tener sus corazones reconfortados y revitalizados por la verdad de Dios, y no ser solo oyentes, sino también hacedores de la Palabra. Deben nutrirse en Cristo como los pámpanos son nutridos en la vid. El rocío de gracia celestial debe caer sobre ellos para que sus corazones sean como plantas preciosas cuyos capullos se abran y expandan y emitan una fragancia de agradecimiento como las flores en el huerto de Dios. Los maestros deben ser estudiantes diligentes de la Palabra de Dios y revelar siempre el hecho de que todos los días aprenden lecciones en la escuela de Cristo, y de que pueden comunicar a otros la luz que han recibido del gran Maestro, la Luz del mundo» (SSW, 1 de abril de 1892).

«Solo el Señor puede dar la preciosa lluvia temprana y tardía. Las nubes, la luz del sol y el rocío de la noche, estas son las provisiones más preciosas del cielo. Sin embargo, todos estos favores concedidos por gracia por el Cielo demostrarán ser de poca valía para quienes no se apropian de ellos mediante un esfuerzo arduo y diligente realizado por su parte. En la agricultura, se deben hacer esfuerzos personales. Debe ararse y volver a ararse otra vez. Se deben incorporar herramientas que deben ser usadas por la destreza humana. La semilla se debe sembrar en su estación. Las leyes que controlan el tiempo de la semilla y la cosecha deben observarse; de lo contrario, no habrá ninguna cosecha» (Ms 182-1897).

«Aparentemente, el hombre que siembra lanza la semilla de la que depende el sustento de él y de su familia. Sin embargo, no está renunciando a una ventaja presente por una recompensa mucho más grande. Él lanza la semilla para poder recogerla de nuevo en una cosecha abundante. Su familia dependiente puede desear con fe grandes rendimientos.

»A partir de la obra de la siembra de semillas se pueden enseñar en la familia lecciones sumamente preciosas. Se puede instruir a los niños para que comprendan beneficios invisibles por medio de la fe. La influencia del poder obrador de milagros de Dios debe mostrarse en las lecciones impartidas a partir de la naturaleza en nuestras familias y en nuestra escuela. La influencia combinada de los agentes invisibles del Señor es necesaria para cosechar los preciosos cultivos que surgen de la semilla que se enterró en la tierra. Los campos deben ser atendidos y, cuando el sembrador haya hecho su trabajo de echar la semilla en la tierra, esto solo supone el principio del fin. Se necesita a un cuidador que vele por la semilla. Cuando el hombre haya hecho su parte en la preparación del terreno, en su enriquecimiento si lo necesita y en la siembra de la semilla, mostrando cuidado, reflexión y entendimiento en la obra, deberá depender de Dios, el gran Labrador, para que él envíe la luz del sol y las lluvias para dar calor y humedad a los campos sedientos.

»Si estas ideas pudieran suscitarse en las mentes de los niños, si se los pudiera guiar para que entendieran la maravillosa obra de Dios al satisfacer las necesidades vitales de su gran familia en nuestro mundo, entonces, repararían más en su poder. Dios emplea muchos agentes invisibles para convertir las semillas aparentemente lanzadas a la tierra en plantas llenas de vida. Primero, aparece la hoja, luego, la espiga y, después, el grano lleno en la espiga. Dios creó la electricidad que da vida a la semilla, vitalidad a la hoja, la espiga y el grano en la espiga. ¿En quién más se puede depender para que dé la proporción adecuada de todos los agentes para perfeccionar la cosecha de frutas y granos? Que el hombre emplee sus agentes al máximo; luego, él debe depender de su Creador, quien sabe precisamente lo que se necesita para la cosecha, la cual está conectada con Dios mediante vínculos maravillosos de su propio poder maravilloso, más allá del agente humano. Sin estos agentes invisibles, la semilla carece de valor.

»Cristo enseñó a orar a sus discípulos: "Danos hoy nuestro pan cotidiano". El Señor escucha esta oración y obra constantemente para responder a ella. Él deja que su sol brille para el justo y el injusto, y da a todos lluvias refrescantes, viento, lluvia, truenos y rayos. Todos son una bendición de Dios, y son enviados para purificar la atmósfera de los agentes perjudiciales para la salud, los cuales, si se deja que se acumulen, envenenarían la atmósfera y destruirían todo lo que respira el aliento de vida» (Ms 34-1898).

«Ellos [nuestros hermanos] deben entender que el huerto del corazón se debe cultivar y que las malas hierbas deben arrancarse de raíz diligentemente.

»Al cultivar la tierra, los estudiantes deben aprender lecciones espirituales. El arado debe romper la tierra baldía, que debe quedar expuesta a los rayos del sol y al aire purificador. Entonces, la semilla, de aspecto muerto, debe ponerse en la tierra preparada. Se debe plantar árboles y se debe sembrar semillas de verduras. Y, después de que el hombre haya hecho su parte, el poder obrador de milagros de Dios da vida y vitalidad a las cosas puestas en la tierra. En este proceso agrario, hay lecciones que deben aprenderse. El hombre no debe hacer un trabajo perezoso, sino que debe hacer la parte que Dios le ha asignado. Su laboriosidad es esencial si quiere tener una cosecha. Y exactamente este trabajo debe hacerse en la mente y en el corazón de los humanos» (Ms 71-1898).

[Versión alternativa] «Al cultivar la tierra día tras día, podemos aprender lecciones espirituales preciosas. La tierra baldía del corazón debe romperse. Debe calentarse con los rayos del sol y purificarse con el aire. Entonces, la semilla, inerte e inactiva en apariencia, debe ponerse en la tierra preparada para recibirla. También se debe plantar árboles que deben ser cultivados con cuidado. Y, una vez que el hombre haya hecho su parte, el poder obrador de milagros de Dios da vida y vitalidad a las cosas puestas en la tierra. El hombre no debe subestimar el poder de Dios, ni tampoco debe renegar de su parte de la obra que Dios le asignó. El hombre no debe ser perezoso. Su laboriosidad es esencial si quiere tener una cosecha. Y lo mismo ocurre con la obra que debe hacerse en el corazón y en la mente de los humanos. "La simiente es la Palabra de Dios". "El que siembra la buena simiente es el Hijo del hombre"» (RH, 18 de octubre de 1898).

«Quienes labran la tierra tienen la ilustración siempre delante de sus ojos. Año tras año, el hombre preserva su suministro de grano aparentemente lanzando la parte más preciosa, la cual, durante un tiempo, debe estar oculta bajo el terreno, para ser vigilada por el Señor. Después, aparece la hoja, luego la espiga y, luego, el grano en la espiga. Sin embargo, este desarrollo no puede producirse a menos que el grano se entierre donde no se ve, oculto y, al parecer, perdido» (DA 623, 1898).

«Junto a la Biblia, la naturaleza debe ser nuestro gran libro de lecciones. No hay ninguna virtud en desafiar a la naturaleza, ya que esta exalta lo hecho en el cielo, al gran Artista Maestro que diseñó la obra, y quien la tiene funcionando según sus designios. Al plantar la semilla y cultivar la planta, debemos recordar que Dios creó la semilla, y que él la da a la Tierra. Por medio de su poder divino, él cuida de esa semilla. Es su designio que, muriendo, la semilla dé vida a la hoja, la cual contiene en sí otras semillas que han de atesorarse y ponerse de nuevo en la tierra para dar su cosecha. También podemos estudiar la forma como hace su parte la cooperación del hombre. El agente humano tiene que hacer una parte; tiene que hacer su trabajo. Esta es una de las lecciones que enseña la naturaleza y, en ella, veremos una obra hermosa y solemne» (AUCR, 31 de julio de 1899).

«Los israelitas recibieron leyes especiales en cuanto al cultivo de la tierra. "Y EL SEÑOR habló a Moisés en el monte de Sinaí, diciendo: Habla a los hijos de Israel, y díles: Cuando hubiereis entrado en la tierra que yo os doy, la tierra hará sábado al SEÑOR. Seis años sembrarás tu tierra, y seis años podarás tu viña, y cogerás sus frutos; Y el séptimo año la tierra tendrá sábado de holganza, sábado al SEÑOR: no sembrarás tu tierra, ni podarás tu viña. Lo que de suyo se naciere en tu tierra segada, no lo segarás; y las uvas de tu viñedo no vendimiarás: año de holganza será a la tierra. Mas el sábado de la tierra os será para comer, a tí, y a tu siervo, y a tu sierva, y a tu criado, y a tu extranjero que morare contigo: Y a tu animal, y a la bestia que hubiere en tu tierra, será todo el fruto de ella para comer" (Levítico 25:1-7).

»Estas leyes parecen peculiares para quienes no han conocido los estatutos de Dios; sin embargo, el Señor sabía mejor que el hombre qué estatutos hacer con su pueblo. Estas leyes fueron escritas, y el séptimo año después de que ellos [Israel] se establecieran en Canaán debía ser un año de holganza. Debía detenerse toda actividad agrícola; no se debía plantar ni sembrar. Durante un año, el pueblo debía depender completamente del Señor, teniendo fe en sus arreglos como Padre de familia. La tierra debía descansar para renovar las fuerzas necesarias para el crecimiento. Lo que crecía en ella era propiedad común del pobre, del extraño, del ganado y del rebaño. Por consiguiente, la tierra recibía descanso, y el pobre y el ganado, un festín.

»Esto era para demostrar que la naturaleza no era Dios, que Dios controlaba la naturaleza. Dios diseñó que su Iglesia debía aprender constantemente lecciones importantes de la naturaleza. Debía albergar un sentimiento vivo de que Dios era el Administrador, el Padre de familia. Debía conocer la realidad de su presencia y su cuidado providencial de toda la Tierra. Debía darse cuenta de que toda la naturaleza estaba bajo su supervisión, todos los productos de la tierra, bajo su administración. Esto era para darles fe en su providencia. Él podía otorgar o retirar sus bendiciones [...].

»Si las personas eligieran administrar la tierra según su supuesta sabiduría, verían que el Señor no obraría ningún milagro para contratacar las maldades de las que él intentaba salvarlas.

»El Señor presentó a su pueblo el curso que debían seguir si querían ser una nación independiente y próspera. Si lo obedecían, Dios declaró que los israelitas gozarían de salud y de paz y, bajo su supervisión, la tierra daría su fruto. El sistema del diezmo fue instituido por el Señor como el mejor arreglo para ayudar a las personas a seguir los principios de la ley. Si se obedecía esta ley, se confiaría al pueblo toda la viña, toda la tierra.

»"Ejecutad, pues, mis estatutos, y guardad mis derechos, y ponedlos por obra, y habitaréis en la tierra seguros;

Y la tierra dará su fruto, y comeréis hasta hartura, y habitaréis en ella con seguridad.

Y si dijereis: ¿Qué comeremos el séptimo año? he aquí no hemos de sembrar, ni hemos de coger nuestros frutos:

Entonces yo os enviaré mi bendición el sexto año, y hará fruto por tres años.

Y sembraréis el año octavo, y comeréis del fruto añejo; hasta el año noveno, hasta que venga su fruto comeréis del añejo" (Levítico 25:18-22)».

«Los hijos de Israel recibieron leyes y reglas que darían a todas las naciones en la Tierra una idea verdadera del reino y del gobierno de Dios; y debían obedecerlas como nación, como familia y como individuos.

Debían ser un pueblo de sacerdotes y príncipes. Quienes sentían que dependían plenamente de Dios, recurrían a él buscando instrucción y confiaban en su poder para llevar a cabo sus planes en la viña que debían cultivar recibirían la mayor bendición y las mayores ganancias.

»Adán y Eva perdieron Edén y, debido a su pecado, la tierra fue maldita; sin embargo, si el pueblo de Dios obedecía sus requisitos y seguía sus indicaciones en cuanto a la labranza del suelo, la tierra sería restaurada a un estado hermoso y próspero. Los hombres debían cooperar con Dios para devolver la salud a la tierra, para que esta sea una alabanza y una gloria para su nombre. Y, así como la tierra, si se administraba bien y de forma sincera, produciría sus tesoros, también sus corazones, si eran controlados por Dios, reflejarían su carácter.

»Sin embargo, si debido al egoísmo y a la codicia, los hombres se sintieran capaces de administrar sin la sabiduría de Dios, si contemplaran la tierra como suya y se negaran a darle su día de holganza, esta perdería su vigor, y la escasez y la enfermedad daría testimonio de su desobediencia.

> *«Los que cultivaran la tierra debían darse cuenta de que estaban sirviendo a Dios. En su parcela y en su sitio, ellos eran tan sinceros como los hombres designados para ministrar en el sacerdocio».*

»En las leyes que Dios dio para el cultivo de la tierra, él dio al pueblo la oportunidad de vencer su egoísmo y de centrar su mente en el cielo. Canaán sería para ellos como Edén si obedecían la Palabra del Señor. Por medio de ellos, el Señor diseñó enseñar a todas las naciones del mundo cómo cultivar la tierra para que diera frutos sanos libres de enfermedades. La tierra es el viñedo del Señor y debe tratarse según su plan. Los que cultivaran la tierra debían darse cuenta de que estaban sirviendo a Dios. En su parcela y en su sitio, ellos eran tan sinceros como los hombres designados para ministrar en el sacerdocio y en la obra del tabernáculo. Dios dijo a las personas que los Levitas eran un regalo para ellas y que, independientemente del oficio que tuvieran, debían ayudar a mantenerlos. En particular, los que labraran la tierra debían sacar de ella sus ricos tesoros para el sustento de los Levitas» (Ms 121-1899).

«Para crecer, la semilla debe ser cuidada, y cuando el hombre ha hecho su parte, esto es solo el principio. Después de que el hombre haya preparado la tierra, y plantado la semilla, con cuidado y atención en el trabajo, él debe depender de que Dios, el gran Padre de familia, envíe la luz del sol y lluvias para regar las tierras sedientas, y hacer que la semilla brote y crezca. La influencia combinada de los agentes invisibles del Señor es necesaria desde el momento en que la semilla es enterrada en la tierra hasta que se recoge la cosecha.

»Si comprendiéramos mejor la maravillosa obra de Dios de proveer a su familia en la Tierra en las necesidades de la vida, sabríamos más sobre su poder. Él emplea muchos agentes invisibles para hacer que la semilla brote y crezca. Es su poder el que da vida a la semilla. Sin su poder, ¿cómo podría perfeccionarse la cosecha? Que el hombre haga todo lo que pueda, y que siga dependiendo del Creador, quien entiende precisamente lo que se necesita para la perfección del fruto.

»Cristo enseñó a orar a sus discípulos: "Danos hoy nuestro pan cotidiano". El Señor escucha esta oración y obra constantemente para responder a ella. Él deja que su sol brille para el justo y el injusto, y da a todos viento y lluvia, truenos y rayos. Todos son una bendición de Dios, y son enviados para purificar la atmósfera de los agentes perjudiciales para la salud, los cuales, si se deja que se acumulen, envenenarían la atmósfera y destruirían todo lo que respira el aliento de vida» (YI, 16 de agosto de 1900).

«De las casi innumerables lecciones en los diversos procesos del crecimiento, algunas de las más preciosas se transmiten en la parábola del Salvador de la siembra de la semilla, la cual tiene lecciones para ancianos y jóvenes.

»"Así es el reino de Dios, como si un hombre echase simiente en la tierra; Y durmiese, y se levantase de noche y de día, y la simiente brotase y creciese sin saber él como. Porque la tierra de suyo fructifica, primero hierba, luego espiga, después grano lleno en la espiga" (Marcos 4:26-28). La semilla tiene en sí un principio germinador, un principio que Dios mismo ha implantado; pero, por sí misma, la semilla no tendría poder para brotar. El hombre tiene que hacer su parte fomentando el crecimiento del grano; sin embargo, llegado un punto, no puede lograr nada. Debe depender del Único que ha conectado la siembra y la cosecha por medio de vínculos maravillosos de su propio poder omnipotente.

»Hay vida en la semilla, hay poder en el suelo; sin embargo, a menos que se ejerza poder día y noche, la semilla no dará ninguna ganancia. Los aguaceros de lluvia deben refrescar los campos sedientos, el sol debe dar calor, la electricidad debe ser transmitida a la semilla que se entierra. La vida que el Creador ha implantado, solo él la puede invocar. Cada semilla crece y cada planta se desarrolla por el poder de Dios.

«"La simiente es la palabra de Dios". "Porque como la tierra produce su renuevo, y como el huerto hace brotar su simiente, así el Señor DIOS hará brotar justicia y alabanza delante de todas las gentes" (Lucas 8:11; Isaías 61:11). Así como es en la siembra natural, también es en la siembra espiritual: el único poder que puede producir vida es el de Dios» (Ed 104, 1903).

«La planta crece al recibir lo que Dios ha provisto para sustentar su vida. Por lo tanto, el crecimiento espiritual se obtiene por medio de la cooperación con los agentes divinos. Así como la planta echa raíces en la tierra, nosotros también debemos echar raíces en Cristo. Así como la planta recibe la luz del sol, el rocío y la lluvia, así debemos nosotros recibir al Espíritu Santo. Si nuestros corazones se mantienen en Cristo, él vendrá a nosotros "como la lluvia, como la lluvia tardía y temprana a la tierra". Como el Sol de justicia, él amanecerá en nosotros y "y en sus alas traerá salvación". "Florecer[emos] como lirio". Seremos "vivificados como trigo, y florecer[emos] como la vid" (Oseas 6:3; Malaquías 4:2; Oseas 14:5, 7) (Ed 106, 1903).

«En el milagro del Salvador de la alimentación de los cinco mil, se ilustra la obra del poder de Dios en la producción de la cosecha. Jesús descorre del mundo el velo de la naturaleza y revela la energía creativa que se ejerce constantemente para nuestro bien. Al multiplicar la siembra de semillas en la tierra, el que multiplicó los panes obra un milagro todos los días. Es por un milagro que él alimenta constantemente millones de campos de cosechas en la Tierra. Se pide al hombre que coopere con él en el cuidado del grano y en la preparación del pan y, debido a esto, pierde de vista al agente divino. La obra de su poder se debe a causas naturales o al medio humano, y, muy a menudo, sus dones son pervertidos para un uso egoísta y son una maldición en vez de una bendición. Dios tiene la intención de cambiar todo esto. Él desea que nuestros sentidos dormidos despierten para discernir su bondad misericordiosa, que sus dones sean para nosotros la bendición que él diseñó.

»Es la Palabra de Dios, la impartición de su vida, lo que da vida a la semilla; y nosotros, al comer el grano, formamos parte de esa vida. Dios desea que discernamos esto; él desea que, aun al recibir nuestro pan cotidiano, reconozcamos su intervención y podamos entablar una comunicación más estrecha con él.

»Según las leyes de Dios en la naturaleza, el efecto sigue a la causa con una certeza invariable. La cosecha da testimonio de la siembra. Aquí no se tolera ningún pretexto. El hombre puede engañar a sus semejantes y recibir alabanzas y compensaciones por un servicio que no ha realizado. Sin embargo, en la naturaleza, no puede haber engaños. La cosecha dicta sentencia condenatoria para el labrador infiel. Y, en el mayor sentido, esto también es cierto en el reino espiritual. Aparentemente, no en realidad, la maldad triunfa. El niño que se escapa de la escuela, el joven que es perezoso en sus estudios, el secretario o aprendiz que no sirve a los intereses de su empleador, el hombre en cualquier oficio o profesión que falta a sus responsabilidades mayores, puede halagar de que, siempre que el mal se esconda, gana un beneficio. Mas no es así; se engaña a sí mismo. La cosecha de la vida es el carácter, y es esto lo que determina el destino, tanto en esta vida como en la vida venidera» (Ed, 107, 108, 1903).

«Podemos aprender una lección preciosa del cultivo que el agricultor hace de su campo. Para recoger una cosecha, este debe cooperar con Dios, el gran labrador. Su parte consiste en preparar la tierra y plantar la semilla, en el momento adecuado y de la forma adecuada. Dios da vida a la semilla. Él envía la luz del sol y las lluvias, y la semilla brota, "primero hierba, luego espiga, después grano lleno en la espiga". Si el agricultor no consigue hacer su parte, puede que el sol brille, que el rocío y las lluvias caigan sobre la tierra, pero no habrá ninguna cosecha. Y, aunque se haya hecho el trabajo de plantar, a menos que Dios envíe la luz del sol, el rocío y la lluvia, la semilla no brotaría ni crecería jamás.

»Así que, en el cultivo de las gracias cristianas debemos cooperar con Dios. Su Palabra nos dice que nos labremos nuestra propia salvación y añade: "Porque Dios es el que en vosotros obra, así el querer como el hacer, según su buena voluntad". Tenemos que hacer una parte y, al hacerla, Dios cooperará seguramente con nosotros» (PUR, 5 de enero de 1905).

«Dios dio al hombre tierra suficiente para ser cultivada. Sin embargo, para recoger la cosecha, debe haber una acción armoniosa de los agentes divino y humano. El arado y otros aperos de labranza deben usarse en el momento correcto. La semilla debe plantarse en su estación. El hombre no debe fallar al hacer su parte. Si es descuidado y negligente, su infidelidad testificará en su contra. La cosecha es proporcional a la energía que él empleó.

»Y así es con las cosas espirituales. Debemos ser trabajadores con Dios. El hombre debe labrarse su propia salvación con temor y temblor, pues es Dios quien obra en él, así el querer como el hacer, según su buena voluntad. Debe haber una asociación, una relación divina, entre el Hijo de Dios y el pecador arrepentido. Somos hechos hijos e hijas de Dios. "Mas a todos los que le recibieron, dióles potestad de ser hechos hijos de Dios". Cristo proporciona la misericordia y la gracia muy abundantemente a todos los que creen en él. Él cumple las condiciones sobre las que descansa la salvación. Sin embargo, nosotros debemos hacer nuestra parte aceptando la bendición con fe. Dios obra y el hombre trabaja. La resistencia a la tentación debe venir del hombre, quien debe tomar su poder de Dios. Así, se convierte en colaborador con Cristo» (RH, 28 de mayo de 1908).

«Durante más de un año, el templo fue olvidado y casi abandonado. Las personas habitaban en sus hogares y se esforzaban por obtener prosperidad temporal; sin embargo, su situación era deplorable. Por mucho que trabajasen, no prosperaban. Los elementos mismos de la naturaleza parecían conspirar en su contra. Como habían dejado el templo desierto, el Señor envió sobre su sustancia una sequía desgastante. Dios les había otorgado los frutos del campo y del huerto, el maíz, el vino y el aceite, como muestra de su favor; sin embargo, como usaron estos regalos abundantes tan egoístamente, se le retiraron las bendiciones» (PK 573, 1917).

El huerto del Señor

«Ante mí se me presentó un vergel de un verdor perenne. Varias personas, incluida yo misma, estábamos trabajando; me habían mandado a inspeccionar minuciosamente los árboles y ver si estaban en estado de floración. Observé que algunos se estaban doblando y deformando debido al viento, y que necesitaban postes de apoyo. Yo estaba retirando cuidadosamente la suciedad de esos árboles débiles y secos para determinar la causa de su estado; descubrí gusanos en las raíces de algunos. Algunos no habían sido bien regados y se estaban secando por falta de agua. Las raíces de otros árboles se habían apelmazado unas con otras para perjuicio de estas. Mi tarea consistía en explicar a los trabajadores las distintas razones de por qué no prosperaban esos árboles. Esto era necesario debido al hecho de que los árboles situados en otras tierras también podían verse afectados igual que estos, y a que debía darse a conocer la causa de que no florecieran y cómo debían cultivarse y tratarse» (1T 632, 1868).

«Su primer campo ministerial es guardar y formar a sus hijos, y cuidar del pequeño huerto que Dios le dio; y, cuando eduque y forme a esos hijos, entonces habrá hecho un trabajo que Dios bendecirá» (Ms 13-1886).

«"Vosotros labranza de Dios sois". Así como uno disfruta del cultivo de un huerto, Dios disfruta de sus hijos e hijas creyentes. Un huerto exige trabajo constante. Se debe arrancar las malas hierbas, y se deben podar las ramas que se desarrollen demasiado rápido. Por lo tanto, el Señor obra para su huerto, así que cuida sus plantas. Él no puede disfrutar de ningún desarrollo que no revele las gracias del carácter de Cristo. La sangre de Cristo ha convertido a los hombres y a las mujeres en el precioso costo de Dios. Entonces, ¡debemos ser muy cuidadosos para no manifestar demasiada libertad al arrancar las plantas que Dios puso en su huerto! Algunas plantas son tan débiles que apenas tienen vida, y el Señor cuida especialmente de estas» (RH, 24 de agosto de 1897).

> «La ley es la raíz, el evangelio es la flor fragante y el fruto que esta da».

«Ningún hombre puede presentar debidamente la ley de Dios sin el evangelio, ni el evangelio sin la ley. La ley es el evangelio materializado, y el evangelio es la ley revelada. La ley es la raíz, el evangelio es la flor fragante y el fruto que esta da» (COL 128, 1900).

«El labrador elige un pedazo de tierra del desierto; la cerca, la limpia y la cultiva, y la planta de vides selectas esperando recoger una abundante cosecha. El labrador espera que esta parcela de tierra, en su superioridad con respecto a la tierra dejada sin cultivar, lo honre al mostrar los resultados de su cuidado y de su trabajo al cultivarla. Así pues, Dios había elegido a un pueblo del mundo para que fuera formado y educado por Cristo. El profeta dice: "Ciertamente la viña del SEÑOR de los ejércitos es la casa de Israel, y los hombres de Judá planta suya deleitosa" (Isaías 5:7). Dios había otorgado a este pueblo grandes privilegios, y lo bendijo abundantemente con su bondad infinita. Dios pretendía que ellos lo honrasen dando su fruto; debían revelar los principios de su reino. En medio de un mundo malvado y caído, debían representar el carácter de Dios.

»Como viña del Señor, debían producir fruto totalmente diferente del de las naciones paganas. Estos pueblos idólatras se habían rendido a las obras malignas. La violencia y la delincuencia, la avaricia, la opresión y las prácticas más corruptas eran practicadas sin restricción. La iniquidad, la degradación y la miseria eran los frutos del árbol corrupto. En acusado contraste, se encontraba el fruto surgido en la vid plantada por Dios.

»La nación judía tenía el privilegio de representar el carácter de Dios tal como este había sido revelado a Moisés. En respuesta a la oración de Moisés, "Ruégote que me muestres tu gloria", el Señor prometió: "Yo haré pasar todo mi bien delante de tu rostro" (Éxodo 33:18-19). "Y pasando el SEÑOR por delante de él, proclamó: El SEÑOR, El SEÑOR Dios, misericordioso, y piadoso; tardo para la ira, y grande en benignidad y verdad; Que guarda la misericordia en millares, que perdona la iniquidad, la rebelión, y el pecado [...]" (Éxodo 34:6-7). Este era el fruto que Dios deseaba de su pueblo. En la pureza de su carácter, en la santidad de sus vidas, en su misericordia y en su bondad amorosa, debían mostrar que "la ley del SEÑOR es perfecta, que convierte el alma" (Salmos 19:7)» (COL 285, 1900).

«De la infinita variedad de plantas y flores, podemos aprender una importante lección: ninguna flor es igual en forma ni en color. Algunas poseen virtudes sanadoras; otras son siempre fragantes. Hay cristianos profesantes que piensan que su deber es hacer a todos los demás cristianos como ellos mismos. Este es el plan del hombre, no el plan de Dios. En la Iglesia de Dios, hay cabida para tantos caracteres como flores hay en un jardín. En su jardín espiritual, hay muchas variedades de flores» (Lt 95-1902).

«Regresamos de San Diego a Los Ángeles y, el martes 6 de diciembre, fuimos a Redlands a pasar unos días de visita. Un poco apartado de Los

Ángeles, el paisaje se volvió muy poco interesante. Pasamos por muchas tierras baldías. Por acá y por allá, mediante medios de regadío, el desierto había sido transformado en naranjales en flor; sin embargo, durante kilómetros enteros sin parar, la tierra estaba sin cultivar. A medida que avanzábamos, recordé que años antes se me habían presentado escenas de una tierra baldía como aquella por la que estábamos pasando, que era cultivada y mejorada y que, por regadío, se había hecho que diera sus abundantes ganancias. Se me instruyó que esta era una lección objetiva de la influencia que debe tener sobre el corazón y sobre la vida de los seres humanos la gracia salvadora de Cristo. Y, si aquellos a los que Dios dio las riquezas del agua de vida hubieran reparado en las responsabilidades que tenían como administradores de la gracia de Dios, y si hubieran ido como misioneros fieles a todos los lugares baldíos de la Tierra, el desierto podría haberse hecho florecer como el huerto del Señor» (RH, 30 de marzo de 1905).

«Recojan las rosas»

«Si los cristianos manifestaran el gozo que Cristo está dispuesto a darles, representarían la religión de la Biblia mucho mejor de lo que lo hacen ahora. Debemos estar en el mundo, pero no debemos ser de él. Debemos ver y apreciar todas las bellezas en la naturaleza, y debemos dejar que los favores de Dios eleven nuestras mentes hasta el bondadoso Dador. Debemos expresar, por precepto y por ejemplo, que somos los poseedores de la paz, de la confianza y de la plenitud del gozo. Debemos cultivar gratitud, amor y alabanza en nuestros corazones para que, a través de sus promesas, más valiosas que perlas preciosas, podamos discernir los propósitos de Dios para nosotros. Así como las flores toman para sí mismas las propiedades más ocultas de la tierra, así también los cristianos tienen el privilegio de tomar del huerto de las promesas de Dios fe, esperanza, paz, gozo y socorro. Estas son para volver a dar a los demás una vida fragante con buenas obras» (ST, 29 de junio de 1888).

«Cuando estuve en Europa, una hermana me escribió profundamente afligida; estaba desesperada y me escribió: "¿Puedes decirme alguna palabra de aliento? ¿Puedes decirme qué puedo hacer para aliviar mis cargas?". La noche después de haber leído su carta, yo soñé que estaba en un jardín, y que un personaje señorial me estaba llevando por los senderos del jardín. Yo cogía las flores y disfrutaba de sus fragancias cuando esta hermana, que estaba caminando a mi lado, dirigió mi atención hacia algunos cardos antiestéticos que le impedían el paso. Y allí estaba ella, apenada y llena de lamentos. No caminaba por el sendero siguiendo al guía, sino que andaba entre los cardos y los espinos. "¡Oh! —se lamentó ella—, ¿no es una pena que este hermoso jardín esté estropeado con los espinos?". Luego, el guía se giró y dijo: "Deje a los cardos en paz, porque solo la dañarán. Recoja las rosas, los lirios y los claveles", y se puso a hacerlo. ¿Por qué no tener algo agradable en lo que pensar? "[...] todo lo que es verdadero, todo lo honesto, todo lo justo, todo lo puro, todo lo amable, todo lo que es de buen nombre: si hay alguna virtud, y si hay alguna alabanza, pensad en las tales cosas".

»Suponga que tiene una familia de hijos a los que da muchas cosas agradables y útiles, y que deben escoger algo para lo que no parezcan tener objeción, y que deben hablar de sus defectos, y lamentarse y desesperarse porque esa cosa no recibió totalmente su aprobación; ¿cómo pensaría que le están devolviendo su bondad y su misericordia hacia ellos? ¿Sentiría que sus esfuerzos fueron recompensados como debían? ¿No dañaría su corazón ver que sus hijos son tan desagradecidos y que aprecian tan poco su amor por ellos?

»La preciosa Biblia es el jardín de Dios y sus promesas son los lirios, las rosas y los claveles. ¿Por qué no recoge las flores fragantes y deja solo los cardos? ¿Por qué no habita en el amor de Jesús? ¿Por qué no lleva gratitud a su vida por todos los beneficios que recibió de su Padre celestial? Cuanto más agradecimiento exprese, más tendrá para expresar» (RH, 19 de marzo de 1889).

«Suponga que está en un jardín en el que florecieran rosas, lirios y claveles hermosos; sin embargo, en vez de tomar las flores hermosas, buscaría todo lo que fuera censurable tomar para enseñárselo a los demás como muestra de ese jardín. ¿Representarían adecuadamente al jardín las cosas censurables que tomó? ¡De ningún modo! Si los cristianos recogen pesimismo y tristeza para sus almas, y murmuraciones y quejas, ¿representan estos a Dios a la vida cristiana como esta es realmente? Cristo nos dice que, si permanecemos en él, él permanecerá en nosotros. ¿Hacemos como él nos mandó? ¿Recogeremos las rosas, los lirios y los claveles, y presentaremos al mundo el lado resplandeciente y esperanzador de la religión?» (RH, 16 de abril de 1889).

Las cosas pequeñas

«Si los padres desean enseñar a sus hijos autocontrol, primero deben cultivar el hábito ellos mismos. Regañar y señalar los fallos por parte de los padres alienta un temperamento precipitado y pasional en los hijos. El amor y la justicia deben ir de la mano en el gobierno del hogar. Que la obediencia a la autoridad parental sea rápida y permanente. Dios ha dado a los padres una tarea: moldear el carácter de sus hijos según el Patrón divino. Por medio de la gracia de Dios, ellos pueden lograr la tarea; sin embargo, requerirá un esfuerzo arduo y paciente, así como firmeza y decisión, guiar la voluntad y restringir las pasiones. Un campo dejado de la mano solo produce espinos y cardos. El que asegure una cosecha para su provecho o su hermosura primero debe preparar la tierra y sembrar la semilla; luego, escardar los brotes tiernos para quitar las malas hierbas y suavizar la tierra, y entonces florecerán plantas preciosas que recompensarán abundantemente su cuidado y su trabajo» (ST, 24 de noviembre de 1881).

«Su afligido hijo necesita que trate con él con calma y con ternura; necesita su compasión. No debe estar expuesto a su insano temperamento ni a sus demandas irracionales. Debe corregir en cuanto al espíritu que manifiesta. La pasión ingobernable no será sometida en un momento; sin embargo, tiene ante usted su tarea vital: arrancar del jardín del corazón la maleza venenosa de la impaciencia, la crítica y la de una disposición autoritaria. "Mas el fruto del Espíritu es: Amor, gozo, paz, longanimidad, benignidad, bondad, fe, Mansedumbre, templanza". Aquellos que son de Cristo crucificaron la carne con sus afectos y lujurias; sin embargo, la parte bruta de su naturaleza toma las riendas del control y guía a la parte espiritual. Este es el orden de Dios invertido» (4T 365, 1881).

> «*Padres, su propio hogar es el primer campo al que son llamados a trabajar. Las preciosas plantas en el jardín del hogar requieren su primer cuidado*».

«Padres, su propio hogar es el primer campo al que son llamados a trabajar. Las preciosas plantas en el jardín del hogar requieren su primer cuidado. Se le designó a usted para que vigile las almas como almas que deben rendir cuentas. Considere minuciosamente su trabajo, su naturaleza, su carga y sus resultados. Línea a línea, precepto a precepto, un poco por acá y otro poco por allá, deberá instruir, advertir y aconsejar, recordando siempre que sus apariencias, sus palabras y sus acciones tienen una incidencia directa en el rumbo futuro de sus seres queridos. Su trabajo no consiste en pintar una forma de belleza sobre un lienzo, ni labrarla del mármol a cincel, sino estampar sobre un alma humana la imagen del Divino» (ST, 25 de mayo de 1882).

«El maestro debe estudiar detenidamente la disposición y el carácter de sus alumnos para poder adaptar su enseñanza a las necesidades peculiares de los niños. El maestro tiene un jardín que cuidar en el que hay plantas que difieren enormemente en naturaleza, forma y desarrollo. Si bien algunas pueden parecer hermosas y simétricas, muchas otras se han quedado enanas y deformes debido al abandono. El jardinero anterior no hizo su trabajo con fidelidad. Con el cultivo adecuado, se habría hecho que estas plantas y estos matorrales hubieran crecido hermosos y bellos; sin embargo, aquellos a los que se les encargó el cuidado de los tiernos plantones los dejaron a merced de las circunstancias, y ahora el trabajo de la formación y del cultivo es diez veces mayor» (RH, 22 de septiembre de 1885).

«En este mundo, tenemos deberes temporales que cumplir y, al cumplirlos, formamos un carácter que resistirá a la prueba del juicio o que será pesado en la balanza y considerado deficiente. Podemos hacer el más pequeño de los deberes de forma noble, firme y fiel como si nos estuvieran mirando todas las huestes celestiales. Aprenda una lección del jardinero: si desea que una planta crezca, la cultiva y la poda, la riega y la escarda, la planta donde le dé la luz del sol; y día tras día trabaja en ella. Y no con grandes esfuerzos, sino con acciones repetidas de forma constante, el jardinero prepara la mata hasta que su forma es perfecta, y plena su floración. La gracia de nuestro Señor Jesucristo obra en el corazón y en la mente como un educador. La continua influencia de su Espíritu sobre el alma prepara, moldea y conforma el carácter según el modelo divino. Que los jóvenes tengan en cuenta que la repetición de acciones forma el hábito y, este, el carácter. "Velad, pues, orando a todo tiempo, que seáis hechos dignos de escapar todas estas cosas que han de venir, y de estar en pie delante del Hijo del hombre". Jóvenes amigos, ¿pueden desear con alegre esperanza y expectación el día en que vendrá el Señor, el Juez justo? ¿Y reconocerá él sus nombres delante del Padre y delante de sus ángeles santos?" (YI, 7 de septiembre de 1893).

«Si quieren cultivar y preparar hábilmente [sic] sus flores, deben consultar a un jardinero, ya que él entiende el trabajo, prepara la tierra para que cultive cómo y cuando él quiere. Él da a las flores agua, luz del sol y aire abundantemente, y las escarda con esmero. Día tras día, él trabaja, no con grandes esfuerzos, sino con pequeñas acciones que repite de forma constante hasta poder instruir al matorral o a la flor para que adopte la forma y la belleza correctas. Así, la gracia de Cristo obra en el corazón y en la mente del humano como un educador. La continua influencia de su Espíritu instruye al alma y moldea el carácter según el Modelo divino» (YI, 28 de enero de 1897).

«Padres, en la instrucción de sus hijos, estudien las lecciones que Dios ha dado en la naturaleza. Si instruyeran a un clavel, a una rosa o a un lirio, ¿cómo lo harían? Pregunten al jardinero mediante qué proceso hace él florecer tan hermosamente las ramas y las hojas, y cómo hace que su desarrollo sea simétrico y hermoso. Él les dirá que no fue mediante toques duros y arduos esfuerzos, ya que esto solo quebraría los delicados tallos. Fue mediante un poco de atención, a menudo repetida. Él hidrató la tierra y protegió las crecientes plantas de las duras ráfagas de aire y del sol abrasador, y Dios las hizo florecer y volverse una hermosura. Al tratar con sus hijos, sigan el método del jardinero. Con toques delicados y ministraciones amorosas, busquen transformar su carácter según el patrón del carácter de Cristo» (DA 516, 1898).

«No debe dejarse que los hijos crezcan como quieran. Así como el jardinero endereza a los árboles pequeños en un huerto, así deben ser enderezados los hijos. Debe controlarse su perversidad porque, si no se hace, la llevarán con ellos a su vida religiosa, y eso los convertirá en miembros de la iglesia corruptos. Los padres que piensan que no tienen ninguna necesidad de restringir a sus hijos y permiten que estos den forma a su propio carácter, verán en el futuro el triste resultado de este abandono. Verán que su fracaso a la hora de señalar e indicar defectos ha hecho imposible que sus hijos entren en el cielo» (ST, 11 de diciembre de 1901).

«Los padres y los maestros deben buscar de forma sumamente sincera esa sabiduría que Jesús está siempre listo para dar, ya que tratan con mentes humanas en el período más interesante e impredecible de su desarrollo. Deben tener como objetivo cultivar las tendencias de los jóvenes para que, en cada etapa de su vida, ellos puedan representar la belleza natural de forma apropiada para ese período, revelándola poco a poco, como hacen las plantas y las flores en el jardín» (6T 204, 1901).

«El hijo de un granjero adinerado, Eliseo, emprendió la obra más cercana. Aunque poseía las capacidades para ser un líder entre los hombres, recibió una formación en las obligaciones comunes de la vida. Para dirigir sabiamente, debía obedecer. Al ser fiel en lo pequeño, estaba preparado para encargos más importantes» (Ed 58, 1903).

«Puesto que no están conectados con ninguna obra directamente religiosa, muchos piensan que sus vidas no sirven para nada, que no hacen nada para hacer avanzar el reino de Dios. Si pudieran hacer algunas cosas magníficas, ¡con qué felicidad las harían! Sin embargo, como solo saben servir en lo pequeño, se consideran justificados para no hacer nada. En esto, se equivocan. Un hombre puede estar en el servicio activo de Dios a la vez que cumple deberes cotidianos y ordinarios — a la vez que tala árboles, limpia la tierra o sigue el arado. La madre que instruye a sus hijos para Cristo trabaja tan ciertamente para Cristo como el ministro en el púlpito» (PK 219, 1917).

Servicio sacrificial
«No ignore lo pequeño para buscar una obra más grande. Podría hacer satisfactoriamente la obra pequeña, pero jamás intenta emprender una grande y acaba siendo presa del desaliento. Eche raíces allá donde vea que hay trabajo que hacer. Ya sea rico o pobre, grande o humilde, Dios lo llama al servicio activo para él. Será haciendo con su poder lo que encuentren sus manos que desarrollará talento y aptitud para el trabajo, y es perdiendo sus oportunidades diarias que se volverá infructuoso y marchito. Esta es la razón de que haya tantos árboles infructuosos en el jardín del Señor» (RH, 28 de febrero de 1893).

«No hay nada, salvo el corazón egoísta del hombre, que viva de sí mismo. No hay ningún pájaro que surque los aires, ningún animal que se mueva por la tierra, que no ministre para alguna otra vida. No hay ninguna hoja del bosque, ni diminuta brizna de hierba, que no tenga su ministerio. Cada árbol, matorral y hoja emana ese elemento de vida sin el cual no podrían vivir ni el hombre ni el animal y, a cambio, el hombre y el animal ministran para la vida del árbol, del matorral y de la hoja. Las flores respiran la fragancia y despliegan su belleza bendiciendo al mundo. El sol derrama su luz para alegrar mil mundos. El océano, en sí el origen de todas nuestras fuentes y todos nuestros manantiales, recibe los cauces de todas las tierras, pero toma para dar. La neblina que asciende de su lecho cae como aguacero para regar la tierra, para que esta crezca y dé fruto» (DA 20,1898).

«Son muchos, muchísimos, los que se acercan al día de Dios sin hacer nada, huyendo de las responsabilidades y, como resultado, son enanos religiosos. En lo que a la obra de Dios concierne, las páginas de la historia de su vida están tristemente en blanco. Son árboles en el huerto de Dios, pero son un estorbo para la tierra, pues oscurecen con sus improductivas ramas el terreno que podrían haber ocupado otros árboles cargados de frutos» (RH, 30 de abril de 1901).

«Con el acto de esparcir los granos por la tierra, el Salvador representa su sacrificio por nosotros. "Si el grano de trigo que cae en la tierra, no muriere —él dice—, él queda solo; mas si muriere, mucho fruto lleva" (Juan 12:24). Solo por medio del sacrificio de Cristo, la Simiente, puede dar fruto para el reino de Dios. De acuerdo con la ley del reino vegetal, la vida es el resultado de la muerte de Cristo.

»Así que, a todos los que dan fruto como colaboradores de Cristo: el amor y el interés propio deben morir; la vida debe echarse al surco de la necesidad del mundo. Sin embargo, la ley del autosacrificio es la ley de la autopreservación. El labrador preserva su grano echándolo a la tierra. Así, la vida que se preserva es la vida que se da libremente al servicio de Dios y del hombre.

»La semilla muere para resurgir a una nueva vida. En esto, aprendemos la lección de la resurrección. Dios dijo del cuerpo humano puesto para moldear en la tumba: "Se siembra en corrupción; se levantará en incorrupción: Se siembra en deshonra; se levantará en gloria: se siembra en flaqueza; resucitará en poder" (1 Corintios 15:42-43)» (Ed 110, 1903).

«Los árboles que se siembran muy cerca unos de otros no crecen de forma saludable ni robusta. El jardinero los trasplanta para que tengan sitio para desarrollarse. Un trabajo similar beneficiaría a muchos de los miembros de las iglesias grandes, quienes necesitan que los pongan donde se apelará a sus energías en un esfuerzo cristiano activo. Están perdiendo su vida espiritual, se están empequeñeciendo y se están volviendo ineficaces por falta de trabajo sacrificial por los demás. Si se los trasplantara en otro campo misionero, crecerían fuertes y vigorosos.

»Pero nadie necesita esperar a ser llamado a algún campo lejano para empezar a ayudar a los demás. Las puertas del servicio están abiertas en todos lados. Los que necesitan nuestra ayuda están a todo nuestro alrededor. La viuda, el huérfano, el enfermo y el moribundo, el de corazón dolido, el desalentado, el ignorante y el marginado están por todos lados» (MH 152, 1905).

El cultivo de la tierra

«A cada padre y a cada madre se le asigna un pedazo de tierra delante de la puerta de su casa. Su trabajo consiste en limpiarla de las hierbas nocivas y hacer madurar la tierra para que la preciosa semilla pueda echar raíces y florecer en ella. Hacer su trabajo con fidelidad será mucho más agradable para Dios que ir de misión a alguna tierra extranjera y dejar el propio campo abandonado. La obra de los ministros y de los padres cristianos debe empezar con sus propios hijos. Presente a la Iglesia y al mundo una familia bien disciplinada, y presentará uno de los argumentos más fuertes a favor de la cristiandad» (ST, 10 de noviembre de 1881).

«"Vosotros labranza de Dios sois". ¿Aplicarán los estudiantes esta lección cuando trabajen el terreno, labren la tierra, usen el arado y pasen la grada poniendo todas las destrezas que poseen en el trabajo de dar a la tierra un estado en el que sea apta para plantar la semilla y los árboles que precederán a la cosecha? ¿Tendrán en cuenta que son labranza de Dios, una parte de su granja, y que en este período lectivo hay una gran cantidad de trabajo que hacer por parte de aquellos a quienes se les asigna vigilar las almas por las que deben rendir cuentas? Hay corazones a los que se

Lecciones espirituales de la agricultura 153

les debe asignar mucho más trabajo porque el suelo no se ha sometido al arado o a la grada. El suelo endurecido debe romperse y someterse para que la Palabra de Dios, el evangelio de la semilla, halle una tierra favorable para producir una cosecha.

»Que los estudiantes convoquen todas sus facultades de discernimiento para aplicarlas sobre este tema. Que sus destrezas interpreten las figuras usadas. La tierra debe trabajarse para producir una variedad de propiedades favorables para el crecimiento de la semilla y del fruto. Sin embargo, la cosecha recompensará los arduos esfuerzos satisfaciendo las necesidades del hombre.

»Se necesitan las lluvias tempranas y las tardías. "Colaboradores somos con Dios". Solo el Señor puede dar las preciosas lluvias tempranas y tardías. Las nubes, la luz del sol, las gotas de rocío por la madrugada, ¡estas son las provisiones más preciosas del cielo! Sin embargo, todos estos favores concedidos, por gracia, por el cielo demostrarán ser de poco valor para quienes no se apropien de ellos realizando un arduo y diligente esfuerzo por su parte. En la agricultura, se deben hacer esfuerzos personales. Se tiene que arar y volver a arar. Se deben emplear aperos y la destreza humana los debe usar. La semilla debe sembrarse en su estación. Las leyes que controlan el tiempo y la cosecha de la semilla deben observarse; de lo contrario, no habrá ninguna cosecha.

»Debe haber una colaboración armoniosa e inteligente de lo divino y lo humano. La labranza del suelo es un libro de lecciones que, si se lee, será de gran beneficio para todos los estudiantes de nuestra escuela. Podrán entender que el trabajo superficial y que un esfuerzo a medias y casual se revelará en la cosecha que se recogerá» (Ms 182-1897).

«Al talar los árboles y al romper la tierra en su preparación para sembrar la semilla, todos los trabajadores tienen que aprender una lección: de la misma forma como es tratada la tierra será la obra espiritual en el corazón humano. Quienes debido a su esfuerzo vigilante, inteligente y perseverante se beneficien de la labranza de la tierra, deben romper la tierra baldía del corazón con la ayuda de la apaciguadora y dominante influencia del Espíritu Santo. Por consiguiente, el cultivo de la tierra demostrará ser la formación del alma» (Lt 3-1898).

«De cultivar, de disciplinar y de someter la tierra se pueden aprender lecciones constantemente. Nadie pensaría establecerse en un árido trozo de tierra con la esperanza de que dé una cosecha de repente. Se debe realizar un trabajo sincero, diligente y perseverante al tratar la tierra en su preparación para sembrar la semilla. Lo mismo ocurre con el trabajo espiritual en el corazón humano. Quienes se beneficien de la labranza de la tierra deben avanzar con la Palabra de Dios en su corazón. Entonces, verán que la tierra baldía del corazón se rompe con la dominante y apaciguadora influencia del Espíritu Santo. A menos que se trabaje duro, la tierra no dará ninguna cosecha. Lo mismo ocurre con la tierra del corazón: el Espíritu de Dios debe obrar en ella para refinarla y disciplinarla antes de poder dar fruto para gloria de Dios» (COL 88, 1900).

«Los jóvenes deben instruirse de la misma manera. Del cultivo de la tierra pueden extraerse lecciones constantemente. Nadie se establece en un árido trozo de tierra con la esperanza de que dé una cosecha de repente. Se debe realizar un trabajo diligente y perseverante en la preparación de la tierra, la siembra de la semilla y el cultivo de la cosecha. Y lo mismo ocurre en la siembra espiritual. El huerto del corazón debe cultivarse. La tierra debe romperse por medio del arrepentimiento. La mala hierba que ahoga al grano bueno debe arrancarse de raíz. Así como la tierra antes descuidada y llena de espinos puede recuperarse solo con trabajo diligente, las tendencias malvadas del corazón pueden vencerse solo con un esfuerzo sincero en el nombre y en la fortaleza de Cristo» (Ed 111, 1903).

> *«Quien cultiva la tierra debe hacer de su trabajo una lección objetiva del esmerado y meticuloso trabajo que debe hacerse en el cultivo de la tierra del corazón».*

«Quien cultiva la tierra debe hacer de su trabajo una lección objetiva del esmerado y meticuloso trabajo que debe hacerse en el cultivo de la tierra del corazón» (RH, 27 de junio de 1907).

«Administre las normas del hogar con sabiduría y con amor, no con vara de hierro. Los hijos responderán con una obediencia dispuesta a las normas del amor. Elogie a sus hijos siempre que pueda. Haga su vida lo más feliz posible. Ofrézcales divertimentos inocentes. Haga del hogar un Betel, un lugar santo y consagrado. Mantenga blanda la tierra del corazón manifestando amor y afecto, preparándola así para la semilla de la verdad. Recuerde que el Señor no solo da a la Tierra nubes y lluvia, sino también la hermosa y viva luz del sol, que hace que la semilla germine y aparezca la flor. Recuerde que los niños no necesitan solo reprimendas y corrección, sino también aliento y elogios, la agradable y viva luz de las palabras amables» (CT 114, 1913).

La siembra de la semilla

«No solo se ha visto amenazada la salud física y mental de los niños al ser enviados a la escuela a una edad muy temprana, sino que han perdido mucho desde un punto de vista moral. Han tenido oportunidades para familiarizarse con niños no instruidos en sus formas; que fueron arrojados a la sociedad de los groseros, los mentirosos, los blasfemadores, los ladrones, los embusteros y los que se deleitan transmitiendo sus conocimientos sobre vicios a quienes son más pequeños que ellos. Si se dejan entre sí, los niños más pequeños aprenden lo malo más fácilmente que lo bueno. Los malos hábitos concuerdan sumamente bien con el corazón natural, y las cosas que ven y que escuchan en la infancia y en la niñez están impresas profundamente en sus mentes, y la mala semilla sembrada en sus corazones jóvenes echará raíces y se convertirá en afilados espinos para herir el corazón de sus padres.

»Durante los primeros seis o siete años de la vida de un niño, debe prestarse especial atención a su formación física, más que al intelecto. Tras este período, si su constitución física es buena, se deben instruir los dos. La infancia se extiende hasta los seis o siete años. Hasta esta edad, debe dejarse que los hijos, cual corderitos, deambulen por la casa y por los campos, saltando y brincando en la flotabilidad de sus espíritus, libres de preocupaciones y de problemas.

»Los padres, en especial, las madres, deben ser las únicas maestras de estas mentes tan infantiles. No deben enseñar a partir de libros. Por lo general, los niños serán inquisitivos para aprender las cosas de la naturaleza; harán preguntas sobre las cosas que ven y que oyen, y los padres deben mejorar la oportunidad de instruir y contestar pacientemente a estas pequeñas consultas. De esta manera, pueden sacar ventaja al enemigo y fortificar las mentes de sus hijos sembrando la buena semilla en sus corazones sin dejar ningún espacio para que arraigue la mala. Las instrucciones amorosas de la madre son lo que necesitan los hijos en edad delicada para la formación de su carácter» (SA 132, 133, 1870).

«Los niños a los que se les permite salirse con la suya no son felices. El corazón no sometido no tiene en sí los elementos de reposo y de satisfacción. La mente y el corazón deben disciplinarse y limitarse debidamente con el fin de que el carácter se armonice con las leyes sabias que gobiernan nuestro ser. La falta de reposo y de satisfacción son los frutos de la indulgencia y del egoísmo. La tierra del corazón, al igual que la de un huerto, producirá malas hierbas y zarzas a menos que las semillas de las flores preciosas se planten en ella y reciban cuidados y refinamientos. Al igual que en la naturaleza visible, así es también en el alma humana» (4T 202, 1881).

«Los poderes morales y mentales que Dios nos dio no constituyen el carácter. Son talentos que deben mejorarse y que, si se mejoran correctamente, formarán un carácter correcto. Un hombre puede tener una semilla preciosa en su mano, pero esa semilla no es un huerto. La semilla debe plantarse antes de convertirse en un árbol. La mente es el huerto y el carácter es el fruto. Dios nos dio nuestras facultades para cultivar y desarrollar. Nuestro propio curso determina nuestro carácter. Al instruir estos poderes para que se armonicen y formen un carácter valioso tenemos que hacer un trabajo que no puede hacer nadie más que nosotros» (4T 606, 1881).

«Las personas que se dan al hábito de leer historias no progresan ni mental ni moralmente. El tiempo dedicado así es más que malgastado. La semilla del evangelio que se sembró en el corazón sigue sin dar fruto o está asfixiada por las malas hierbas nacidas de esas lecturas. La semilla que no brota y que no da su fruto pierde su poder germinador. La higuera que no dio fruto fue maldita a ser cortada, y fue condenada como impedimento para la misma tierra que ocupaba. Dios requiere el crecimiento saludable de todos los árboles en el huerto del Señor. Sin embargo, leer historias achica el intelecto. La niñez y la juventud son el momento para empezar a amueblar la mente, pero no con las virutas y la mugre que se encuentran en los periódicos modernos y en la literatura fantástica. La mente debe guardarse con mucho cuidado. No debe permitirse la entrada a ella de nada que dañe o destruya su saludable vigor. Sin embargo, para evitar esto, la mente debe ocuparse con buenas semillas, las cuales, al brotar llenas de vida, producirán ramas llenas de fruto. Si se siembran todo tipo de semillas —buenas y malas indiscriminadamente—, la tierra de la mente será empobrecida y desmoralizada por un crecimiento salvaje y nocivo. Nacerán todo tipo de malas hierbas, y la buena semilla no obtendrá ningún crecimiento en absoluto. Un campo dejado sin cultivar no tarda en presentar un crecimiento espontáneo de cardos y vides enzarzadas que agotan la tierra y que no valen nada para el dueño. El terreno está plagado de semillas agitadas y transportadas por el viento que sopla de todos lados; y, si el terreno se deja sin cultivar, las semillas brotarán espontáneamente y asfixiarán todas las plantas preciosas que den fruto y que luchen por existir. Si el campo se labrara y se sembrara de granos, estas malas hierbas sin valor serían aniquiladas y no podrían crecer.

»La similitud entre un campo sin cultivar y una mente sin formar es sorprendente. Los niños y los jóvenes ya tienen en su mente y en su corazón una semilla corrupta lista para brotar y dar su cosecha de perversión; y se necesita el mayor de los cuidados y la mayor de las vigilancias para cultivar y amueblar la mente con semillas preciosas de la verdad bíblica. Los hijos deben formarse para que rechacen los cuentos emocionantes y baratos, y para que vuelvan hacia la lectura sensible que instruya sus mentes para que se interesen en los relatos bíblicos, en la historia y en los argumentos. Si su imaginación se emociona al alimentarla de historias ficticias totalmente inventadas, entonces no desearán buscar las Escrituras u obtener un conocimiento de la verdad para transmitirlo a los demás. La verdad es lo que nuestros jóvenes deben leer y estudiar, no ficción. La verdad que debe practicarse todos los días, esa verdad que Cristo oró que santificara a sus discípulos» (RH, 9 de noviembre de 1886).

«La mejor forma de evitar el crecimiento de la maldad es ocupando previamente la tierra. Se necesita el mayor de los cuidados y la mayor de las vigilancias para cultivar la mente y sembrar en ella las preciosas semillas de la verdad bíblica» (CTBH 125, 1890).

«En el círculo del hogar, frente a la chimenea de su vecino, en el lecho de un enfermo, y de forma tranquila, puede leer las Escrituras y hablar de Jesús y la verdad. Así, puede que la semilla preciosa se siembre para que brote y dé fruto tras muchos días» (RH, 6 de enero de 1891).

«Cuando los padres educan a sus hijos según la orden de Dios, instruyéndolos por precepto y por ejemplo a amar y a venerar a Dios, a obedecer cada palabra que proceda de la boca de Dios, también se instruyen a sí mismos y fortalecen sus propias almas en el amor de Cristo. El que enseña las lecciones de Cristo siembra una semilla preciosa que no solo se reproducirá en el corazón de los instruidos, sino que echará nuevas raíces y brotará de nuevo en el corazón del maestro. Al presentar la verdad para que esta pueda ser comprendida por las jóvenes mentes indisciplinadas, el padre o el maestro encuentra que esta tiene un nuevo poder y una nueva vivacidad para su propia alma. Al pretender imprimir su importancia en la conciencia de los jóvenes, reparamos en su valor en un sentido más amplio que antes y apreciamos mejor el carácter divino de nuestro Redentor. Habitando en el carácter de Cristo, el maestro, contemplándolo a él, será transformado; tomará el Espíritu de Cristo y difundirá la luz del Sol de justicia, resplandeciendo los brillantes rayos de la justicia de Cristo en la mente de sus alumnos, y su propia alma será renovada, y reparará en que, sea lo que sea que siembre el hombre, eso también cosechará» (ST, 27 de abril de 1891).

«El faraón tenía su tiempo de siembra y también su tiempo de cosecha. Él sembraba resistencia y obstinación; sembraba la semilla en el suelo. Dios no empleaba ningún poder nuevo. Se dejaba que la semilla brotara; y se permitía al hombre mostrar su verdadero carácter. Cuando el Señor ve incredulidad en el corazón contra la luz y la evidencia, lo único que tiene que hacer es dejar solo al agente humano, ya que la semilla sembrada en la tierra producirá semillas de su mismo tipo. Son muchos los que han sembrado la semilla de la incredulidad y, si se cultiva esta semilla, producirá una cosecha que no será tan agradable de cosechar como la semilla que se ha de plantar. Cuando el faraón rechazó acatar los mensajes y las advertencias de Dios, y no fue amonestado por el primer milagro que Dios obró para convencerlo, el faraón estaba en una condición para decir más fácilmente: "Lo haré" y "No lo haré". Su resistencia independiente produjo una cosecha de su mismo tipo y todas las evidencias que Dios dio para poner sus pisadas sobre el camino correcto solo sirvieron para sujetarlo más a su incredulidad y a su rebelión. Pasó de mostrar un grado de resistencia y de desobediencia voluntaria a Dios a otro grado, así como han hecho todos los impíos de todas las edades y harán hasta el final de los tiempos, hasta que, al final, el faraón contempló el rostro sin vida de su hijo primogénito. El carácter revelado por el faraón es similar al de todos los impenitentes. Dios no destruye a ningún hombre; sin embargo, tras un tiempo, los malvados son entregados a la destrucción que causaron para sí mismos» (YI, 30 de noviembre de 1893).

«En el mundo físico, la semilla recompensa al sembrador. Primero, aparece la hoja, luego, la espiga y, luego, el grano en la espiga y, luego, la cosecha. Hay un agente invisible que obra desde el momento en que se sembró la semilla hasta que se recoge la cosecha. El rocío de la mañana, las benditas lluvias caídas del cielo, que refrescan, enriquecen y nutren las diminutas semillas, los rayos del sol, que traen vida, calidez y alegría, todos estos son eslabones en la cadena de la providencia de Dios. La semilla requiere las riquezas de la tierra, del aire, del rocío y de la lluvia. La cadena es forjada por un agente invisible, incluso por un poder omnipotente, que obra en silencio, pero eficazmente uniendo entre sí a los agentes que producen la cosecha.

»La siembra de la semilla es un trabajo que es realizado por el sembrador con fe. Por así decirlo, él dispersa la semilla para que se produzca una cosecha, que será su recompensa. Mire cómo el trabajador prepara la tierra para la semilla. El trabajador perezoso y descuidado solo prepara la tierra a medias, y la cosecha siempre da testimonio del carácter de su trabajo. No fue sincero ni diligente al preparar la tierra, y lo único que encuentra es decepción en la cosecha. No cultivó el terreno a conciencia, y el resultado es que el cultivo es un fracaso, que la semilla se ha perdido, y la cosecha inservible testifica en su contra. El fruto cosechado no es suficiente como para recompensar al trabajador por su trabajo.

»Lo mismo ocurre con las cosas espirituales. De esto debemos aprender que el carácter del trabajador no se mide siempre por el resultado aparente de su trabajo, sino por el trabajo realizado honesta y fielmente. Nuestro Salvador haría que todos estudiaran las leyes de la naturaleza, ya que estas son una representación de las leyes de la gracia. En todas sus obras, la naturaleza es una maestra de cosas espirituales. Así como la tierra es preparada para la semilla, el corazón también debe prepararse para las semillas de la verdad. Las malas hierbas del pecado y del egoísmo deben arrancarse de raíz, ya que producirán una cosecha que el sembrador no deseará recoger. La buena semilla que se siembra debe cultivarse y mantenerse libre de malas hierbas. No debe dejarse que la tierra del corazón se endurezca, sino que debe calentarse bajo los relucientes rayos del Sol de justicia. La luz no debe apagarse.

»El que contó la parábola del grano de mostaza es el Soberano del cielo, y las mismas leyes que rigen la siembra y la cosecha de la semilla terrenal rigen la siembra de las semillas de la verdad. [...] En la siembra de simientes según el evangelio, la Palabra de Dios debe comunicarse como la verdad; la Palabra debe entretejerse con toda la vida práctica» (Lt 55-1897).

«Tras la crucifixión de Cristo, los judíos, los griegos, los bárbaros y los escitas, tanto esclavos como libres, pudieron entender su obra y comprender las palabras que él dirigió a sus discípulos en esta ocasión: "De cierto, de cierto os digo, que si el grano de trigo que cae en la tierra, no muriere, él queda solo; mas si muriere, mucho fruto lleva". Cristo vio que el terreno baldío del corazón debe romperse, que la tierra debe ser trabajada minuciosamente, que la buena semilla debe ser plantada y escardada con esmero. No fue agradable para los discípulos someterse a esto. Son muchas las influencias encontradas que obraron para confundirlos y enturbiar sus mentes. Sin embargo, con esta sabiduría, Cristo presentó su futuro y lo ilustra mediante las cosas de la naturaleza para que los discípulos pudieran entender que el propósito de su misión debía cumplirse con su muerte. "De cierto, de cierto os digo", dijo Jesucristo. Cuando Cristo decía: "De cierto, de cierto", los discípulos siempre entendían que lo siguiente era algo importante y, ahora, al escuchar estas palabras, vieron la divinidad revelada en la humanidad. "De cierto, de cierto os digo que si el grano de trigo que cae en la tierra, no muriere, él queda solo; mas si muriere, mucho fruto lleva". Cuando el grano de trigo cae en la tierra y muere, brota y da fruto. Así, la muerte de Cristo resultó en fruto para el reino de Dios. La vida debía ser el resultado de su muerte, en total armonía con la ley del reino vegetal.

»En todas las cosechas se repite esta lección. Quienes labran la tierra tienen la ilustración de las palabras del Salvador siempre delante de sus ojos. Año tras año, el hombre preserva su grano aparentemente lanzando la muestra más preciosa. Durante un tiempo, esta debe estar oculta bajo el terreno, para ser vigilada por el Señor. Después, aparece la hoja, luego, la espiga y, luego, el grano en la espiga. Sin embargo, este desarrollo no puede producirse a menos que el grano se entierre donde no se ve, oculto y, al parecer, perdido.

»La simiente enterrada en la tierra produce fruto y, a cambio, las semillas de este fruto se plantan. Así, se multiplica la cosecha. Por lo tanto, la muerte de Cristo en la cruz del Calvario dará el fruto de la vida eterna. La contemplación de este sacrificio será la gloria de quienes vivan como frutos de este por las eras eternas» (ST, 1 de julio de 1897).

«El cultivo de la tierra, la siembra de la semilla y el cuidado con el que el sembrador trata la simiente representan diferentes fases de la obra de Cristo para el alma. Primero aparece la hoja, luego, la espiga y, luego, el grano lleno en la espiga.

»El hombre que siembra la semilla lanza aparentemente aquello de lo que depende el sustento de él y de su familia. Sin embargo, él solo renuncia a una ventaja presente por una ganancia mucho más grande. El hombre lanza la semilla para luego poder recogerla en una cosecha abundante. Con fe, puede desear recibir grandes rendimientos [...].

»Cristo busca liderar la mente desde la semilla natural en el interior de la tierra hasta la semilla del evangelio, la siembra de la que resultará la restauración del hombre a su lealtad. El Salvador vino a este mundo para sembrar la semilla de la verdad. Al igual que un sembrador en el campo, él esparció las semillas de la verdad por el corazón de los hombres.

»"Mas el que recibió la simiente en buena tierra, éste es el que oye y entiende la palabra, que también da el fruto: y lleva uno a ciento, y otro a sesenta, y otro a treinta". ¿Se frustrarán las expectativas del sembrador de la semilla? ¡Dios no lo quiera! Pues es por el bien presente y futuro del receptor que la semilla sembrada se reciba en un buen terreno. Cuando es recibida con fe, brotará y dará fruto.

»¿Qué quiere decir recibir la buena semilla dentro del corazón? Significa recibir las palabras de Cristo. Esto es un remedio para el pecado. Algunos reciben la verdad a medias y con ciertos recelos, deseando al mismo tiempo no haberla escuchado. Satanás siembra su semilla en una tierra como esta, en la que no tardan en crecer los cardos que asfixian a la buena semilla. Sin embargo, cuando la semilla del evangelio crece en la tierra que la recibe, cuando se le incorpora vida, se ven resultados gloriosos y directos; resultados que dan testimonio del amor infinito de Dios y del poder transformador del evangelio.

»Recibir la buena semilla significa mucho. En Lucas, leemos: "Y la que en buena tierra, éstos son los que con corazón bueno y recto retienen la palabra oída, y llevan fruto en paciencia". Un corazón honesto es un corazón que, cuando la luz resplandece en su interior, reconoce que el pecado es la transgresión de la ley. "Mirad pues como oís", dijo el Maestro. ¿De qué valdrá pasar la vida engañándose uno mismo? Cuando la verdad sea recibida en el corazón, las cizañas que crecen en él se arrancan de raíz. Los llamados de Dios a la conciencia ya no se obvian como si no tuvieran consecuencias.

»Todos los que reciban la Palabra en un corazón bueno y honesto producirán fruto. En sus corazones brotarán los preciosos frutos del Espíritu: amor, gozo, paz, longanimidad, benignidad, bondad, fe, mansedumbre, templanza» (YI, 16 de agosto de 1900).

«En los primeros años de vida del niño, la tierra del corazón debe prepararse minuciosamente para las lluvias de la gracia de Dios. Luego, las semillas de la verdad deben sembrarse cuidadosamente y deben ser atendidas con diligencia. Y Dios, quien recompensa cada esfuerzo realizado en su nombre, dará vida a la semilla sembrada. En ella, aparecerá primero la hoja, luego, la espiga y, luego, el grano lleno en la espiga.

»Muy a menudo, debido al abandono malvado de los padres, Satanás siembra sus semillas en el corazón de los hijos, y se cosechan penas y vergüenza. El mundo de hoy está necesitado de bondad verdadera porque los padres no han sabido cómo mantener a sus hijos con ellos en sus hogares. No han evitado que sus hijos se asocien con los irresponsables e incautos. Por lo tanto, los hijos han salido al mundo para sembrar las semillas de la muerte» (ST, 25 de septiembre de 1901).

«Cuando el labrador de la tierra siembra la semilla, parece que desperdicia su grano. Puede que los padres piensen que, enseñando a sus hijos los principios de la bondad y la paciencia, están desperdiciando su tiempo y sus esfuerzos. Sin embargo, si son fieles en la formación de sus hijos, recogerán una abundante cosecha como la que recogerá el que siembra buena semilla en su campo» (Ms 77-1902).

«El trabajo del sembrador es un trabajo de fe; no puede entender el misterio de la germinación y del crecimiento de la semilla; sin embargo, confía en los agentes por los que Dios hace florecer la vegetación. El labrador esparce la semilla con la esperanza de recoger una cosecha muchas veces mayor. Así pues, los padres y los maestros deben trabajar con la esperanza de recoger una cosecha de la semilla que siembran.

»Durante un tiempo, puede que la buena semilla pase desapercibida sin dar muestras de haber enraizado; sin embargo, después, cuando el Espíritu de Dios le insufla soplo de vida, la semilla oculta brota y, al final, da fruto. En el trabajo de nuestra vida, no sabemos qué prosperará; esto o aquello. No somos nosotros quienes debemos responder a esta pregunta. "Por la mañana siembra tu simiente, y a la tarde no dejes reposar tu mano" (Eclesiastés 11:6). El gran pacto de Dios declara "la sementera y la siega […] no cesarán" (Génesis 8:22). El labrador labra y siembra confiando en esta promesa. Y nosotros no lo hacemos con menos confianza en la siembra espiritual cuando trabajamos confiando en su promesa: "Así será mi palabra que sale de mi boca: no volverá a mí vacía, antes hará lo que yo quiero, y será prosperada en aquello para que la envié". "El que lleva la preciosa simiente, andando y llorando, volverá sin duda con regocijo, trayendo sus gavillas" (Isaías 55:11; Salmos 126:6).

»La germinación de la semilla representa el inicio de la vida espiritual, y el desarrollo de la planta es una figura del desarrollo del carácter. No puede haber vida sin crecimiento. La planta debe crecer o morir. Así como su crecimiento es silencioso e imperceptible, pero continuo, así es también el crecimiento del carácter. En cada etapa de desarrollo, nuestra vida puede ser perfecta; sin embargo, si se cumplen los propósitos de Dios para nosotros, el progreso será constante […].

»El trigo se desarrolla, "primero hierba, luego espiga, después grano lleno en la espiga" (Marcos 4:28). La intención del labrador al sembrar la semilla y cultivar la planta es producir grano; pan para el hambriento y semillas para cosechas futuras. Así pues, el Labrador divino busca una cosecha. Él busca reproducirse a sí mismo en el corazón y en la vida de sus seguidores para que, por medio de ellos, él pueda ser reproducido en otros corazones y en otras vidas.

»El desarrollo gradual de la planta desde la semilla es una lección objetiva en la formación de los niños. Ahí está "primero hierba, luego espiga, después grano lleno en la espiga" (Marcos 4:28). El que narró esta parábola creó la semilla diminuta, le dio sus propiedades vitales y ordenó las leyes que rigen su crecimiento. Y las verdades enseñadas por medio de la parábola se hicieron realidad en la propia vida de Cristo. Él, la Majestad del cielo, el Rey de gloria, nació como un bebé en Belén y, durante un tiempo, representó al niño indefenso al cuidado de su madre. En su infancia, habló y actuó como un niño, honrando a sus padres y cumpliendo sus deseos de forma útil. Sin embargo, desde sus primeros atisbos de inteligencia, crecía constantemente en gracia y en un conocimiento de la verdad.

»Los padres y los maestros deben tener como objetivo cultivar las tendencias de los jóvenes de tal modo que, en todas las etapas de su vida, estos puedan representar la belleza apropiada para ese período, desplegándose naturalmente, como hacen las plantas en el huerto.

»Los pequeños deben educarse con una simplicidad infantil. Deben formarse para que estén contentos con los pequeños y provechosos deberes y con los placeres y las experiencias naturales para su edad. La infancia responde a la hierba en la parábola, y la hierba tiene una belleza peculiarmente suya. Los niños no deben forzarse a entrar precozmente en la madurez, sino que deben preservar la frescura y la gracia de sus primeros años el mayor tiempo posible. Cuanto más tranquila y simple sea la vida del niño —cuanto más libre sea de las emociones artificiales y más en armonía esté con la naturaleza—, más beneficioso será para su vigor físico y mental y para su fortaleza espiritual» (Ed, 105—107, 1903).

> *«Cuanto más tranquila y simple sea la vida del niño —cuanto más libre sea de las emociones artificiales y más en armonía esté con la naturaleza—, más beneficioso será para su vigor físico y mental y para su fortaleza espiritual».*

«La cosecha es una reproducción de la semilla que se siembra. Todas las semillas dan fruto según su tipo. Y así es con los rasgos de carácter que valoramos. El egoísmo, el amor propio, la autoestima y la autocomplacencia se reproducen, y el final es desgracia y ruina. "Porque el que siembra para su carne, de la carne segará corrupción; mas el que siembra para el Espíritu, del Espíritu segará vida eterna" (Gálatas 6:8). El amor, la compasión y la bondad dan el fruto de la bendición, y una cosecha que es imperecedera.

»La semilla es multiplicada en la cosecha. Un único grano de trigo, multiplicado por repetidas siembras, cubrirían todo un terreno con gavillas doradas. Tan extensa puede ser la influencia de una única vida, de incluso un único acto.

»¡Cuántas obras de amor ha provocado a lo largo de los siglos la memoria de ese vaso de alabastro roto para ungir a Cristo! ¡Y cuántos innumerables dones ha traído a la causa de Cristo esa contribución de una viuda pobre sin nombre de "dos blancas que es un cuadrante"! (Marcos 12:42).

»La lección de la siembra de la semilla enseña generosidad. "El que siembra escasamente, también segará escasamente; y el que siembra abundantemente, segará también abundantemente" (2 Corintios 9:6).

»El Señor dice: "Dichosos vosotros los que sembráis sobre todas aguas" (Isaías 32:20). Sembrar sobre todas aguas significa dar allá donde se necesita nuestra ayuda. Esto no tenderá a la pobreza. "El que siembra abundantemente, segará también abundantemente". Al lanzarla, el sembrador multiplica su semilla. Así que, impartiendo, nosotros aumentamos nuestras bendiciones. La promesa de Dios garantiza suficiencia para que podamos seguir dando.

»Más que esto: al impartir las bendiciones de esta vida, la gratitud en el receptor prepara el corazón para recibir la verdad espiritual, y se produce una cosecha para la vida eterna [...].

»Cuando los padres y los maestros intenten enseñar estas lecciones, el trabajo debe hacerse de forma práctica. Deje que los niños preparen la tierra y siembren la semilla ellos mismos. Mientras trabajan, el padre o el maestro puede explicar el jardín del corazón, con la buena o mala semilla que se siembra en él, y que, así como el huerto debe prepararse para la semilla natural, también el corazón debe prepararse para la semilla de la verdad. Al arrojar la semilla a la tierra, pueden enseñar la lección de la muerte de Cristo; y, cuando la hierba brota, la verdad de la resurrección. A medida que crezca la planta se deberá continuar la correspondencia entre la siembra natural y la siembra espiritual» (Ed, 109—111, 1903).

«La mejor forma de prevenir el crecimiento de la maldad es ocupando previamente la tierra. En vez de recomendar a sus hijos que lean a Robinson Crusoe o historias fantásticas de la vida real como *La cabaña del tío Tom*, abra las Escrituras ante ellos y dediquen un momento todos los días a leer y a estudiar la Palabra de Dios. Los gustos mentales deben disciplinarse y educarse con el mayor de los cuidados. Los padres deben comenzar pronto a revelar las Escrituras a las mentes en expansión de sus hijos para que se formen hábitos de pensamiento adecuados.

»No deben escatimarse esfuerzos en el establecimiento de hábitos de estudio correctos. Si su mente divaga, tráigala de vuelta. Si los gustos intelectuales y morales han sido pervertidos por los cuentos de ficción sobreexcitados y apasionantes, de manera que no se tiende a aplicar la mente, se debe librar una batalla para vencer este hábito. El amor por las lecturas de ficción debe vencerse de inmediato. Se debe implementar reglas rígidas para mantener la mente en el canal adecuado.

»Entre un campo sin cultivar y una mente sin educar existe una similitud sorprendente. En la mente de los niños y de los jóvenes, el enemigo siembra cizañas y, a menos que los padres estén vigilantes, estas brotarán para dar su malvado fruto. Se necesita un cuidado constante para cultivar la tierra de la mente y sembrarla con la preciosa semilla de la verdad de la Biblia. Se debe enseñar a los niños a rechazar los cuentos emocionantes y malos y que vuelvan a la lectura sensata, que hará que la mente se interese por los relatos, por la historia y por el argumento de la Biblia. Leerla arrojará luz sobre el Libro Sagrado y acelerará el deseo de estudiarlo al no ser peligroso, sino beneficioso» (CT 136, 1913).

«Vivimos en una época desgraciada para los jóvenes. La influencia dominante en la sociedad es a favor de permitir que los jóvenes sigan el rumbo natural de sus propias mentes. Si sus hijos son muy salvajes, los padres se jactan diciendo que, cuando sean más grandes y razonen por sí mismos, los hijos dejarán sus malos hábitos y se harán hombres y mujeres de provecho. ¡Qué error! Durante años, los jóvenes permiten que un enemigo siembre el huerto de su corazón, y se ven afectados por los malos principios para cultivar y fortalecerse, aparentemente sin discernir los peligros ocultos que les parece a ellos la única vía de felicidad. En muchos casos, todo el trabajo que se confíe luego a estos jóvenes no servirá para nada» (CT 325, 1913).

El cultivo (la escarda)

«Al cultivar sus verduras y sus flores, y arrancar las malas hierbas y podar las ramas muertas, tenga en cuenta que esta es la obra que Dios hace por usted si él lo ama a usted. Al eliminar todo lo invisible y perjudicial para sus plantas, para que no aparezca nada más que lo bello, recuerde que Dios hace precisamente eso con su jardín humano que es usted. El quiere disciplinarlo, quitarle todas las malas hierbas, toda la corrupción y toda la vileza, para que pueda poseer un carácter simétrico y esté libre de los hábitos malvados, para que no se vuelva amargo, desconfiado y pesimista» (HR, 1 de junio de 1871).

«Estas personas podrían cultivar y enriquecer la tierra de sus corazones si lo quisieran, para que la verdad enraíce más profundo; sin embargo, esto implica muchísima paciencia y abnegación. Les cuesta mucho esfuerzo hacer un cambio radical en sus vidas. Se ofenden fácilmente con las reprimendas y son rápidos para decir junto con los discípulos que dejaron a Jesús: "Dura es esta palabra, ¿Quién la puede oír?". "Y asimismo éstos son los que son sembrados en pedregales; los que cuando han oído la palabra, inmediatamente la reciben con gozo; Y no tienen raíz en sí mismos, antes son temporales; que en levantándose la tribulación, o la persecución por causa de la palabra, inmediatamente se escandalizan".

»Jesús representa la semilla que cae en las lindes y en los terrenos abandonados cubiertos por toda una jerarquía de malas hierbas que asfixian a las plantas preciosas que brotan entre ellas; crecen enfermas y mueren. Muchos corazones responden a la voz de la verdad, pero no la reciben ni la atesoran como es debido; le dan un lugar en la tierra del corazón natural, sin haber preparado la tierra ni haber arrancado las malas hierbas venenosas que crecen en ella, ni haber estado vigilantes todas las horas del día para destruirlas si aparecen de nuevo. Los afanes de la vida, la fascinación de las riquezas y el deseo por las cosas prohibidas dejan fuera el amor de justicia antes de que la buena semilla pueda dar fruto. El orgullo, la pasión, el amor propio y el amor al mundo, junto con la envidia y la malicia, no son compañeros de la verdad de Dios. Así como es necesario cultivar minuciosamente la tierra que antes estuvo llena de malas hierbas, también es necesario que los cristianos exterminen diligentemente los errores que presagian su ruina eterna. Solo el esfuerzo paciente y sincero en el nombre y en la fortaleza de Jesús puede eliminar las tendencias malvadas del corazón natural. Sin embargo, quienes han permitido que el aumento de las influencias de Satanás venciera a su fe caen en un estado peor del que ya tenían antes de escuchar las palabras de vida. "Y éstos son los que son sembrados entre espinas, los que oyen la palabra; Mas los afanes de este mundo, y el engaño de las riquezas, y las concupiscencias que hay en las otras cosas entrando, ahogan la palabra, y se hace infructuosa".

»Pocos corazones son como la tierra buena, bien cultivada, y reciben las semillas de la verdad y producen fruto abundante para la gloria de Dios. Sin embargo, Jesús encuentra a algunos cristianos sinceros, de abundantes obras buenas y verdaderos en sus esfuerzos. «"Mas el que recibió la simiente en buena tierra, éste es el que oye y entiende la palabra, que también da el fruto: y lleva uno a ciento, y otro a sesenta, y otro a treinta" (2SP 239, 240, 1877).

«Los padres y las madres dejan muy a menudo que los hijos elijan por sí solos sus diversiones, sus compañías y sus ocupaciones. El resultado es el que cabría esperarse razonablemente. Deje un campo sin cultivar, y se llenará de espinos y de zarzas. No verá nunca una bella flor o una variedad de matorral alzarse por encima de las malas hierbas venenosas y antiestéticas. La zarza crecerá suntuosamente sin ningún problema ni preocupación, mientras que las plantas que son valiosas para su uso o como adorno requieren un cultivo exhaustivo. Si se desarrollan hábitos incorrectos, se necesita diligencia y perseverancia para lograr la tarea» (RH, 13 de septiembre de 1881).

«Debe examinarse con determinación los primeros orígenes de la maldad, las primeras manifestaciones de la insubordinación. La indulgencia del apetito y la pasión deben restringirse con sinceridad y con decisión. Cuando los padres descuidan este trabajo, permiten que los espinos y las zarzas ocupen los huertos del corazón que Dios les ordenó sembrar de semillas preciosas y labrar con esmero para poder producir una cosecha para la vida eterna. Dios visitará ciertamente a los transgresores con juicio. Tanto los padres como los hijos deben recoger la cosecha sembrada» (ST, 8 de diciembre de 1881).

«Me dirijo tanto a usted como a su esposa. Mi posición en la causa y en la obra de Dios requiere de mí una expresión con respecto a la disciplina. Su ejemplo en sus propios asuntos domésticos hará un gran daño a la causa de Dios. El campo del evangelio es el mundo. Usted desea sembrar el campo con la verdad del evangelio, esperando que Dios riegue la semilla sembrada para que dé fruto. Se ha asignado a sí mismo un pequeño trozo de tierra, pero la puerta de su casa está llena de zarzas y espinos, mientras se pone a arrancar las malas hierbas del jardín de los demás. Este no es un trabajo menor, sino uno de gran importancia. Predica el evangelio a los demás; practíquelo antes en casa. Cede ante los caprichos y las pasiones de una niña perversa y, al hacerlo, cultiva rasgos de carácter que Dios aborrece y que hacen a la niña infeliz. Satanás se aprovecha de su abandono y controla la mente. Usted tiene trabajo que hacer para demostrar que entiende los deberes que incumben a un padre cristiano al moldear el carácter de su propia hija según el Patrón divino. Si hubiera comenzado este trabajo en la infancia de su hija, ahora sería fácil, y la niña sería mucho más feliz. Sin embargo, bajo su disciplina, la voluntad y la perversidad de la niña no han hecho sino fortalecerse todo el tiempo. Ahora, requerirá una severidad mayor, y un esfuerzo más constante y perseverante, para deshacer lo que hizo. Si no puede controlar a una niña pequeña que es su deber cuidar, su sabiduría será deficiente al administrar los intereses espirituales de la Iglesia de Cristo» (4T 381, 1881).

«La mente humana está representada por la rica tierra del huerto. A menos que se cultive adecuadamente, se llenará de las malas hierbas y de las zarzas de la ignorancia. La mente y el corazón necesitan cultivarse diariamente, y el abandono no producirá sino maldad. Cuanto más natural sea la habilidad que Dios ha dado a un individuo, mayor es la mejora que se le exige hacer, y mayor es su responsabilidad al usar su tiempo y sus talentos para la gloria de Dios. La mente no debe estar adormecida. Si no se ejercita con la adquisición de conocimiento, habrá ignorancia, superstición y fantasía. Si las facultades intelectuales no se cultivan como deben serlo para glorificar a Dios, se convertirán en una gran ayuda como guía hacia la perdición» (4T 442, 1881).

«Algunas veces, los padres esperan que el Señor haga la obra que él les ha dado para que hagan ellos. En vez de limitar y controlar a sus hijos como deben, los miman y los consienten, y satisfacen sus caprichos y sus deseos. Cuando estos niños se van de sus casas, lo hacen con un carácter deformado por el egoísmo, con apetitos desgobernados, con una fuerte obstinación; no muestran cortesía ni respeto por sus padres y no aman la verdad religiosa o la adoración de Dios. Han crecido con rasgos que son una maldición de por vida para ellos y para otros. El hogar se vuelve de todo menos feliz si se deja que florezcan las malvadas malas hierbas de la discordia, del egoísmo, de la envidia, de la pasión y de la obstinación taciturna en el abandonado huerto del alma» (ST, 31 de enero de 1884).

«Vivimos en medio de los peligros de los últimos días y debemos proteger cualquier vía por la que Satanás pueda acercarse a nosotros con sus tentaciones. Una ilusión fatal se apodera de quienes han tenido una luz maravillosa y oportunidades preciosas, pero que no han caminado en la luz ni han mejorado las oportunidades que Dios les ha dado. La oscuridad se cierne sobre ellos; no logran hacer a Cristo su fuerza y caen fácilmente presa de las trampas del mentiroso. Estar meramente de acuerdo con la verdad no salvará jamás a ninguna alma de la muerte. Debemos ser santificados por medio de la verdad; debe vencerse todo defecto de carácter, o él nos vencerá a nosotros, y se convertirá en una fuerza controladora para la maldad. No se demore ni un segundo a arrancar de raíz todas las malas hierbas perniciosas del huerto del corazón; y, por medio de la gracia de Cristo, no permita que crezca en él ninguna planta, aparte de las que darán fruto para la vida eterna» (RH, 3 de junio de 1884).

«Hay trabajo sincero que hacer en esta época, y los padres deben educar a sus hijos para que contribuyan a él. Si quiere educar a sus hijos para servir a Dios y hacer el bien en el mundo, haga de la Biblia su libro de texto. Independientemente de lo que se enseñe en casa o en la escuela, la Biblia debe anteponerse a todo como la gran educadora. Si se le da este sitio, se honra a Dios, que obrará para usted en la conversión de sus hijos. Hay una abundante mina de verdad y de belleza en este libro sagrado, y los padres tienen toda la culpa si no hacen que la Biblia parezca sumamente interesante a sus hijos. El primer conocimiento y el más precioso es el conocimiento de Cristo; y los padres sabios mantendrán siempre este hecho en la mente de sus hijos. Las normas de la Biblia deben escribirse en el corazón, e implementarse en la vida diaria. El cristiano puede elevar su alma a Dios para recibir fuerzas y gracia en medio de todos sus desalientos. Las palabras amables, las miradas agradables y sus alegres rostros dan un encanto al cristiano que hace que su influencia sea casi irresistible. Es la religión de Cristo en el corazón la que hace que las palabras que salen de él sean tiernas y la conducta, condescendiente, incluso con los que transitan los caminos más humildes de la vida. Las palabras que decimos, nuestro comportamiento diario, son el fruto que crece en el árbol. Si el fruto es agrio y desagradable al gusto, las raíces de ese árbol no están tomando nutrientes de una fuente pura. Si nuestros afectos se armonizan con nuestro Salvador, si nuestros caracteres fueran mansos y humildes, evidenciaríamos que nuestra vida está oculta con Cristo en Dios, y dejaríamos tras nosotros una marca brillante. La cortesía cristiana debe cultivarse con la práctica diaria. No debe decirse esa palabra desagradable, esa indiferencia egoísta por la felicidad de los demás debe dar lugar a la compasión y a la reflexión. La verdadera cortesía, combinada con la verdad y la justicia, no solo hará la vida provechosa, sino también fragante. El hogar se vuelve de todo menos feliz si se deja que florezcan las malvadas malas hierbas de la discordia, del egoísmo, de la envidia, de la pasión y de la obstinación taciturna en el abandonado huerto del alma» (HM, 1 de junio de 1889).

«Aquellos que se encargan de vigilar el huerto de su vecino en vez de escardar su propio pedazo de tierra encontrarán sus propios huertos tan crecidos con malas hierbas que todas las plantas preciosas acabarán ahogadas sin espacio» (5T 285, 1889).

«Hay muchos que piensan que tienen una responsabilidad por las almas y hablan en público de lo mucho que aman a Dios; sin embargo, no ven ninguna necesidad en escardar el huerto del corazón, no ven ninguna necesidad en dejar que la luz del Sol de justicia nutra las plantas que Dios plantó. Tales personas no conocen a Jesús; no saben lo que significa ser cristiano. Hace falta sinceridad, paciencia, oración y fe genuina para luchar satisfactoriamente contra las disposiciones malvadas. Sin embargo, es necesario que incluso los pensamientos se sometan a Cristo» (Lt 18b-1891).

«La planta del amor debe nutrirse cuidadosamente; de lo contrario, morirá. Cada principio bueno debe albergarse si queremos que este prospere en el alma. Lo que Satanás planta en el corazón (envidia, celos, conjeturas malvadas, palabras malvadas, impaciencia, prejuicios, egoísmo, codicia y vanidad) debe ser arrancado de raíz. Si se permite que estas cosas malvadas permanezcan en el alma, darán fruto por el que muchos serán corrompidos. ¡Oh, cuántos cultivan las plantas venenosas que matan los frutos preciosos del amor y corrompen el alma! Algunas de estas personas que albergan maldad piensan que tienen una responsabilidad por las almas. Profesan públicamente su amor por Dios, pero no ven ninguna necesidad de escardar el huerto del corazón, de arrancar de raíz toda mala hierba profana y fea para dejar que los rayos del Sol de justicia resplandezcan en el templo del alma. No conocen a Jesús; no tienen conocimiento de lo que es un cristiano práctico, esto es, de lo que es ser como Cristo» (ST, 14 de noviembre de 1892).

«Dios no obra, por lo general, milagros para hacer avanzar su verdad. Si el labrador se niega a cultivar la tierra tras sembrar su semilla, Dios no obra ningún milagro para contrarrestar el resultado seguro de su abandono. En la cosecha, encontrará su campo baldío. Dios obra según grandes principios que él presentó a la familia humana, y nuestra parte consiste en madurar planes sabios y poner en funcionamiento los medios por los que Dios causará ciertos resultados» (RH, 28 de septiembre de 1897).

«Administrado correctamente, el cultivo de la tierra no se considerará un trabajo pesado. El trabajo debe hacerse de forma inteligente. Estudie para empezar el proceso de formación en el trabajo realizado en el campo. Lo que se hace debe explicarse al trabajador, como en cualquier otro oficio. Y la bendición del Señor recaerá sobre los que trabajan la tierra y aprenden lecciones espirituales de la naturaleza. Al cultivar la tierra, el estudiante sabe poco de los tesoros que la tierra abrirá ante él. Si bien no debe despreciar la instrucción, puede nutrirse de otras mentes experimentadas y, de la información que puedan dar los hombres inteligentes, el estudiante sacará lecciones para sí mismo. Esto forma parte de su educación» (Lt 3-1898).

«El Señor ha confiado a los padres un trabajo sacro y solemne: deben cultivar minuciosamente la tierra del corazón. Por lo tanto, pueden ser colaboradores con Dios. Él espera que ellos guarden y cuiden minuciosamente del huerto del corazón de sus hijos; deben sembrar la buena semilla y arrancar de raíz toda planta que sea fea. Todo defecto en el carácter, toda falla en la disposición, necesita extirparse; ya que, si se deja que permanezca, esto estropeará la belleza del carácter» (ST, 23 de agosto de 1899).

«En el principio, el Señor ordenó al hombre el cultivo de la tierra, trabajo que se hizo mucho más arduo debido a la transgresión de la ley de Dios. Con su transgresión, el hombre obró contra su propio bien presente y eterno. La Tierra fue maldita porque, a través de la desobediencia, el hombre dio a Satanás la oportunidad de sembrar en el corazón humano las semillas de la maldad. El terreno que en el principio solo producía cosas buenas empezó a producir cizañas, y su crecimiento requería una guerra continua. [...] Al cultivar la tierra, el hombre debe ver reflejada como en un espejo la obra de Dios sobre el alma humana» (Lt 5-1900).

«Si cultiva con fidelidad el huerto de su alma, no se jactará, pues es Dios el que obra en usted. Él lo hace ser un trabajador junto con él. Reciba la gracia y la instrucción de Cristo para impartir a los demás un conocimiento de cómo cultivar las plantas preciosas. Por lo tanto, podemos extender la viña del Señor. Él vigila para ver evidencias de nuestra fe, de nuestro amor y de nuestra paciencia. Él mira para ver si usamos toda nuestra ventaja espiritual para convertirnos en obreros diestros antes de entrar en el paraíso de Dios, el hogar de Edén del que Adán y Eva fueron expulsados por su transgresión. Nos pertenece tener ese hermoso huerto para cultivarlo bajo la supervisión de Dios. Edén restaurado, ¡qué hermoso será! ¡Qué agradable será nuestro trabajo! Entonces, demostremos nuestra laboriosidad haciendo trabajo fiel. No diga "No lo haré" como el pecador infiel, ni "Voy, señor" como el hijo insincero, que no va; sino actuemos con servicio sincero a la llamada de Cristo» (YI, 26 de abril de 1900).

«Los padres deben ser estudiantes constantes en la escuela de Cristo. Necesitan frescura y poder para que, con la simplicidad de Cristo, puedan enseñar a los miembros más jóvenes de la familia de Dios el conocimiento de su voluntad. Deben reiterar las lecciones de Cristo línea a línea, precepto a precepto. Deben ser estudiantes diligentes de la Biblia para poder ser aptos para la labranza del huerto del corazón. Con un esfuerzo perseverante, deben cultivar los corazones de los niños de los que cuidan, y Dios los ayudará en todos sus esfuerzos pacientes y fieles [...].

»Al cultivar el huerto del corazón, los esfuerzos de los padres deben ser incesantes, o las malas hierbas desagradables brotarán y ahogarán la buena semilla. Las malas hierbas que broten, las imperfecciones naturales que aparezcan, deben eliminarse. Día a día, los padres deben estar vigilantes y corregir sabiamente, insistiendo en la obediencia inmediata» (ST, 25 de septiembre de 1901).

«En el cultivo de la tierra, el trabajador reflexivo verá que se abren delante de él tesoros casi inimaginables. Nadie puede tener éxito en la agricultura o en la jardinería sin prestar atención a las leyes implicadas.

Debe estudiarse la necesidad especial de cada variedad de planta. Las variedades distintas requieren una tierra y un cultivo distintos, y el cumplimiento de las leyes que gobiernan cada una de ellas es la condición para el éxito. La atención requerida al trasplantar para que ni una sola fibra de la raíz se apelmace o se coloque mal, el cuidado de los plantones, la poda y el riego, la protección frente a las heladas por la noche, y al sol durante el día, la escarda de malas hierbas, las enfermedades, las plagas de insectos y la formación y la planificación no solo enseñan lecciones importantes relacionadas con el desarrollo del carácter, sino que el trabajo es en sí un medio de desarrollo. Al cultivar el cuidado, la paciencia, la atención a los detalles y la obediencia a la ley, imparte una formación sumamente esencial. El contacto constante con el misterio de la vida y con la hermosura de la naturaleza, así como con la ternura producida al ministrar a estos hermosos objetos de la creación de Dios, tiende a estimular la mente y a refinar y a elevar el carácter; y las lecciones enseñadas preparan al trabajador para lidiar con más éxito con otras mentes» (Ed 111, 1903).

«En vez de buscar errores en los demás, seamos críticos con nosotros mismos. Todo el mundo debería preguntarse: "¿Es mi corazón recto delante de Dios? ¿Glorifico a mi Padre celestial?". Si albergó un espíritu equivocado, destiérrelo del alma. Erradique de su corazón todo lo que sea de una naturaleza corrupta. Arranque toda raíz de amargura, no sea que las otras acaben contaminadas por la maléfica influencia. No deje que permanezca en la tierra del huerto de su corazón ninguna planta venenosa. Sáquela de raíz sin perder ni un segundo y cultive en su lugar la planta del amor. Que Jesús sea consagrado en el templo del alma» (RH, 25 de febrero de 1904).

«Que la granja se trabaje diligentemente. [...] El mismo trabajo fiel que se necesita en el cultivo de la tierra se necesita en el cultivo del alma» (Lt 129-1905).

«Si un campo se deja sin cultivar, seguramente aparecerá un cultivo de maleza. Lo mismo ocurre con los niños. Si la tierra del corazón no se cultiva, Satanás siembra sus semillas de ira, odio, egoísmo y orgullo, las cuales no tardan en brotar para dar una cosecha que los padres siegan con un amargo pesar. Reparan demasiado tarde en su error. El mal que hicieron no puede deshacerse por completo jamás. Incluso si el niño, a través de un cuidado incansable y paciente, es al final ganado para el Salvador, su carácter siempre llevará la marca de la siembra de semillas de Satanás» (RH, 24 de enero de 1907).

El fruto
«Cuando los agricultores quieren recomendar o exhibir sus productos, no toman los peores sino los mejores especímenes. Las mujeres tienen un celo por traer los mejores trozos de mantequilla dorada, moldeados y con un hermoso sello. Los hombres traen su mejor cosecha de todo tipo de verduras. Se trae la mejor fruta y la más atractiva, y su aspecto da crédito a los hábiles agricultores; las manzanas, los melocotones, los albaricoques, las naranjas, los limones y las ciruelas, todas estas frutas son muy atractivas y hacen que los que miran la fruta desde los huertos y los jardines deseen estar en el campo donde puedan cultivar la tierra.

»Nadie traería los especímenes más pequeños, sino los más selectos que la tierra pueda producir. Y ¿por qué no deberían los cristianos que viven en estos últimos días revelar la fruta más atractiva con acciones no egoístas? ¿Por qué no debería aparecer el fruto de los que guardan el mandamiento de Dios en las mejores representaciones de las buenas obras? Sus palabras, su comportamiento y su vestimenta deben dar fruto de la mejor calidad. Por sus frutos, dijo Cristo, los conoceréis» (Ms 70-1897).

La agricultura en los últimos días

«Cuanto más tiempo ha pasado desde que la Tierra ha estado bajo la maldición, más difícil ha sido para el hombre cultivarla y hacerla fructífera. Como el suelo se ha vuelto más baldío y se debe gastar en ella el doble de trabajo, Dios levantó a hombres y mujeres con facultades inventivas para construir aperos para facilitar el trabajo sobre la tierra que se queja en su maldición. Sin embargo, Dios no estuvo en todos los inventos del hombre. Satanás controló la mente de los hombres en gran medida y empujó al hombre hacia nuevos inventos que lo han llevado a olvidarse de Dios» (4aSG 155, 1864).

«Se acerca el momento en el que las leyes contra el trabajo dominical se harán más estrictas, y debe hacerse un esfuerzo para asegurar terrenos lejos de las ciudades en los que se puedan cultivar frutas y verduras. La agricultura abrirá recursos para la autosuficiencia, y también pueden aprenderse otros oficios. Este trabajo sincero y real requiere fuerza intelectual y también física. Se necesita incluso metodología y tacto para cultivar frutas y verduras satisfactoriamente. Y los hábitos de laboriosidad se considerarán de gran ayuda para los jóvenes al resistir a la tentación» (Ms 8a-1894).

«Entonces presenté ante ellos [asistentes a la Asociación de la Unión Australiana] la necesidad de procurar tierra en localidades apartadas de las ciudades para los que viven hacinados en ellas, quienes podrían cultivar la tierra. Las ciudades crecían cada vez más como pasaba en la Tierra antes del diluvio, y cada vez más como Sodoma, preparándose para correr su misma suerte» (Lt 84-1898).

«La Tierra ha sido maldita debido al pecado y, en estos últimos días, se multiplicarán todo tipo de plagas. Estas deberán erradicarse o nos molestarán, atormentarán e incluso matarán, y destruirán el trabajo de nuestras manos y el fruto de nuestra tierra. En algunos lugares hay hormigas [termitas] que destruyen completamente los entramados de madera de las casas. ¿Acaso no deben destruirse? Los árboles frutales se deben pulverizar para matar los insectos que estropean la fruta. Dios nos ha dado una parte que hacer, y debemos hacerla con fidelidad. Así pues, podemos dejar el resto al Señor» (Ms 70-1901).

«A los padres que viven en las ciudades, el Señor les envía la voz de alarma: Reúnan a sus hijos en casa; apártenlos de quienes menosprecian los mandamientos de Dios, de quienes enseñan y practican la maldad. Salgan de la ciudad lo antes posible.

»Los padres pueden asegurarse una pequeña casa en el campo con tierra para el cultivo donde puedan tener huertos y donde puedan cultivar verduras y pequeñas frutas que reemplacen a la carne que es tan corruptora para la sangre de vida que nos corre por las venas. En tales lugares, los hijos no estarán rodeados de las influencias corruptoras de la vida urbana. Dios ayudará a su pueblo a encontrar esos hogares fuera de las ciudades» (Ms 133-1902).

«Ha llegado la hora de que, cuando Dios abra el camino, las familias deban irse de las ciudades. Los niños deben llevarse al campo. Los padres deben conseguir un lugar tan apropiado como permitan sus medios. La morada puede ser pequeña, pero debe haber tierra conectada con ella para que pueda cultivarse. Algunas familias que fueron separadas pueden volver a unirse en estos lugares» (Ms 50-1903).

«Una y otra vez, el Señor ha instruido que nuestro pueblo debe sacar a sus familias de las ciudades e irse al campo donde puedan cultivar sus propias provisiones, ya que, en el futuro, el problema de la compra y de la venta será uno muy serio. Debemos empezar a obedecer la instrucción que se nos dio una y otra vez: salir de las ciudades e ir a distritos rurales donde las casas no estén amontonadas una junto a la otra, y donde estará libre de la interferencia de los enemigos [...].

> «Una y otra vez, el Señor ha instruido que nuestro pueblo debe sacar a sus familias de las ciudades e irse al campo donde puedan cultivar sus propias provisiones».

«Muchos no ven la importancia de tener tierra que labrar, ni de cultivar frutas y verduras para que sus mesas estén llenas de estas cosas. Se me instruyó que dijera a cada familia y a cada iglesia: Dios los bendecirá cuando se labren su propia salvación con temor y temblor, temiendo no sea que, por un tratamiento poco sabio del cuerpo, estropeen el plan que el Señor tiene para ustedes» (Lt 5-1904).

«Necesitamos una formación genuina en el arte de la cocina. En vez de multiplicar nuestros restaurantes, será mejor que elaboremos clases en las que pueda enseñar a la gente cómo hacer buen pan y cómo mezclar los ingredientes para hacer combinaciones de comida saludables a partir de los granos y de las verduras. Una formación como esta ayudará generando un deseo por parte de nuestro pueblo por salir de las ciudades y por asegurarse tierra en el campo donde puedan cultivar su propias frutas y verduras. Entonces, podrán cuidar de sus huertos, y los alimentos no les llegarán medio echados a perder ni medio podridos» (Ms 150-1905).

«Padres, el tiempo se agota; no deben perder ni un segundo. Enseñen a sus hijos a ser los pequeños misioneros del Señor, su mano favorecedora, haciendo una buena obra en el mundo. Muchos niños que viven fuera de la ciudad pueden tener un pequeño pedazo de tierra donde puedan aprender a cultivar. Se les puede enseñar a hacer de esto un medio para asegurarse dinero para darlo a la causa de Dios. Este trabajo lo pueden realizar tanto hombres como mujeres, y les enseñará, si son debidamente instruidos, el valor del dinero y cómo economizar. Además de recaudar dinero para propósitos misioneros, es posible que los niños puedan aportar para la compra de su propia ropa, y se les debe animar a hacerlo» (Lt 356-1907).

«Hay abundante tierra baldía en el sur que podría mejorarse como se mejoró la tierra de alrededor de la Madison School. Pronto llegará la hora en la que el pueblo de Dios esté esparcido por muchos países debido a la persecución. Quienes han recibido una formación integral contarán con esta ventaja allá donde estén. El Señor revela sabiduría divina guiando así a su pueblo hacia la formación de todas sus facultades y capacidades para la obra de diseminar la verdad» (Lt 32a-1908).

«No lo consideren una privación cuando sean llamados a dejar las ciudades e irse a un lugar del campo. Aquí esperan abundantes bendiciones para quienes sepan tomarlas. Contemplando las escenas de la naturaleza, las obras del Creador, y estudiando la obra de Dios, serán transformados imperceptiblemente a su misma imagen» (Ms 85-1908).

«Llegará la hora en la que todos los que viven en la Tierra necesitarán entender cómo cultivar la tierra y cómo construir casas y diversos tipos de negocios» (Ms 126-1908).

Ellen White predicó con el ejemplo

Los primeros años

«Mi madre era una gran amante de las flores y disfrutaba mucho cultivándolas y, por lo tanto, poniendo su casa bonita y agradable para sus hijos. Sin embargo, nuestro jardín no me había parecido nunca más hermoso que cuando regresamos [de una reunión campestre metodista aproximadamente en 1840 donde Ellen probó la experiencia del nuevo nacimiento]. Reconocí una expresión del amor de Jesús en cada arbusto, en cada brote y en cada flor. Estas cosas de la belleza parecían hablarme en el lenguaje mudo del amor de Dios.

»Había una hermosa flor rosa en el jardín llamada la rosa de Sarón. Recuerdo que me acercaba a ella y que tocaba los delicados pétalos reverencialmente; a mis ojos, parecían poseer un carácter sacro. Mi corazón rebosaba ternura y amor por estas bellas creaciones de Dios. Podía ver la perfección divina en las flores que adornaban la Tierra. Dios cuidaba de ellas, y su ojo que todo lo ve estaba sobre ellas. Él las había hecho y había dicho que eran buenas. "¡Ah! —pensé yo— ¡Si él ama y cuida tanto a las flores que él ha vestido con belleza, con cuánta más ternura guardará él a los hijos formados a su imagen!". Repetía suavemente para mis adentros:

"Soy una hija de Dios, su cariño amoroso me rodea, seré obediente y no lo desagradaré de ningún modo, sino que alabaré su querido nombre y lo amaré siembre"» (LS 80 144, 1880).

[Battle Creek, Míchigan] «Lunes, 11 de abril de 1859. Pasé la mayor parte del día haciendo un huerto para mis hijos. Deseo hacer el hogar lo más agradable para ellos como pueda, para que el hogar sea el lugar más agradable de todos para ellos» (Ms 6-1859).

«Pequeño Willie: No lo hemos olvidado, mi niño querido. Cuando vemos a nuestro alrededor a otros niños pequeños, anhelamos poder tener a nuestro pequeño Willie entre nuestros brazos otra vez, pellizcarle sus pequeñas y suaves mejillas y recibir sus besos. En unas cinco semanas volveremos a estar otra vez en casa, y entonces, Willie, trabajaremos en el huerto; cuidaremos de las flores y plantaremos las semillas. Debe ser un niño bueno, querido, pequeñito, y debe amar obedecer a Jenny y a Lucinda» (Lt 3-1860).

«Queridos hijos, no les escribo meramente para su divertimento, sino para su mejora. Aprendan de sus errores y, luego, comiencen la obra de reforma con sinceridad. Deben aprender el orden. Fijen horas para trabajar en el huerto y fijen horas al calor del día para organizar las semillas de su huerto, fijen horas para leer y para mejorar sus mentes. No desperdicien ni un momento precioso riñendo y buscando el error en los demás. [...] Su querida madre» (AY 70, 1864).

«Regresamos al norte y, de camino, celebramos una buena reunión en West Windsor y, tras llegar a casa, celebramos reuniones en Fairplains y en Nueva Orleans, y también atendimos el asunto de la construcción, sembramos nuestro huerto y recolectamos uvas, zarzamoras, frambuesas y fresas» (1T 592, 1868).

«Pienso que es lo mejor que puede hacer para tener un conocimiento de la agricultura [...].

«De nuevo, pensamos más en su salud que en medios o propiedades. Queremos que haga ejercicio activo en una granja este verano. Queremos que se convierta en un cristiano devoto; que tenga una experiencia en las cosas de Dios» (Lt 4-1869, para Edson White).

«Pasamos una semana muy agradable en Washington [Iowa]. Escribí más en una semana que lo que escribí en las seis semanas en Battle Creek. No nos interrumpieron, aunque no he pasado todo el tiempo escribiendo. Paseé por los hermosos huertos, trabajé en el campo escardando las fresas hasta que acabé tan lisiada que no podía moverme sin que me doliera» (Lt 9-1870).

«La primavera se ha ido, y el verano se abre ante nosotros. Las fragantes flores que embellecen las ramas del manzano, del melocotonero y del cerezo ya no deleitan a los ojos, y la brisa no nos trae su dulce fragancia. Estos árboles provechosos, si bien ahora no se exhiben, no descansan de su trabajo. Se preparan para adornar sus ramas con una rica cosecha de fruta una y otra vez para recompensar nuestro cuidado y nuestra paciencia.

»Nuestros jardines de flores están ahora retribuyéndonos la atención y el esfuerzo que les dedicamos. Las matas en flor que sobreviven al invierno, muchas de ellas son agradables a la vista al echar capullos y flores. Las semillas que pusimos cuidadosamente en la tierra empiezan a aparecer, mientras que otras están sedientas por recibir las dulces lluvias que las devuelva a la vida. Todo lo bello en la naturaleza parece pugnar por ver quién puede competir con el otro en la contribución a nuestros placeres y nuestra felicidad, mediante sus capullos y sus flores de toda variedad» (HR, 1 de junio de 1871).

> *«Pusimos nuestras flores con la luz de la luna y con la ayuda de una lámpara».*

«Ayer por la noche las dos Marys vinieron conmigo a Brooklyn [California] para buscar algunas raíces de flores para nuestro jardín. La hermana Grover nos dio tantas como podíamos cargar. […] Pusimos nuestras flores con la luz de la luna y con la ayuda de una lámpara» (Lt 3-1876).

«Llegamos a casa y yo puse mis cosas en mi jardín de [la] nueva casa con la luz de la luna y con la ayuda de la luz de una lámpara. Las dos Marys intentaron hacer que esperara hasta la mañana siguiente, pero yo no las escuché. Ayer por la noche, cayó una llovizna hermosa. Me alegré y, luego, seguí arreglando mis plantas» (Lt 4-1876, ambas a James White).

«¿Podría enviarme uno de mis sombreros de paja a través de Frank Patten? Si pudiera secar algunas raíces de peonías y dárselas para que las ponga en su camioneta, y si me mandara algunos injertos de firipéndulas y algunas semillas selectas, como semillas de flores estivales y de pensamientos, algunas de estas cosas me alegrarán mucho. Mándeme semillas de verbena. Fíjese si la hermana Chapman tiene estas cosas.

»En nuestro antiguo lugar, en el campo que vendimos, ojalá pudiera usted mandar un injerto de sauquillo y un jazmín trompeta. Estos ocuparían muy poco espacio y, si pudiera mandarlos, podría tener algo nuevo aquí [Oakland, California] que no tienen» (Lt 61-1876).

«Padre tiene una salud excelente. Trabajó duro en este lugar [Míchigan]; sembró más de una hectárea de fresas, algunas frambuesas, más de una hectárea de patatas, varias hectáreas de maíz, cincuenta arces duros, muchos melocotoneros, perales y dos largas hileras de ruibarbo. Yo recogí arbustos y flores hasta que tuvimos un huerto. Tengo un gran número de peonías y espero conseguir los claveles de California. Quiero conseguir algunos de esos setos para lindes que nos dio la hermana Rollin. ¿Cómo puedo conseguirlo? Ojalá tuviera algunas semillas de California» (Lt 4a-1881), para «Hijos»).

[Healdsburg, California] «Tenemos aproximadamente mil vides; tenemos otro millar que sembrar. Tenemos frijoles, maíz y otras cosas plantadas para [el] huerto. Aún no tenemos muchas arvejas. Tenemos mucho más que plantar» (Lt 4-1882).

«Mientras esperábamos al hermano Harmon, el hermano Roberts y yo fuimos al jardín italiano, a un kilómetro y medio del [lugar] del hermano Roberts, y sembramos más matas de fresas. Yo encontré una gran cantidad de remolachas pequeñas y me traje algunas a casa para trasplantarlas. Encontré muchas plantas de espinacas que trasplantaremos [...].

«El hermano Ballou preparó la tierra para las plantas, y yo tengo ahora todo el arriate de fresas que cuido. El pasado martes ayudé a Roberts a sembrar nabos, semillas de repollo, semillas de zanahorias y semillas de remolachas. Tendremos un huerto si el Señor nos favorece» (Lt 8-1882).

«Sé por experiencia el valor de una vida al aire libre para los que están enfermos. Hace años, cuando vivía en Battle Creek, me enteré de que estaba muriendo. Mis amigos dijeron a mi esposo: "Hermano White, su esposa no vivirá mucho tiempo". "Sí —respondió él un día—, no viviría mucho tiempo si se quedara aquí, pero se viene lejos conmigo hoy mismo". Acompañados por mi hijo Willie, nos subimos en un faetón y nos dirigimos a Greenville a casi nueve kilómetros al norte. Como no podía sentarme durante el viaje, me arrodillé sobre dos almohadones que había en la base del faetón, con la cabeza recostada sobre las rodillas de mi esposo.

»Tras llegar a Greenville, mi esposo me llevó a un arriate de fresas y me dejó trabajar la tierra. Él dispuso todo para mi comodidad y sacó un sillón reclinable. Yo debía arreglar las plantas de fresas. Este ejercicio al aire libre pareció sacar el veneno de mi sistema. Durante un tiempo, estuve tosiendo sin parar día y noche. Me parecía imposible frenar la tos. Sin embargo, tras empezar a trabajar la tierra, se me quitó la tos. Aunque este ejercicio al aire libre fue la única medicina que tomé, recuperé la salud rápidamente.

»Hace muchos años, cuando mi esposo tenía grandes responsabilidades en Battle Creek, la presión empezó a afectarle. Al final, colapsó mental y físicamente, y no podía hacer nada. Mis amigos me dijeron: "Sra. White, su esposo no puede vivir". Yo decidí llevarlo a un lugar más favorable para su recuperación. Su madre dijo: "Ellen, debe quedarse y cuidar de su familia". "Madre —le respondí yo—, jamás permitiré que esa mente tan magistral fracase por completo. Trabajaré con Dios, y Dios trabajará conmigo, para salvar la mente de mi esposo".

»Con el fin de conseguir medios para nuestro viaje, quité las moquetas harapientas y las vendí. Años antes, cuando hacía estas moquetas, padre solía venir y empezar a cantar: "Allí no habrá moquetas harapientas". Sin embargo, después, cuando llegó la hora de vender estas moquetas para conseguir dinero para llevarlo al campo, le dije que esas mismas moquetas harapientas me habían permitido llevarlo a un lugar donde pudiera recuperarse. Con el dinero asegurado por la venta de las moquetas, compré una carreta con capota y preparé el viaje; coloqué en la carreta un colchón para que descansara padre. Acompañados por Willie, un muchacho de apenas once años, emprendimos el viaje hacia Wright, Míchigan.

»En el viaje, Willie intentó poner el freno en la boca a uno de los caballos, pero vio que no podía. Yo le dije a mi esposo: "Ponga su mano sobre mi hombro, y venga y póngame el freno". Él dijo que no veía cómo podía hacerlo. "Sí, puede hacerlo", le respondí yo. "Párese y venga". Él lo hizo y logró poner el freno. Entonces, supo que también tendría que hacerlo la próxima vez. Tuve a mi esposo trabajando en estas cosas pequeñas constantemente. No lo dejaba estar quieto, sino que intentaba mantenerlo activo. Este es el plan que deben perseguir los médicos y los asistentes en nuestros sanatorios. Guíe a los pacientes paso a paso, paso a paso, y mantenga sus mentes tan ocupadas que no tengan tiempo para pensar en su propia condición [...].

»Mi esposo salía a pasear diariamente. En invierno, vino una tormenta de nieve horrible, y padre pensó que no podría salir con la lluvia y con la nieve. Yo fui a ver al hermano Root y le dije: "Hermano Root, ¿tiene un par de botas [de sobra]?". "Sí", me contestó él. "Me alegraría mucho si me las prestara esta mañana", dije yo. Tras ponerme las botas y ponerme en marcha, caminé unos cincuenta metros por la profunda capa de nieve. Él dijo que no podría salir con este tiempo. "Oh, sí que puede —le respondí yo—. Claro que sí, puede seguir mis pisadas". Él era un hombre que le tenía un profundo respeto a las mujeres; y, cuando vio mis pisadas, pensó que, si una mujer podía andar por una nieve así, él también podía. Y esa mañana, tomó su paseo como de costumbre.

»En la primavera, había árboles frutales que arreglar y un huerto que hacer. "Willie —dije yo—, por favor, compre tres azadas y tres rastrillos. Asegúrese de comprar tres de cada uno". Cuando me los trajo, le dije que tomara una de las azadas, y padre otra. Tras tomar yo otra, empezamos a trabajar y, aunque me salieron ampollas en las manos, los dirigí en el uso de la azada. Padre no podía hacer mucho, pero se movía por inercia.

»Fue a través de métodos como estos que intenté cooperar con Dios para restaurar la salud a mi esposo. ¡Y, oh, cuánto nos bendijo el Señor! Yo siembre llevaba a mi esposo conmigo cuando salía a manejar. Y me lo llevaba conmigo cuando iba a predicar a algún lugar [...].

»Tras dieciocho meses de cooperación constante con Dios en el esfuerzo de restaurar la salud a mi esposo, volví a llevarlo a casa. Al presentárselo a sus padres, dije: "Padre, madre, aquí está su hijo". "Ellen —dijo su madre—, solo caben darle las gracias a usted y a Dios por esta maravillosa restauración. Sus energías lo han logrado". Tras su recuperación, mi esposo vivió una serie de años, período durante el que hizo la mejor obra de su vida. ¿Acaso esos años de provecho añadidos no me retribuyeron los muchos años de tediosos cuidados? Le he ofrecido este pequeño recital de mi experiencia personal para demostrarle que sé algo del uso de los medios naturales para la restauración de los enfermos. Dios obrará maravillas para cada uno de nosotros si trabajamos con fe, actuando según nuestras creencias, para que, cuando cooperemos con él, él esté listo para hacer su parte. Deseo hacer todo lo que pueda para liderar a mis hermanos hacia la persecución de un rumbo sensato, para que sus esfuerzos encuentren el mayor de los éxitos. Muchos de los que están ahora enterrados podrían seguir viviendo si hubieran cooperado con Dios. Seamos hombres y mujeres sensibles en cuanto a estos asuntos» (Ms 50-1902).

(Para una discusión más pormenorizada de cómo James White recobró su salud a través de la agricultura, consulte Ms 1-1867).

Los años en Avondale
«He planificado lo que se puede cultivar en diferentes sitios. He dicho: "Aquí puede haber un cultivo de alfalfa; aquí puede haber fresas, aquí, maíz dulce y maíz común, y en este terreno se sembrarán buenas patatas, mientras que en ese otro se sembrarán frutas buenas de todo tipo". Así que, en mi imaginación, tengo todos los diferentes lugares en plena floración.

»Nadie necesita lamentarse por esta tierra, ya que, con el trabajo adecuado, sorprenderá a la gente en esta sección del país» (Lt 14-1894).

«Miles de hectáreas yacen intactas porque nadie intenta trabajar la tierra. Piensan que esta no dará nada, pero nosotros sabemos que dará una cosecha si se cultiva como es debido [...].

«La escuela cuenta con casi cinco hectáreas convertidas en huertos; yo tengo casi una hectárea llena de árboles frutales. Experimentaremos en esta tierra y, si tenemos éxito, otros seguirán nuestro ejemplo. [...] Cuando se adopten métodos de cultivo correctos, habrá mucha menos pobreza de la que hay ahora [...].

> «*Pretendemos dar a las personas lecciones prácticas sobre la mejora de la tierra e introducirlas así en el cultivo de su tierra, que ahora yace baldía. Si logramos esto, habremos hecho una buena obra misionera*».

»Pretendemos dar a las personas lecciones prácticas sobre la mejora de la tierra e introducirlas así en el cultivo de su tierra, que ahora yace baldía. Si logramos esto, habremos hecho una buena obra misionera» (Lt 42-1895).

«Tuvimos que invertir toda la ayuda disponible en la tierra para prepararla para plantar nuestros árboles esta semana. Si no son plantados esta semana, tendremos que esperar un año. Yo estuve en la tierra; usé nuestro equipo compuesto por dos caballos para ir de acá para allá y a todos lados para ahorrarles tiempo a los trabajadores. Hemos presionado a todos los servidores sobre los que teníamos mando. El señor Mosely vino por la noche tras el día de holganza. Él es agricultor y nos proveyó los árboles; tiene un huerto de muestra en Orunbro, a unos treinta kilómetros de aquí, y hará todo lo que pueda para darnos buenos árboles frutales, ya que esta será una muestra de lo que puede proveer a los demás. Hoy no hay ninguna mano libre. El arado penetra en la tierra, y uno sigue el surco para hacer los agujeros y plantar nuestros árboles de toda variedad. Tenemos más de una hectárea limpia. La escuela plantó trescientos árboles ayer. Esto es solo una cuarta parte de lo que planean plantar.

»La luz que se me ha dado proveniente del Señor es que toda la tierra que ocupemos debe recibir el mejor de los cuidados y servir como lección objetiva para los colonos de lo que la tierra hará si se trabaja como es debido. Así que, puede ver que este fue un período muy importante y especial para nosotros» (Lt 126-1895).

«Todos están recolectando raíces de flores para mí para hacer que mi hogar en el desierto florezca como la rosa. Ya tenemos muchas flores, pero tengo mucho espacio y lo he reservado para flores. Deseo que mi hogar luzca hermoso con las cosas de la naturaleza que Dios ha creado. Por lo general, dirijo la atención de mis hijos hacia estas flores hermosas y les digo que estas cosas son una expresión del amor de Dios por ellos. Dirijo sus mentes desde la naturaleza hacia el Dios de la naturaleza. Estas lecciones siempre parecen tocar el corazón tanto de los padres como de los hijos. El púlpito suele engalanarse con flores de toda variedad, y a mí me traen ramilletes hermosos» (Lt 59-1896).

«Estamos felizmente desilusionados con esta tierra de aquí. Ahora podemos hablar inteligentemente de lo que puede producir la tierra. En la tierra de la escuela y en la granja Sunnyside White, impartimos lecciones objetivas de lo que se puede hacer. Estoy muy agradecida a nuestro Padre celestial porque podamos hacer todo esto. Cultivamos patatas, maíz, verduras y todo se cultiva bien. Ahora, disfrutamos de algunas de las mejores judías verdes que he probado nunca, y que cultivamos en nuestra tierra. La semilla, que era de un orden selecto, se plantó el año pasado tras haber provisto a un gran número de nuestros vecinos. Disfruto del retiro en mi hogar rural» (Lt 115-1896).

«Intentamos limpiar y trabajar nuestras tierras para mostrarles en una lección objetiva que, si se trataba como es debido, estas tierras darán sus tesoros. Trabajamos en nuestro lugar un poco, ya que llegamos a los arbustos en agosto. Talamos árboles y limpiamos una parte para un huerto, y plantamos naranjas, limones, melocotones, manzanas y albaricoques. Plantamos tomates, arvejas, frijoles, calabaza, pepinos, melones, zanahorias, y todas estas cosas crecieron y dieron abundantemente. Sin embargo, solo teníamos un pequeño trozo de tierra que podíamos trabajar, y no tuvimos lluvias a excepción de las leves lloviznas: creo que dos desde las Navidades hasta de nuevo las Navidades. Se tenía la impresión de que no podía hacerse nada con la tierra. Nosotros sabemos más y estamos demostrando lo mismo. Esperamos que las lecciones objetivas sean suficientes para poner a la gente a trabajar en sus propias tierras.

»Hemos hecho algunos esfuerzos sinceros este año para demostrar lo que se puede hacer. Tenemos a nuestros fuertes caballos y nuestro arado, y abrimos en dos la tierra para que nuestros pobres hermanos puedan plantar cultivos. Todos estos experimentos significan dinero; sin embargo, si podemos ayudarlos a que se ayuden ellos mismos, haremos una buena obra que contará con la aprobación del Señor» (Lt 132-1896).

«Parece que todo en nuestro hogar avanza bien. La agricultura va bien. Mi jardín de flores está bien abastecido y, aun así, sigo recolectando todo tipo de raíces, especialmente de rosas, lirios y claveles» (Lt 161-1896).

> *«Decidí plantar mis árboles incluso antes de construir los cimientos de la casa».*

«Decidí plantar mis árboles incluso antes de construir los cimientos de la casa. Solamente abrimos surcos y dejamos grandes espacios sin arar. Aquí en estos surcos plantamos nuestros árboles a finales de septiembre, y mire, este año estaban cargados de hermosas flores y los árboles estaban cargados de fruta. Se pensó que lo mejor sería seleccionar la fruta, aunque los árboles habían tenido un crecimiento que parecía casi increíble. La pequeña cantidad de fruta, melocotones y nectarinas, me han servido estas tres semanas. Eran unos melocotones tempranos deliciosos. También tenemos melocotones tardíos; solo algunos que se han dejado madurar como muestra. Nuestros granados parecían hermosos en plena floración. Los albaricoques se podaron en abril y junio, pero sus ramas volvieron a brotar y, en cinco semanas medidas, habían tenido un crecimiento eficaz de entre un metro y medio y dos metros y medios.

»Si el Señor nos hace prosperar el año que viene como nos hizo prosperar el año pasado, tendremos toda la fruta que queramos, tempranas y tardías. La fruta temprana llega cuando no hay nada más, así que este es un punto importante. Los melocotones son sabrosos, jugosos y agradables al paladar. Tenemos sembrados árboles de membrillos, así como limoneros, naranjos, manzanos, ciruelos y caquis. Hemos plantado incluso matas de bayas de saúco. Y plantamos nuestra viña en junio. Todo está en flor y tendremos muchos racimos de uvas esta temporada. "Tenemos un gran arriate de fresas que darán fruto la siguiente temporada".

»Tenemos algunos cerezos. El testimonio es que la tierra no es buena para las cerezas, pero se han dado tantos testimonios falsos y desalentadores en cuanto a la tierra que no prestamos atención a lo que dicen. Intentaremos sembrar árboles de todo tipo. Tenemos un gran número de moreras e higueras de tipos distintos. Esta no es solo una tierra buena para la fruta, sino que es excelente para producir tubérculos y tomates, judías, arvejas, patatas; dos cultivos por estación. Todos estos buenos tesoros se han traído desde Sydney y Newcastle y miles de hectáreas de tierra se han dejado intactas porque los dueños dicen que no criarán nada. Nosotros tenemos nuestra granja como lección objetiva.

»El huerto de la escuela va excelentemente bien. Si la tierra se cultiva, dará sus tesoros; sin embargo, crecerán malas hierbas, y quienes poseen la tierra deberán ser ambiciosos para arrancarlas de raíz y no darles tregua. Se debe arar en profundidad. Ellos dejan que crezcan algunos naranjos entre los terrones, y también limoneros. Obtenemos las mejores y más selectas naranjas por dos o tres peniques, a medio penique la docena, seis céntimos estadounidenses, y a cuatro o cinco céntimos la docena de naranjas bellas y dulces.

»Tenemos un gran espacio de tierra dedicado a los árboles y a las flores ornamentales. He recorrido el país buscando plantas diferentes, y tengo madreselva de hierba luisa. Tenemos una gran variedad de rosas, dalias, gladiolos, geranios, claveles, pensamientos y plantas de hoja perenne. Este debe ser un asentamiento ejemplar para demostrar lo que se puede cultivar aquí.

»El hermano Hughes me dijo que tenía un árbol para mí, pero Connell no vino por él. Entonces, fui a la oficina de correos que hay cerca del señor Hughes y dije: "¿Me lo puedo llevar ahora?". "Sí", respondió él. Se montó en mi carreta y fuimos a sus tierras. Pensé que le estaba llevando tiempo conseguirlo, pero cuando regresó traía un gran árbol robusto de unos tres metros de alto y otros árboles más pequeños. El árbol estaba florido; sus flores son parecidas a las lilas y muy fragantes. Y ahí estaba yo, sola para cuidar de aquel árbol y cargarlo unos tres kilómetros. Y lo hice. Tuve que salir y abrir dos portones. Cuidé de mi árbol, y todas las noches le eché una cubeta de agua para que tomara de ella. Nunca se marchitó, y esto fue a finales de septiembre. Ahora está florecido. Todos se sorprenden con las mejoras que hice en tan poco tiempo.

»Justo delante de mi ventana, en mi jardín rodeado por un bello color fucsia, de la semilla salió un tallo de maíz. Dejamos que crezca en paz. No nos molestamos en enriquecerlo. En cinco semanas, creció dos metros y medio y ahora, tres semanas más tarde, se ha disparado hasta una altura de, creo, unos cuatro metros, y sigue aumentando. Tiene las mazorcas formadas. El maíz ya formó la panoja y las mazorcas revelan la cabellera. Estoy viendo cómo se desarrolla esto.

»El huerto es el campo de ejercicio para mis trabajadores. Mañana y tarde, las niñas trabajan en el huerto cuando no están de servicio. Es mejor para ellas, y también más beneficioso que cualquier ejercicio que puedan hacer. No pude persuadir a Marian para que diera un paseo; no pude sacarla de sus escritos; sin embargo, ahora se le ha despertado el interés, y no tengo nada que temer; se levantará de su silla y trabajará en el huerto. Este jardín de flores es una gran bendición para mis niñas, quienes trabajan cultivando, plantando y escardando los tomates» (Lt 162-1896, para Edson y Emma White).

«Me levanté a las cuatro y media de la madrugada [del lunes]. A las cinco, estaba trabajando con la pala para sembrar mis flores».

«Puse a trabajar inmediatamente en mi huerto a hombres que estaban necesitados; algunos no tenían nada que comer al día. Un hombre con una familia de cuatro hijos vino a verme y me dijo que llevaban una semana comiendo calabazas. Yo les di una vaca, ya que deben tener algo para sus hijos. También le aramos sus tierras, mis hombres hicieron el trabajo. A otra familia le presté una vaca para que pudiera tener leche para sus hijos. No puedo ver una pobreza como esta sin sentir un gran pesar en mi corazón, porque sé que en el mundo hay suficiente para sustentar a todos si la economía la practicaran quienes tienen los medios» (Ms 55-1896).

«Me levanté a las cuatro y media de la madrugada [del lunes]. A las cinco, estaba trabajando con la pala para sembrar mis flores. Solo trabajé una hora; luego, Edith Ward y Ella May White se unieron a mí y plantamos nuestras flores. Luego, sembramos veintiocho plantones de tomate, cuando sonó la campana para la oración matutina y el desayuno. Pienso que mi vigoroso ejercicio no me ha hecho ningún daño, sino que me siento mejor por el trabajo realizado [...].

»El martes por la mañana, me levanté a las tres y media en punto y volví a escribir un poco en mi diario. Trabajé un poco en el huerto amarrando los árboles. Entre la hoguera y el árbol hay una mata de hierba para que el árbol no se estropee.

»A las cinco, Willie y yo fuimos caminando hasta nuestro huerto, que está a cierta distancia de nuestra casa, y plantamos arvejas. Estuvimos trabajando hasta las siete de la mañana, y nos preparamos para nuestra oración matutina en familia y para el desayuno. Yo me sentía agotada para hacer más cosas al aire libre. Planificamos muchas cosas que deben hacerse en la tierra» (Ms 62-1896).

«Nos hemos establecido aquí en suelo misionero y tenemos la idea de enseñar a toda la gente a nuestro alrededor cómo cultivar la tierra. Son todos pobres porque tienen sus tierras sin cultivar. Nosotros estamos experimentando y mostrándole qué puede hacerse al cultivar frutos y huertos» (Lt 33-1897).

«En julio del año pasado, llegamos a este sitio con nuestros caballos y nuestra carreta de plataforma sin carreteras ni veredas. A finales de ese mismo mes, trajimos nuestras tiendas y limpiamos el lugar para dos de ellas. En septiembre, la tienda de mi familia estaba montada y también mi tienda comedor, y se puso a los hombres a trabajar limpiando la tierra. Primero, limpiamos un espacio para edificios y, luego, para nuestros huertos. Teníamos yuntas de bueyes que venían y rompían los terrones abriendo surcos, dejando otras partes sin arar para otra oportunidad más favorable cuando hubiera más dinero. Esto duró hasta finales de septiembre y, en octubre, los árboles se plantaron en el lugar que se había preparado bien para ellos. Sin embargo, no tuvimos lluvia desde septiembre hasta diciembre. Todo dependía del agua del pozo que hay cerca del huerto, cerca de donde hay agua para los árboles. Y, a finales de febrero y marzo, las yuntas de bueyes finalizaron el trabajo con el arado.

»Al contrario de lo que yo me esperaba, la mayoría de nuestros melocotoneros estaban llenos de flores. En septiembre, cuando volvimos a casa de una reunión campestre, descubrimos que los árboles habían estado cargados de melocotones, pero que se había considerado sabio tomarlos casi todos y dejar algunos de muestra. El día 25 de noviembre, llegué a casa muy enferma de la conferencia en Ashfield, Sydney. Algunos de estos melocotones tempranos se habían reservado para mí, y fueron recibidos con mucha gratitud. Tomamos los melocotones tardíos en enero. Estos son los más bonitos que he visto nunca; son delicados y de muchos colores. Y su sabor es tan selecto como selecta es su apariencia. Creo que nunca he visto melocotones más grandes. Dos de ellos pesaban casi medio kilo. En Sydney, estos melocotones se venden a tres peniques cada uno. Si el Señor nos favorece el año que viene, tendremos, empezando en diciembre y hasta finales de enero, todos los melocotones tempranos, todas las nectarinas y todos los albaricoques que queramos y que podamos comer.

»Nuestros manzanos no darán fruto durante uno o dos años. Los árboles eran muy pequeños cuando los plantamos. Hemos estado viviendo de nuestras verduras este año. El pasado solo tuvimos algunos tomates, pero este año tenemos suficientes para nosotros y también una buena cantidad para nuestros vecinos. Así que, damos testimonio de que la tierra de la escuela dará una cosecha abundante este año que viene si la bendición del Señor responde a nuestros empeños. Ahora comemos maíz dulce que produjo esta tierra y lo disfrutamos mucho. Ojalá pudiera pasar a la madre Wessels y a la familia de usted los productos de nuestros experimentos en agricultura este primer año en el huerto. Ciertamente, el Señor nos ha hecho prosperar» (Lt 92-1897).

«Este año no tuvimos que comprar ningún producto hortofrutícola. Tuvimos muchas patatas, verduras, maíz verde, judías verdes, tomates y algunas uvas. Sabemos cómo poner precio a estas cosas, ya que solíamos tener que ir a Parramatta a comprar nuestras verduras y todas las cosas para nuestro huerto y, cuando nos llegaban, estaban tan mustias y calientes que, al menos, la mitad no era segura para usarse. Nuestro huerto ha abastecido a nuestra familia de doce, a la familia de Willie de seis y a la familia de diez del hermano James, nuestro agricultor. Tenemos todos los melones que queramos. Algunos de ellos están deliciosos y son enormes. Tenemos calabacines y calabazas estadounidenses de verdad. Tenemos ruibarbo y, si el Señor nos favorece, el año que viene tendremos abundancia de frutas, más de las que podemos comer, y de nuestro propio huerto. Saben mucho mejor cuando podemos tomar las frutas frescas directamente de los árboles" (Lt 34-1898).

«Mis naranjos están llenos de flores. Mis árboles de melocotones y albaricoques están cargados de frutos. Si el Señor nos prospera, tendremos abundantes frutos en nuestros árboles este año.

»Los árboles se plantaron a finales de este mes hace tres años. El año pasado y el anterior tuvimos los melocotones y las nectarinas más hermosos que he probado jamás. Nuestros árboles de mandarinas dieron abundantes frutos la última estación, y están llenos de flores este año. Nuestra fruta de la pasión ha dado frutos constantemente a lo largo del verano y el invierno durante un año. Mis naranjas de ombligo, plantadas hace un año, están ahora en flor. Tenemos un jardín de flores muy hermoso. Algunas de las plantas lucen gloriosas. Ojalá usted pudiera ver estas cosas. Este es el trabajo que hacen mis asistentes en la línea literaria. Trabajan en el huerto. Cada uno de ellos tiene un trozo de tierra que cuidar y que embellecer» (Lt 84-1898).

«Ahora tenemos un hogar sobre la tierra, y lo que se ha hecho habla por sí solo. La tierra habla por sí sola. Los árboles que se plantaron a finales de septiembre dieron fruto en menos de dos años. Los melocotones más hermosos que he visto nunca y los más deliciosos, muchos de ellos de un peso de medio kilo cada uno, se han producido en la tierra. De la primera cosecha, se descartaron muchos melocotones, pues temíamos que dañaría a los árboles dejar que se cargaran tan temprano. La última estación, nuestros melocotoneros estaban tan cargados de fruta que tuvimos que apuntalarles las ramas. Hemos tenido todas las verduras que hemos querido para nuestro provecho, y hemos abastecido a la familia de W. C. White y del hermano James, el administrador de nuestra granja. El huerto de la escuela dio mucho fruto de un sabor excelente» (Ms 62-1898).

«Tuve que contratar ayuda y, a menos que los siguiera críticamente, me robaban mi tiempo y hacían su trabajo con holgazanería, pereza y vaguedad. He tenido que pagar con mi dinero los salarios y las semillas para el cultivo de la tierra, lo que no me granjeó ninguna ganancia. Perdí mis semillas, mis ingresos invertidos en los productos, y dinero del diezmo que podría haber ido a las arcas, porque los hombres no trabajaron con laboriosidad diligente y con espíritu ferviente sirviendo al Señor.

»Me aconsejaron que empleara a un hombre bueno y fiel en el cuidado de mis tierras, que yo deseaba cultivar de una manera cristiana con el fin de revelar el mejor símbolo de lo que debe ser una granja en este país, donde hay tantos trabajadores vagos y perezosos que no han cultivado sus tierras en absoluto. Contratamos a un buen agricultor cristiano, quien trabajó mis tierras, que intento convertir en una lección objetiva para aquellos que piden en vez de trabajar. Sé la prueba tan grande que es contar con hombres vagos e indolentes a los que se les tiene que pagar un salario igual que al hombre interesado y fiel, y que trae su religión al trabajo. Yo tengo a un hombre así [el hermano James]» (Lt 128-1899).

«Vivimos muchas experiencias interesantes mientras estuvimos en Australia. Ayudamos a fundar una escuela desde los cimientos; íbamos a los bosques de eucaliptus y acampábamos allí mientras se talaban los árboles, se limpiaba la tierra y se construían los edificios de la escuela [...].

»Hicimos todo lo que pudimos para desarrollar nuestras tierras y animamos a nuestros vecinos a que cultivaran la tierra para que ellos también tuvieran sus propias frutas y verduras. Les enseñamos a preparar la tierra, qué plantar y cómo cuidar del cultivo. Pronto, descubrieron las ventajas de proveerse a sí mismos de esta manera» (Ms 126-1902).

«Recibí su carta con las indicaciones en cuanto a sus tierras y al cultivo de ciertas frutas. Mientras estuvimos en Australia, adoptamos el mismo plan del que usted habla: cavar zanjas profundas y llenarlas de un revestimiento que produzca buena tierra. Hicimos esto para cultivar tomates, naranjas, limones, melocotones y uvas.

»El hombre a quien compré nuestros melocotoneros me dijo que le gustaría que fuera y observara cómo se plantan. Luego, le pedí que me permitiera mostrarle cómo se había representado durante la noche que debían plantarse. Ordené a mis hombres que cavaran un hoyo profundo en la tierra y que luego pusieran en él un buen lecho de mantillo, y luego, piedras, y luego, más mantillo. Tras esto, fue poniendo capas de tierra y de mantillo hasta llenar el hoyo. Entonces dije al hombre del vivero que había plantado de esta manera en la tierra rocosa de Estados Unidos. Lo invité a que me visitara cuando las frutas estuvieran maduras, y me dijo:

"Usted no necesita que le dé lecciones de cómo plantar los árboles".

»Nuestros cultivos tienen mucho éxito. Los melocotones eran los más hermosos, los más coloridos y los más deliciosos que había probado. Cultivamos de la variedad Crawford, amarilla y grande, y otras variedades, uvas, albaricoques, nectarinas y ciruelas.

»Un miembro del parlamento que solía venir a Cooranbong de vez en cuando, y que había comprado la casa en la que vivíamos primero en Cooranbong, visitó nuestro jardín y nuestro huerto y se quedó encantado. Llenamos varios cubos de fruta y se lo llevamos a él y a su esposa hasta su casa, y estaban sumamente agradecidos. Tras esto, siempre nos reconocían en los carruajes y hablaban de lo magníficas que eran las frutas de nuestro huerto. Cuando visitaban nuestra granja, tenían siempre total libertad para comer todo lo que quisieran del huerto y, normalmente, se llevaban un cubo de fruta a su casa. Estos favores nos granjearon beneficios en varios sentidos. Se mencionó en los periódicos el trabajo que hacían los estudiantes en la finca del Colegio de Avondale. Y muchos años después, cuando llegó la terrible sequía y el ganado se moría por falta de pasto y comida, los periódicos hablaron de la maravillosa excepción a la sequía que podía verse en las tierras del Colegio Avondale. Lo compararon con un oasis en el desierto. Nuestros cultivos crecieron y la granja floreció de forma notable a pesar de la falta de lluvia» (Lt 350-1907, para Edson y Emma White).

Los años en Elmshaven

«Esta es una ubicación sumamente hermosa. Los alrededores son bellísimos. Árboles ornamentales de diversas partes del mundo, flores, la mayoría rosas de una gran variedad, un huerto con mil ciruelos que están dando fruto, otro huerto más cerca de la casa, y otro huerto más de olivos; todo crece en el lugar. En el huerto que hay cerca de la casa, hay manzanos, higueras, albaricoques, cerezos y perales. Hemos vendido nuestras aceitunas a cincuenta dólares estadounidenses la tonelada. Creo que en lo que hay en los olivos no llega a la tonelada. Tenemos uva abundante, más de la que podemos manejar. El año que viene, venderemos la cosecha para hacer vino dulce, que tiene un mercado favorable» (Lt 58-1900).

«Cuando regresé a mi casa de la Asociación [California, reunión campestre], varias personas me dijeron: "Este año no tendrá ciruelas. Los brotes se helaron en los árboles y el fruto murió. Lo siento mucho".

"Bueno —les dije yo—. Doy las gracias a Dios porque esto no ha sido nada que yo haya causado. Doy gracias al Señor porque no tendremos el problema y la preocupación de recoger las ciruelas".

»No nos quejemos. Que no salga ninguna queja de nuestra boca» (Lt 49-1901).

«El Señor es muy bueno con nosotros. Hasta ahora, hemos sido favorecidos con mucha fruta de nuestro huerto. El año pasado, apenas teníamos. Invertimos mucho trabajo en el huerto, pero las heladas tardías han matado el fruto justo cuando se estaba formando, por lo que tuvimos muy pocas ciruelas y muy pocas manzanas. Este año, los ciruelos están cargados, y hemos tenido que comprar una gran cantidad de cuerda para amarrar las ramas para que no se rompan con el peso de la carga. Pese a nuestro cuidado, algunas ramas ya se han roto […].

»El domingo por la mañana, el hermano James, Sara, dos de los hijos del hermano James y yo hicimos más de once kilómetros hasta la montaña Howell para coger cerezas pequeñas y negras que se nos dejó para que las cogiéramos. Otros aparte de nosotros estaban cogiendo del árbol. Arrastraron la carreta de plataforma debajo de los árboles, y Sara y yo nos paramos sobre el asiento y, de esta forma, alcanzamos las cerezas. Yo cogí más de un kilo y medio. Llevamos a casa una gran caja de fruta y guardamos más de cuarenta kilos. Así que, puede ver que la hermana White todavía no está decrépita» (Lt 108-1902).

«Este año, hemos sido favorecidos con una abundancia de fruta. Nuestro pequeño manchón de fresas dio muchísimo fruto, parecido a lo que pasó con el maíz el verano pasado. La fruta era de un sabor excelente y muy grande; algunas medían hasta ocho centímetros de diámetro, y otras hasta diez.

»Nuestros tres grandes cerezos estaban cargados de cerezas de una calidad superior. […] Recogimos cerca de cien kilos de fruta de los árboles. Del primer árbol, vendimos suficiente fruta al sanatorio, que compró varias cajas de guindas, que embotellamos nosotros mismos. Es muy conveniente tenerlas para usarlas con otras frutas.

»Cuando se agotaron todas las cerezas, maduraron las moras rojas. En apariencia, estas moras son como una frambuesa grande. Son ácidas, sin duda, pero son una fruta valiosa. También teníamos zarzamoras de nuestras propias matas. Ahora estamos usando las manzanas tempranas. Durante varias semanas, tuvimos compota de manzana sobre la mesa. A nuestra familia le encanta este plato. Ahora tenemos todos los melocotones que queramos. Las vides están cargadas. Los ciruelos están tan cargados que algunas ramas se están desgajando» (Lt 116-1902).

«Querido hijo Edson:
»Ojalá estuviera aquí ahora, y pudiera quedarse con nosotros un tiempo para disfrutar de nuestras frutas y verduras frescas. Ojalá hubiera venido hace algunas semanas, al inicio de la temporada de recolección de la fruta, y se hubiera quedado varios meses con nosotros. Hemos vivido casi exclusivamente de la fruta. A principios de verano, tuvimos zarzamoras excelentes. Más tarde, tuvimos cerezas, moras rojas, zarzamoras y melocotones. Todavía seguimos comiendo y embotellando melocotones, y tenemos varios árboles de una variedad más tardía que aún no han madurado. Durante varias semanas, tuvimos todas las manzanas que quisimos. Ahora disfrutamos viendo crecer el maíz dulce en nuestro huerto. Es el maíz más dulce que jamás he probado, y es rico y nutritivo. Los tomates apenas están empezando a madurar.

»Tenemos la oportunidad de comprar toda la fruta que queramos para nuestro consumo a precios bajos. Hasta ahora, solo compramos zarzamoras y albaricoques para embotellarlos, y tenemos suficientes de otras variedades en nuestra finca. Las zarzamoras de calidad excelente se venden a tres céntimos el medio kilo; los melocotones, a un céntimo y medio el medio kilo. Si estuviera aquí, podría deshidratar algunos melocotones. Tenemos buenas instalaciones para deshidratar fruta. El lugar venía con un horno, un secadero y grandes bandejas de secado cuando lo compramos.

»Estoy muy contenta de que tengamos tanta fruta de nuestro propio huerto. Todavía hay una posibilidad de que venga y disfrute de algunas de ellas. Si Emma viniera con usted, sé que también disfrutaría mucho. Ahora tenemos manzanas, melocotones y nectarinas. Los melocotones tempranos casi se han acabado, pero vienen otros, y tendremos todos los melocotones que queramos hasta que acabe la estación. Las ciruelas aún no están maduras. Nuestros tomates maduran rápidamente. El viñedo se ve bien, y trae la promesa de una abundante cosecha. Pronto, nuestras ciruelas estarán lo suficientemente maduras como para tomarlas y deshidratarlas. Estas ciruelas son iguales que las que le enviamos el año pasado. Si pudiera hacer un poco de espacio entre su equipaje para llevarse a casa, se evitaría tener que pagar por la mercancía.

»Creo que haré que preparen un cajón de zarzamoras para ustedes, si les gustan. ¿Les importa?» (Lt 130-1902).

«Mi finca todavía no me ha dado nada; de hecho, ha tenido pérdidas. Vendimos nuestra cosecha de ciruelas del año pasado a un joven vecino nuestro. Compró muchas de otros huertos de ciruelos y se vio con más de las que podía llevar con sus manos. Luego, además, el tiempo fue muy desfavorable para sus acciones de secado, y perdió muchísimo. Por supuesto, sus acreedores perdieron con él, yo una de ellos. Perdí aproximadamente quinientos dólares estadounidenses [...].

»El año pasado, las lluvias fueron tempranas y toneladas de mis uvas se pudrieron en las vides. Estas pérdidas llegaron en un momento en el que yo necesitaba mucho el dinero. Sin embargo, no me quejé, pues esto no hubiera ayudado a solucionar nada en absoluto.

»Por lo tanto, no han hecho más que llegarnos fracasos. Este año no tenemos manzanas ni melocotones en nuestra finca, y muy pocas cerezas. Sin embargo, tenemos mucho por lo que estar agradecidos. Las matas de moras rojas están creciendo bien, y en la tierra que alquilo al sanatorio había un gran cultivo de avena que usaremos como forraje de invierno para nuestros caballos y nuestras vacas.

»Este año no tendremos tantas ciruelas como tuvimos el anterior, pero serán más grandes y se venderán a un buen precio. Doy gracias al Señor por cada favor que recibo de su mano» (Lt 111-1903, para P. T. Magan).

«Durante los últimos meses, la granja y el huerto nos ha suministrado una gran parte de nuestros alimentos, aunque algunos árboles frutales, al haber dado una superabundancia de fruta el año pasado, estaban casi vacíos este año. Al principio, tuvimos fresas y cerezas. No hubo tantas de estas como el año pasado, pero su sabor era excepcional. Luego, llegaron las moras rojas, las cuales teníamos de forma abundante. Todos las disfrutábamos de forma suma. Tuvimos una buena cosecha de patatas de la variedad Early Rose, las más finas que he comido jamás.

»Durante tres semanas, hemos usado los tomates cultivados por nosotros. Tenía pensado dejarlos madurar mucho tiempo, pero, hace unas tres semanas, fui a Healdsburg y me alegré de haberlo hecho porque por allí no se veía ningún tomate maduro.

»El hermano Leininger ha sido puesto al mando de un huerto de manzanos. El dueño le dijo que podía olvidarse de todas las ganancias. El hermano Leininger me contó esto y me dijo que podía tomar todas las manzanas que quisiera de las que se caían. Estuvimos allí varias veces para recoger manzanas, y por eso pudimos preparar una gran cantidad de compota. Las manzanas están agusanadas, pero la hermana Nelson las prepara con mucho cuidado y les quita todas las partes podridas. Tenemos compota de manzana en la mesa todos los días.

»Considero que la hermana Nelson es una ama de casa ahorrativa y fiel; estuvo muy ocupada enlatando fruta y secando maíz. Los otros no pudieron ayudarla mucho porque todos estaban ocupados en sus escritos. Sin embargo, la señora Nelson no se queja; ella ve lo que hay que hacer y lo hace. Esto es una gran bendición.

»Ya ha enlatado ciento treinta y ocho kilos de tomates, 56 kilos de moras rojas y setenta kilos de compota de manzana, aparte de cerezas, melocotones y albaricoques. Esperamos almacenar casi doscientos kilos de tomate. Hemos secado casi una fanega de maíz dulce y tuvimos en la mesa maíz dulce todos los días durante dos o tres semanas.

»Parece maravilloso que en esta época seca —no ha caído ni una gota de agua en casi seis meses— pueda haber tal abundancia de tomates y de maíz dulce. A mí, esto me parece un milagro, ya que los cultivos no se han regado, y casi no ha habido niebla. Ciertamente, no puedo resolver el problema de cómo puede haber una cosecha tan rica sin ni una gota de agua.

»Las uvas maduran rápido. Oh, ¡ojalá usted, el hermano Palmer y su familia pudieran estar un tiempo con nosotros. Sé que disfrutaría comiendo las uvas frescas del viñedo.

»Simplemente no sabemos lo que vamos a hacer con nuestras uvas. Ojalá encontremos un buen mercado para ellas. Sin embargo, no se las venderé a las bodegas. Embotellaremos algunas y quizás hagamos vino dulce con las demás. El año pasado, vendimos toda la cosecha a la panadería, pero no hicieron buenas provisiones para tratarlas y muchas se echaron a perder en el momento en que estaban listas para recolectarse.

»Este año, nuestras ciruelas son mucho más grandes que el año pasado, pero no hay tantas. Las estamos secando nosotros. Los hijos del hermano James han estado recolectando ciruelas durante dos o tres días, y el hermano James y el hermano Packham aderezan las ciruelas y las extienden en cajones al sol. Pensamos que podremos pedir un buen precio por ellas porque este año la cosecha de ciruelas es escasa en todos sitios.

»Creo que le he contado cómo perdí con mi cosecha del año pasado. Un joven, nuestro vecino más cercano, compró toda la cosecha. También compró mucho de otros que tienen huertos de ciruelos. Adquirió más de las que podía manejar y luego llegó la lluvia temprana y echó a perder toneladas y toneladas de ciruelas. El joven lo perdió todo y no pudo pagar a sus acreedores los ciruelos que le habían vendido. Yo perdí entre quinientos y setecientos dólares estadounidenses. Puede que recupere cincuenta dólares después de que la madre del joven venda la cosecha de ciruelas de este año.

»Al hermano James le encantaría que usted pudiera llevarse algunas de las ciruelas que él está deshidratando ahora. Si nos enteramos de alguien que vaya al sur, intentaremos enviarle algunas. Las ciruelas frescas son deliciosas. Marian vive casi exclusivamente a base de ellas.

»Algunas palabras más. Tengo a mano una gran cantidad de ciruelas del año pasado. Me alegraría mucho dándoselas a nuestra gente en el sur; sin embargo, no tengo dinero para pagar los costos del transporte. ¿Tienen alguna sugerencia sobre la forma como podrían enviarse al sur estas ciruelas? Por favor, díganmelo en su próxima carta» (Lt 201-1903, para Edson y Emma White).

«Hoy, tanto para desayunar como para cenar, pude comer todos los sabrosos y dulces albaricoques que quise. Los melocotones y los albaricoques están deliciosos. Nuestros melocotoneros son viejos, y solo contamos con algunos este año; sin embargo, tenemos árboles nuevos que darán fruto pronto. Me sentía tan hambrienta de la fruta fresca de los árboles que no podía comer nada más. Debemos tener estos dos tipos de frutas de ahora en adelante.

»Tuvimos una buena cosecha de moras rojas; eran muy grandes y abundantes. Este año no cultivamos fresas y tuvimos muy pocas cerezas. Las manzanas no se cultivan bien en nuestro huerto; nuestras vides, sí. Tenemos algunas plantas de la nueva zarzamora armeniana, que vamos a intentar sembrar. Llevamos más de un mes vendiendo arvejas, además de tener abundancia de estas para nuestro uso. Ahora hemos empezado con la segunda cosecha» (Lt 222-1906, para Edson y Emma White).

«Ojalá pudiera estar aquí con nosotros para disfrutar de los productos de nuestra granja. Tuvimos una buena cosecha de moras rojas. Tras usarlas abundantemente para comerlas, enlatarlas y hacer mermelada, hemos vendido una cantidad por valor de doscientos dólares estadounidenses. Hemos vendido arvejas por valor de cincuenta dólares y estamos recolectando ya la segunda cosecha. Son muy buenas. Nuestras patatas nuevas son excelentes: son secas, harinosas y sabrosas.

»Ahora estamos usando compota de manzana de nuestros manzanos tempranos. Son manzanas pequeñas, pero deliciosas. Tenemos algunos melocotoneros de la variedad pavía y otros que madurarán más adelante. Hoy estamos enlatando algunas zarzamoras carnosas y suculentas. No tenemos albaricoques en la finca, pero hemos comprado algunos que me parecen incluso más ricos y mejores que los melocotoneros. No he probado un albaricoque mejor. Ordenamos que fueran a Loma Linda a comprar varios galones de miel extraída blanca y clara. Las abejas recolectan esta miel mayormente del azahar de los naranjos y de la flor de otras frutas. Si viene, podrá tomar toda la miel que desee. También tengo uva cosechada en las vides del sanatorio de Loma Linda.

»Este año no tuvimos fresas, pero pudimos obtenerlas a cambio de moras rojas, caja por caja. Una helada tardía acabó con unas quinientas tomateras nuestras poco después de haber sido sembradas. Sin embargo, ya se han reemplazado por otras. Las previsiones son buenas para los cultivos de hoja verde. El año pasado no tuvimos cerezas, y este año la cosecha de cerezas ha sido muy escasa. Las heladas deben haber dañado los brotes» (Lt 240-1906, para Emma White).

«No estoy dispuesta a cambiar a mi agricultor por ninguna otra persona que conozco. No podría tener mejor ayuda que el hermano James. Cuando él vino por primera vez, dedicaba sus días de holganza a celebrar reuniones con no creyentes; siempre era bienvenido, ya que explica las Escrituras de forma clara y aceptable. Ahora, considera que debe pasar más tiempo con su familia que crece [...].

»El hermano James plantó muchas matas de moras rojas; ahora, cuando el fruto está maduro, lo vende. Este año, vendió fruta por valor de más de cien dólares. Cuando llegó, el huerto estaba destartalado y tenía muy pocas frutas de valor. Él se puso manos a la obra, injertó nuestros manzanos y, ojalá pudiera ver algunas de las manzanas que hemos recolectado en nuestro huerto este año. Algunas de ellas son más grandes que las de la variedad Northern Spy. Se parecen mucho más a la Northern Spy, pero creo que no he visto nunca semejante perfección, tanto de forma como de color. Me comí una y me quedé maravillada con su sabor. Ojalá pudiera enviarle algunas, pero creo que no merece la pena por el transporte. Las [campanulas] son las siguientes que más me gustan. De estos árboles también se pensó que era mejor injertarlos o arrancarlos, y preferimos injertarlos.

»No tuvimos una cosecha tan buena de delicioso maíz como tuvimos el año pasado, cuando teníamos suficiente para suministrar a nuestros vecinos. Sin embargo, aunque el suministro ha sido limitado, todos lo disfrutamos mientras duró.

»Luego llegan las uvas, que disfrutamos ahora. Son deliciosas. No haremos vino porque consideramos que no es rentable, y tampoco tenemos una cosecha tan grande» (Lt 284-1907, para Emma White).

«Nuestra granja es cuidada por el hermano James, quien trabajó para nosotros en Australia. Su familia asciende ahora a trece personas, incluidos los padres. Creo que nunca ha habido una palabra desagradable entre nuestras familias en todo lo que llevamos asociados. El hermano James tuvo bastante éxito en el cultivo de moras rojas. Aparte de tener todas las que quisimos para nuestras familias, la cosecha pasada hicimos cien dólares con la venta de estas bayas. De maíz y de arvejas sembramos suficientes para nosotros y para nuestros vecinos. El maíz dulce lo secamos para el invierno; cuando lo necesitamos, lo molemos en un molinillo y lo cocinamos. Es genial para hacer sopas sabrosas y otros platos» (Lt 363-1907).

Bibliografía

Aviso especial sobre derechos de autor: Todos los materiales fuente consultados para este libro pueden encontrarse en la página web de Ellen G. White: http://egwwritings.org, copyright © 2015 Ellen G. White Estate, Inc.

Libros:

AA   White, Ellen G. *The Acts of the Apostles* [*Los hechos de los apóstoles*]. Mountain View, California: Pacific Press Publishing Association, 1911.

AY   _____. *An Appeal to the Youth* [Una apelación a los jóvenes]. Battle Creek, Míchigan: Seventh-day Adventist Publishing Association, 1864.

CE   _____. *Christian Education* [*La educación cristiana*]. Battle Creek, Míchigan: International Tract Society, 1894.

COL   _____.*Christ Object Lessons* [Lecciones objetivas de Cristo]. Washington, D. C.: Review and Herald Publishing Association, 1900.

CT	_____. *Counsels to Parents, Teachers, and Students* [Consejos para padres, maestros y estudiantes]. Mountain View, California: Pacific Press Publishing Association, 1913.
CTBH	_____. *Christian Temperance and Bible Hygiene* [Temperancia cristiana e higiene bíblica]. Battle Creek, Míchigan: Good Health Publishing Co., 1890.
DA	_____. *The Desire of Ages* [El deseo de las eras]. Mountain View, California: Pacific Press Publishing Association, 1898.
Ed	_____. *Education* [La educación]. Mountain View, California: Pacific Press Publishing Association, 1903.
FE	_____. *Fundamentals of Christian Education* [Nociones fundamentales de la educación cristiana]. Nashville, Tennessee: Southern Publishing Association, 1923.
GW	_____. *Gospel Workers* [Obreros evangélicos]. Washington, D. C.: Review and Herald Publishing Association, 1915.
GW92	_____. *Gospel Workers* [Obreros evangélicos]. Battle Creek, Míchigan: Review and Herald Publishing Co., 1892.
HL	_____. *Healthful Living* [Vida saludable]. Battle Creek, Míchigan: Medical Missionary Board, 1897.
LS80	_____. *Life Sketches of James White and Ellen G. White 1880* [Esbozos de vida de James White y Ellen G. White 1880]. Battle Creek, Míchigan: Seventh-day Adventist Publishing Association, 1880.
MB	_____. *Thoughts from the Mount of Blessing* [Reflexiones desde el monte de las bienaventuranzas]. Mountain View, California: Pacific Press Publishing Association, 1896.

Bibliografía

MH	_____. *The Ministry of Healing* [*El ministerio de curación*]. Mountain View, California: Pacific Press Publishing Association, 1905.
PK	_____. *Prophets and Kings* [*Profetas y reyes*]. Mountain View, California: Pacific Press Publishing Association, 1917.
PP	_____. *Patriarchs and Prophets* [*Historia de los patriarcas y profetas*]. Washington, D. C.: Review and Herald Publishing Association, 1890.
SA	_____. *A Solemn Appeal* [*Una apelación solemne*]. Battle Creek, Míchigan: Seventh-day Adventist Publishing Association, 1870.
1SG	_____. *Spiritual Gifts* [*Dones espirituales*]. Vol. 2. Battle Creek, Míchigan: Seventh-day Adventist Publishing Association, 1860.
4aSG	_____. *Spiritual Gifts* [*Dones espirituales*]. Vol. 4a. Battle Creek, Míchigan: Seventh-day Adventist Publishing Association, 1864.
1SP	_____. *The Spirit of Prophecy* [*El espíritu de profecía*]. Vol. 1. Battle Creek, Míchigan: Seventh-day Adventist Publishing Association, 1870.
2SP	_____. *The Spirit of Prophecy* [*El espíritu de profecía*]. Vol. 2. Battle Creek, Míchigan: Seventh-day Adventist Publishing Association, 1877.
4SP	_____. *The Spirit of Prophecy* [*El espíritu de profecía*]. Vol. 4. Battle Creek, Míchigan: Seventh-day Adventist Publishing Association, 1884.
SpTEd	_____. *Special Testimonies on Education* [*Testimonios especiales sobre educación*]. Sin estampado de impresión, 1897.
1T	_____. *Testimonies for the Church* [*Testimonios para la Iglesia*]. Tomo 1. Mountain View, California: Pacific Press Publishing Association, 1868.
4T	_____. *Testimonies for the Church* [*Testimonios para la*

Iglesia]. Tomo 4. Mountain View, California: Pacific Press Publishing Association, 1881.

5T _____. *Testimonies for the Church* [*Testimonios para la Iglesia*]. Tomo 5. Mountain View, California: Pacific Press Publishing Association, 1889.

6T _____. *Testimonies for the Church* [*Testimonios para la Iglesia*]. Tomo 6. Mountain View, California: Pacific Press Publishing Association, 1901.

7T _____. *Testimonies for the Church* [*Testimonios para la Iglesia*]. Tomo 7. Mountain View, California: Pacific Press Publishing Association, 1902.

Folletos:

2Red _____. *Redemption; or the Temptation of Christ in the Wilderness* [Redención o la tentación de Cristo en el desierto].

PH085 _____. *Special Testimonies for the Battle Creek Church* [Testimonios especiales para la iglesia de Battle Creek].

PH117 _____. *Testimony for the Battle Creek Church* [Testimonio para la iglesia de Battle Creek].

PH151 _____. *Selections from the Testimonies Setting Forth Important Principles Relating to Our Work in General, the Publishing Work in Particular, and the Relation of Our Institutions to Each Other* [Selecciones de los testimonios que enuncian principios importantes relacionados con nuestra obra en general, con la obra editora en particular y con la relación entre nuestras instituciones].

PH164 _____. *Words of Encouragement to Workers in the Home Missionary Field* [Palabras de aliento para los obreros en el campo misionero del hogar].

SpTa04 _____. *Special Testimonies for Ministers and Workers*

[Testimonios especiales para ministros y obreros].

SpTb03b _____. *Letters from Ellen G. White to Sanitarium Workers in Southern California* [Cartas de Ellen G. White a trabajadores del sanatorio en California del Sur].

Publicaciones periódicas:

Advocate *The Advocate* [El defensor].

AUCR *Australasian Union Conference Record* [Registro de la Asociación de la unión austroasiática].

BEcho *The Bible Echo* [El eco de la Biblia].

GCB *General Conference Bulletin* [Boletín de la Asociación general].

GH *The Gospel Herald* [El anunciador del evangelio].

HM *The Home Missionary* [El misionero del hogar], *The Missionary Magazine* [La revista misionera].

HR *The Health Reformer* [El renovador de la salud].

MMis *The Medical Missionary* [El medico misionero].

PUR *Pacific Union Recorder* [Revista Recorder de la Unión del Pacífico].

RH *The Review and Herald* [Editorial Review and Herald].

SSW *Sabbath School Worker* [Obrero de la escuela sabática].

ST *Signs of the Times* [Signos de los tiempos].

YI *The Youth's Instructor* [El instructor de jóvenes].

Otros:

Lt Cartas.

Ms Manuscritos.

SpM Spalding and Magan Collection [*Colección Spalding y Magan*].

Lo invitamos a que consulte toda la selección de títulos que publicamos en:

www.TEACHServices.com

Scan with your mobile
device to go directly
to our website.

Por favor, escríbanos o mándenos un correo electrónico con sus oraciones, sus reacciones o sus reflexiones sobre este o cualquier otro libro que publiquemos escribiéndonos a:

info@TEACHServices.com

TEACH Services, Inc. Se pueden comprar títulos al por mayor para
fines educativos, comerciales, para recaudar fondos o
para la promoción de ventas.
Para más información, escríbanos a:

BulkSales@TEACHServices.com

Por último, si quiere ver
su propio libro impreso, escríbanos a

publishing@TEACHServices.com

Estaremos encantados de revisar su manuscrito sin costo para usted.

www.ingramcontent.com/pod-product-compliance
Lightning Source LLC
Chambersburg PA
CBHW070551160426
43199CB00014B/2453